ECUPL 1952-2022

刑事制裁体系结构之调整研究

以措施多轨和轻重分层为路径

戎静 著

法律出版社
LAW PRESS·CHINA
北京

图书在版编目(CIP)数据

刑事制裁体系结构之调整研究 ：以措施多轨和轻重分层为路径 / 戎静著. -- 北京 ：法律出版社，2022

(华东政法大学 70 周年校庆丛书)

ISBN 978 - 7 - 5197 - 6302 - 2

Ⅰ. ①刑… Ⅱ. ①戎… Ⅲ. ①刑事犯罪－法律制裁－研究－中国 Ⅳ. ①D924.04

中国版本图书馆 CIP 数据核字(2021)第 273361 号

刑事制裁体系结构之调整研究

——以措施多轨和轻重分层为路径

XINGSHI ZHICAI TIXI JIEGOU ZHI TIAOZHENG YANJIU

—YI CUOSHI DUOGUI HE QINGZHONG FENCENG WEI LUJING

戎 静 著

策划编辑 似 玉
责任编辑 似 玉
装帧设计 臧晓飞

出版发行 法律出版社
编辑统筹 法律应用出版分社
责任校对 朱海波
责任印制 刘晓伟
经　　销 新华书店

开本 A5
印张 10 **字数** 233 千
版本 2022 年 7 月第 1 版
印次 2022 年 7 月第 1 次印刷
印刷 唐山玺诚印务有限公司

地址：北京市丰台区莲花池西里 7 号(100073)
网址：www.lawpress.com.cn
投稿邮箱：info@lawpress.com.cn
举报盗版邮箱：jbwq@lawpress.com.cn
销售电话：010 - 83938349
客服电话：010 - 83938350
咨询电话：010 - 63939796

书号：ISBN 978 - 7 - 5197 - 6302 - 2
定价：60.00 元

凡购买本社图书，如有印装错误，我社负责退换。电话：010 - 83938349

《华东政法大学 70周年校庆丛书》
编 委 会

以心血和智慧服务法治中国建设

——华东政法大学70周年校庆丛书总序

华东政法大学成立70周年了！70年来，我国社会主义法治建设取得一系列伟大成就；70年来，华政缘法而行、尚法而为，秉承着“笃行致知，明德崇法”的校训精神，与共和国法治同频共振，与改革开放辉煌同行，用心血和智慧服务共和国法治建设。

执政兴国，离不开法治支撑；社会发展，离不开法治护航。习近平总书记强调，没有正确的法治理论引领，就不可能有正确的法治实践。高校作为法治人才培养的第一阵地，要充分利用学科齐全、人才密集的优势，加强法治及其相关领域基础性问题的研究，对复杂现实进行深入分析、作出科学总结，提炼规律性认识，为完善中国特色社会主义法治体系、建设社会主义法治国家提供理论支撑。

厚积薄发70载，华政坚定承担起培养法治人才、创新学术价值、服务经济社会发展的重要职责，为构建具有中国特色的法学学科体系、学术体系、话语体系，推进国家治理体系和治理能力现代化提供学理支撑、智力支持和人才保障。砥砺前行新时代，华政坚定扎根中国大地，发挥学科专业独特优势，向世界讲好“中国之治”背后的法治故事，推进中国特色法治文明与世界优秀法治文明成果交流互鉴。

“宛如初升的太阳，闪耀着绮丽的光芒”——1952年11月15日，华东政法学院成立之日，魏文伯院长深情赋诗——“在这美好的园地上，让我们做一个善良的园工，勤劳地耕作培养，用美满的收获来酬答人民的期望”。1956年6月，以“创造性地提出我们的政治和法律科学上的成就”为创刊词，第一本法学专业理论性刊物——《华东政法学报》创刊，并以独到的思想观点和扎实的理论功力，成为当时中国法学研究领域最重要的刊物之一。1957年2月，学报更名为《法学》，坚持“解放思想、不断进步”的治学宗旨，紧贴时代发展脉搏，跟踪社会发展前沿，及时回应热点难点问题，不断提升法学研究在我国政治体制改革中的贡献度，发表了一大批高水平的作品。对我国立法、执法和司法实践形成了重要理论支持，在学术界乃至全社会产生了巨大影响。

1978年12月，党的十一届三中全会确定了社会主义法制建设基本方针，法学教育、法学研究重新启航。1979年3月，华东政法学院复校。华政人勇立改革开放的潮头，积极投身到社会主义法制建设的伟大实践中。围绕“八二宪法”制定修订、土地出租问题等积极建言献策；为确立社会主义市场经济体制、加入世界贸易组织等提供重要理论支撑；第一位走入中南海讲课的法学家，第一位世界贸易组织争端解决机构专家组中国成员，联合国预防犯罪和控制犯罪委员会委员等，都闪耀着华政人的身影。

进入新世纪，在老一辈华政学人奠定的深厚基础上，新一代华政人砥砺深耕，传承中华优秀传统法律文化，积极借鉴国外法治有益成果，为中国特色社会主义法治建设贡献智慧。16卷本《法律文明史》陆续问世，推动了中华优秀传统法律文化在新时代的创造性转化和创新性发展，在中国人民代表大会制度、互联网法治理论、社会治理法治化、自贸区法治建设，以及公共管理、新闻传播等领域持续发力，华政的学术影响力、社会影响力持续提升。

党的十八大以来，学校坚持以习近平新时代中国特色社会主义思想为指导，全面贯彻党的教育方针，落实立德树人根本任务，推进习近平法治思想的学习、研究、宣传、阐释，抓住上海市高水平地方高校建设契机，强化“法科一流、多科融合”办学格局，提升对国家和上海发展战略的服务能级和贡献水平。在理论法学和实践法学等方面形成了一批“立足中国经验，构建中国理论，形成中国学派”的原创性、引领性成果，为全面推进依法治国、建设社会主义法治国家贡献华政智慧。

建校70周年，是华政在“十四五”时期全面推进一流政法大学建设、对接国家重大战略、助力经济社会高质量发展的历史新起点。今年，学校将以“勇担时代使命，繁荣法治文化”为主题举办“学术校庆”系列活动，出版“校庆丛书”即是其重要组成部分。学校将携手商务印书馆、法律出版社、上海人民出版社、北京大学出版社等，出版70余部著作。这些著作包括法学、政治学、经济学、新闻学、管理学、文学等多学科的高质量科研成果，有的深入发掘中国传统法治文化、当代法学基础理论，有的创新开拓国家安全法学、人工智能法学、教育法治等前沿交叉领域，有的全面关注“人类命运共同体”，有的重点聚焦青少年、老年人、城市外来人口等特殊群体。

这些著作记录了几代华政人的心路历程，既是对华政70年来的学术成就、华政“创新、务实、开放”的学术文化的总结和展示；也是对更多后学以更高政治站位、更强政治自觉、更大实务作为，服务国家发展大局的激励；更是对华政这所大学应有的胸怀、气度、眼界和格局的展现。我们串珠成链，把一颗颗学术成果，汇编成一部华政70年的学术鸿篇巨作，讲述华政自己的“一千零一夜学术故事”，更富特色地打造社会主义法治文化引领、传承、发展的思想智库、育人平台和传播高地，更高水准地持续服务国家治理体系和治理能力现代化进程，更加鲜明地展现一流政法大学在服务国际一流大都市发展、服务长三角一体化、服务法治中国建设过程中的新作为、新担当、新气象，向学校70年筚路蓝缕的风雨征程献礼，向所有关心支持华政发展的广大师生、校友和关心学校发展的社会贤达致敬！

七秩薪传，续谱新篇。70年来，华政人矢志不渝地捍卫法治精神，无怨无悔地厚植家国情怀，在共和国法治历史长卷中留下了浓墨重彩。值此校庆之际，诚祝华政在建设一流政法大学的进程中，在建设法治中国、实现中华民族伟大复兴中国梦的征途中，乘风而上，再谱新章！

郭为禄　叶　青

2022年5月4日

序

本书是戎静博士在其博士论文的基础上修改完善而成，在即将付梓之际，她邀我为之作序。作为她硕士、博士两个阶段的导师，我倍感欣慰，欣然应允。

多年来，我国刑法学界对犯罪论的研究青睐有加、研讨热烈，但对刑罚论、刑事制裁论的研究却相对不足。当前，在我国轻罪比重逐渐上升的形势下，原有的与“小而重”的犯罪圈相对应的刑事制裁体系面临着措施多元化、行刑社会化、结构合理化的调整需求，刑事制裁领域亟待改革的现实与学术研究相对薄弱间落差明显。戎静博士在读博之初就对刑罚问题颇有兴趣，并在与我磋商后确定在这个方向上展开较为深入的研究。她亦不负所望，克服相关研究成果匮乏、辞职后的经济压力以及思念丈夫和孩子等诸多困难，完成了论文的写作。该论文立意独到、逻辑严谨、思考深入、观点新颖，具有较高学术价值，不仅获评吉林大学优秀博士毕业论文，还被推荐参评吉林省优秀博士毕业论文。在此基础上形成的本书有以下几个创新点值得称道：

一是提出刑事制裁体系结构的概念，从“系统—结构”的角度对刑事制裁进行体系化、协调性的研究。随着刑事制裁的多元化发展，刑罚已难以涵盖所有的刑事实体法律后果，需要在总结归纳的基础上抽象出一个集合性概念，以对刑事制裁进行全面的研究。但我国却鲜有学者对刑事实体法律后果作出体系化的研究，对“刑事制裁体系结构”的研究更属阙如。戎静博士从“系统—结构”的角度出发，对刑事制裁体系要素间的组合结构进行研究，首次提出了刑事制裁体系结构的概念，并认为刑事制裁体系结构是刑事制裁发挥功能的制度基础，通过对结构优化调整，提升整个刑事制裁体系的合理性和协调性，以确保其功能和效果。此研究一定程度上填补了国内的研究空白，具有理论创新性。

二是提出刑事制裁体系结构的横向维度：双极驱动下的多轨制。本书探讨了除刑罚之外，我国刑法中各种刑事制裁措施的性质区分，论述了在我国刑事法律中，保安处分性质的措施、刑事没收、刑事损害赔偿等措施的独立性问题，并提出建立“刑罚—保安处分”双极驱动下刑事制裁多轨制的建议。戎静博士的司法实务工作经历让她在比较研究域外相关制度的同时，始终能够立足我国的理论和制度体系，尝试从中国“本土化”的角度提出调整方案，既有创新性又兼顾可行性。

三是提出刑事制裁体系结构的纵向维度：刑事制裁轻重分层。本书建议以“监禁—监禁替代—其他非监禁措施”的轻重层级调整刑事制裁体系的纵向结构，对于不同层级采取不同的刑事政策和制裁理念。各轻重层级中注重将各种制裁措施融合在一起，比如创新性提出“长期自由刑＋保安监禁”替代死刑，提出社区矫正作为社区性刑罚和社区保安处分共同的执行方式等。

虽然本书中一些提法还略显稚嫩，在刑事制裁现状的定量分析、具体制裁措施调整等一些问题探讨上还有进一步细化和延展的空间，但戎静博士关于刑事制裁体系的多方位思考，关于改善我国刑事制裁体系的创新性的尝试，具有较强的启示意义。我相信这一富有开拓性的著作成书之后，定会在刑法学界产生良好的影响，我也衷心希望戎静博士将刑事制裁体系的研究继续深入下去。

2017 年，戎静博士为了攻读博士学位而毅然放弃员额检察官的工作，挥泪告别在省级检察机关近十年的工作经历，足见她对学术研究的热情和决心。毕业之后，戎静博士到华东政法大学继续从事学术研究工作。看到她一路从硕士生、检察官、博士生到学者的成长和蜕变过程，看到她的勤奋、刻苦与付出获得足够的肯定与成绩，我十分欣慰。衷心希望她在今后的工作学习中，继续保持积极向上的心态，继续保有对学术的热爱，在自己的研究领域不断进取，取得更大的收获。

张　旭

2022 年 1 月

目录

导 论

德国著名法学家罗克辛曾指出:“在形式意义上,刑法是由它的惩罚方式进行定义的。一个条文不会由于违反的是应当行为或者没有行为的规定而属于刑法,那种情况在许多民事和行政法规中也会规定,但是,一个条文会由于一种违反规定受到刑罚或者保安处分的惩罚而属于刑法。”①刑罚和保安处分在德国均被认为是典型的刑事制裁,从罗克辛的上述论断可以看出,刑事制裁对于刑法而言是重要的基石范畴。中国的改革开放始于1978年,而《中华人民共和国刑法》的颁布始于1979年,中国近40年的改革开放历程几乎与新中国刑法的运行、修订和修正的时间段相互重合。改革开放取得了被西方誉为“中国奇迹”的巨大成就,中国在短短40年里,

---

① [德]克劳斯·罗克辛:《德国刑法学总论》(第1卷),王世洲译,法律出版社2005年版,第3页。

经历了西方世界历经几百年才完成的三次工业革命。在这个过程中，中国社会变革的速度、深度和广度均令人咂舌，社会发生了翻天覆地的变化并进入了一个崭新的时代。面对这样一个极速发展的社会，作为社会控制体系最后甚至是最重要的一环，刑法中的罪名与制裁都必须相应地与时俱进。中国近年来一直进行着犯罪圈的扩张，即犯罪化进程，其特征是新型犯罪增加、轻罪增加、法定犯罪增加……犯罪化意味着犯罪圈的扩张，同时也意味着刑事制裁范围的扩张。因此犯罪化必然会为我国的刑事制裁体系带来深刻的挑战。但相较于罪名修改的范围和次数，以刑罚为主的刑事制裁体系的调整则较为滞后。1997 年《刑法》颁布之后，14 年的时间里，经过多次修正，我国的刑罚结构基本保持不变。一直到《刑法修正案（八）》和《刑法修正案（九）》才涉及刑罚结构调整的修改内容，而调整是以“减少死刑、加重生刑”理念为指导的，并没有大范围改变我国传统偏重的刑罚结构，且整体上依旧是趋重的调整方向。

随着风险社会和后劳动教养时代的来临，在大踏步的犯罪化扩张面前，为传统“小而重”的罪刑结构设计的刑事制裁体系显然存在诸多的不适应性。宏观罪刑结构的层面上，趋严的犯罪圈与偏重的刑事制裁现状，既不符合刑罚轻缓化和人道化的主流趋势，亦不符合我国建立“严而不厉”的刑法结构的目标，在立法层面、政策层面和司法层面均凸显诸多问题。我国刑事制裁方法种类偏少，犯罪化进程导致犯罪多样化、犯罪人多样化，必然要求制裁的方式、处遇的措施的多样化。在监禁刑与非监禁刑的配比上，也存在结构失衡。刑罚结构依旧是以生命刑和自由刑为中心，存在监禁刑适用比例高、监禁替代措施发展不完善且执行变更较为僵化等突出问题。在纵向结构方面，我国刑事制裁体系分层并不明显，在根据分层而进行有区别的刑事制裁的措施和政策的安排上做得很不到位。在轻罪、预防性犯罪扩张的当下，不论犯罪情节轻重，刑事制裁的附随结果均不减轻，相关前科消灭、档案封存等轻罪处遇制度并未配套，加剧了轻微犯罪人口复归社会的困难，给社会增加了大量难以消化的犯罪人口，成为社会稳定的隐患。从各种制裁措施的关系来看，表面上的刑罚单极化越来越难以涵盖保安处分、刑事没收、刑事损害赔偿、非刑罚处罚方法等多种性质各异的刑事制裁，但又缺乏刑罚与其他种类刑事制裁法律地位的明确区分。虽然近年来在犯罪的法律后果中加入了禁止令、职业禁止等实质上属于保安处分的措施，但保安处分在我国却属于“有实无名”，且保安处分与刑罚不同，是围绕着行为人的危险性而裁量实施的，我国也尚未形成真正的危险性评估机制和方法，从立法到执行均欠缺一套规范的制度设计。

随着犯罪现象的多样化，犯罪的刑事法律后果的多元化是一种需求，一种趋势，更是一个现实，是一个正在发生的动态过程。一些与刑罚性质明显相异的制裁措施早已经存于我国的刑事法律之中，并且实际运行于司法实践之中，可以预见未来仍需要继续丰富刑事制裁的种类。犯罪的实体法律后果早已不限于刑罚，但我国却鲜少有学者对犯罪的实体法律后果作出系统化的研究。笔者认为，有必要对我国包括刑罚、保安处分性质措施、刑事没收、刑事损害赔偿、非刑罚处罚方法等要素在内的刑事制裁体系的现状进行考察，在我国当前的犯罪化进程、刑事司法和刑事政策情势之下，发现刑事制裁体系结构的不适应性及调整的必要性，有针对性地提出改革的意见和建议。对于我国建立措施更加完善、体系结构更加合理的刑事制裁制度而言，本书的论题具有突出的实践价值和理论价值。

关于我国刑法学界对刑事制裁体系及其内部结构的研究现状，陈兴良教授曾在 2018 年 1 月为日本学者佐伯仁志的专著《制裁论》的中译本作序时，作出如下论断：“我国刑法理论的注意力主要还是集中在犯罪论体系的研究上，试图建立刑法教义学的知识体系。对于以刑罚为中心的制裁制度，我国的研究是相当薄弱的，这是一个不争的事实。”①可见，关于以刑罚为主的刑事制裁体系的研究，与对犯罪论的研究相比在我国的刑法学者中属于一个比较“小众”的主题。翟中东教授曾经撰文分析过个中原因，认为“我国有关刑罚制度运行状况的统计数据基本处于保密状态。目前，由于我国尚未完全公开刑事司法的有关信息（含刑罚制度运行状况的信息），因此无论是刑事司法系统外的人还是刑事司法系统内的人，也无论是决策者还是执行者，对我国刑事司法的运行状况都缺乏精准的把握。不公开相关的信息，不但使系统外的研究人员不能开展研究，社会公众、有关机关不了解刑罚运作的实际状况，存在一定的信息‘碎片化’问题。而在刑罚制度运行状况信息不公开、‘碎片化’的情况下，研究人员很难开展刑罚制度运行状况的定量化工作，更谈不上发展定量文化”②。基于上述信息不公开的原因，学者难以了解刑罚制度的运行状况，如假释的效果、监禁刑的成本投入、监禁刑的适用效果、罚金刑的适用状况及其效果等。因此，我国学者基于对刑罚实际运行中效果的考察而提出刑罚变革的研究成果相对较少。现有的一些成果均是使用“碎片化”信息进行的管中窥豹，但在刑事制裁领域实证研究环境、条件均较为艰难的情况下，这些坚持管中窥豹的学术研究恰恰是十分宝贵的，弥补了我国这部分研究的空白。

关于以刑罚为主的刑事制裁体系如何调整，我国学者的研究成果集中在刑罚领域，包括刑罚方法如何优化、非监禁的执行机制如何完善、各种类的刑罚间的配比如何调整等内容。但由于近年来刑

---

① ［日］佐伯仁志：《制裁论》，丁胜明译，北京大学出版社2018年版，第3～4页。

② 翟中东：《我国刑罚制度改革建议“被冷落”现象之反思——以实践社会学为分析工具》，载《法商研究》2011年第2期。

法修正，对禁止令和职业禁止等具有保安处分性质的措施作出了规定，有学者指出我国的刑事法律后果从单轨制变成了“隐性的双轨制”①，对保安处分法定化的呼声愈加强烈。再加之由于劳动教养的废除，原来由劳动教养处罚的一些轻微行政违法行为入刑，导致近年来区分轻罪轻刑和重罪重刑的学术观点也较为集中，其实质目的都是要对刑事制裁体系进行调整和完善。但大部分学者对于相关问题的研究是分散化的，比如，单独探讨保安处分或者单独探讨构建轻罪轻刑体系，却少有从系统论的角度，将这些刑事制裁措施都整合纳入一个集合概念之内，进行“系统—结构”的研究。因此，笔者认为，既然现在仅仅囿于刑罚的研究已经不能全面涵盖刑事法律后果，就需要整体抽象出刑事制裁体系的概念，明确其目的、特征。之后对其结构研究的过程中，区分出不同性质的制裁措施，通过对其结构优化调整，确保其功能和效果。刑事制裁体系结构除了制裁方法及其排列组合方式之外，还应该包括“纵向分层”和“横向多轨”的架构设计。同时根据系统论的要求，不仅要研究整体与局部、局部与局部的关系，更要放眼整体与外部环境之间的有机联系，因此，应在考察目前的犯罪化的立法、司法和刑事政策等时代背景的基础上，探讨刑事制裁体系结构受到的影响和挑战，兼顾“问题性思考”和“体系性思考”，联动刑事制裁体系结构的当代变革及现实需要，更易发现对刑事制裁体系结构合理调整的优化路径。

---

① 时延安：《隐性双轨制：刑法中保安处分的教义学阐释》，载《法学研究》2013年第3期。

第一章　刑事制裁体系结构的概念解析

第一节　刑事制裁体系结构的概念

一、刑事制裁体系结构的概念提出

（一）刑事制裁的概念

“制裁”一词在法律上可以被定义为“针对违反社会规范的行为，以否定或者促使行为人放弃此种行为为目的而启动的反作用力，其内容是剥夺一定的价值、利益或者赋课一定的负价值或者不利益”①。而从形式上来定义，依据刑事法律规范所实施的制裁即为“刑事制裁”。可见，刑事制裁应包括所有依据刑事法律规范而给予的利益剥夺、负担和否定性评价，其范围要远远

① ［日］佐伯仁志：《制裁论》，丁胜明译，北京大学出版社2018年版，第5～6页。

超过刑罚的概念。有德国学者给刑事制裁(Strafe Sanktionen)定义为国家机关在犯罪后对于犯罪人之干涉反应,包括刑罚、保安处分、附属效果以及犯罪人可感受的其他刑法反应。[①] 虽然此处的概念中使用了“犯罪”“犯罪人”,但从其措施包括保安处分可以看出,针对无刑事责任能力的行为人所进行的处置也被包含在“刑事制裁”的范围之中,因此,此处德国学者提及的“犯罪”并不是在严格完备犯罪构成全部要件的意义上使用的,而是对所有受到刑事法律回应的危害社会行为的统称。从德国学者对刑事制裁的定义可以看出,刑事制裁应该包括刑事法律所规定的所有实体性的法律后果,包括对权利和利益的剥夺、限制、加诸负担或者否定性评价的所有措施。因此,刑事制裁是一个集合性的概念,其外延十分宽泛,内部各种刑事制裁措施间存在性质的差异。虽然刑罚始终是最主要的刑事制裁措施,但也存在部分刑事制裁措施对危害社会行为的回应并不以犯罪的成立为前提。典型的例子就是多国刑法均存在对于欠缺刑事责任能力的危害行为人的制裁措施,其中以保安处分等预防性措施为主。虽然各国刑法普遍存在一些并不以犯罪的完全成立为前提的实体性法律后果,但通过刑事法律回应的行为有一个共同特征,即均是严重危害社会、依据预防犯罪目的需予以回应的行为。

在我国,不论是司法实务界还是学界,论及刑法的制裁后果较少从刑事法律中规定的所有实体性法律后果这个角度进行体系性的研究,而基本上直接探讨刑罚及与刑罚相关的制度设计。这与我国刑事制裁实行的是刑罚单极化的设计存在极大的关系,但事实上,我国与世界上的绝大部分国家一样,刑事法律规定的针对行为人的实体性法律后果并不仅限于刑罚。一般认为我国法定的刑事

---

① 参见[德]Kerner:《德国刑事追诉与制裁》,许泽天、薛智仁译,台北,元照出版有限公司2008年版,第13页。

制裁措施包括刑罚、非刑罚处罚方法和免予刑事处罚。而近年来在我国刑事法律中新增的具有保安处分性质的禁止令、职业禁止等预防性措施，虽然尚未有明确的性质定位，但显然并不能被刑罚所涵盖。此外，我国刑法中还规定有刑事没收、刑事损害赔偿等制度，均涉及对行为人实体性权利和利益的限制和剥夺，而这些措施显然也并不属于刑罚。在我国刑事法律中也存在不以犯罪成立为前提的实体性制裁措施，如我国的《刑法》和《刑事诉讼法》中，规定了对实施严重社会危害行为的精神病人的强制医疗措施及程序。而强制医疗一般被认为是保安处分的一种形式，作为一种刑事实体措施，旨在实现防卫社会与精神病人复归社会的双重目的。[①] 可见，强制医疗的性质属于刑事制裁，却因行为人责任能力欠缺，并不以犯罪成立为前提。

因此，研究刑事法律中严重危害社会行为的法律后果，需要在对刑事法律的各种实体性回应措施进行归纳总结的基础上，抽象出一个统一的集合性概念，以对其进行全面性、协调性的研究。笔者对刑事立法进行总结归纳后认为，所谓的刑事制裁，应泛指国家基于犯罪预防的目的，依刑事法律对于严重危害社会的行为作出的实体性回应，包括权利剥夺、限制，以及赋予一定的负价值和不利益。从制裁的目的和正当性来看，不同种类的刑事制裁措施的目的略有区别，有的兼具罪责衡平的报应和犯罪预防两种目的，如刑罚、刑事损害赔偿令等；有的仅具有预防的目的，如保安处分、刑事没收等。笔者认为，将种类诸多、看似分散、性质各异的刑事法律制裁措施“统领”在一起的根本目的和正当性根据就是犯罪预防。一方面，犯罪预防是所有刑事制裁措施都具有的目的，也许个别刑事制裁具有

---

① 参见宋英辉、茹艳红：《刑事诉讼特别程序立法释评》，载《苏州大学学报（哲学社会科学版）》2012 年第 2 期。

多重目的,但犯罪预防始终是所有种类的刑事制裁措施目的的最大公约数;另一方面,自刑事近代学派发端以来,仅以刑罚和罪责原则为限设置犯罪的法律后果的不足已经得到充分认识,各国的刑事立法和制度设计中,犯罪行为的法律后果以犯罪预防为导向,不断地趋于多元,以保安处分为代表的一类预防性制裁措施逐渐发展起来。犯罪预防作为刑罚、保安处分及其他种类的刑事制裁的共同正当性基础已经在中外理论界有诸多论述,并达成了一定的共识。从制裁回应的对象上看,本书从立法实际出发,为了把欠缺刑事责任能力的危害行为及其刑事法律的回应都涵盖在自己的研究范围中,最大限度地涵盖刑事法律所有的实体性制裁措施,本书在相对宽泛意义上界定和理解刑事制裁回应的对象,泛指所有受到刑事法律回应的危害社会的行为。从制裁内容来看,包括所有依据刑事法律给予的实体性制裁,包括权利剥夺、限制,以及赋予一定的负价值和不利益。

(二)刑事制裁体系的概念

由于刑事制裁的概念很少被论及,因此“刑事制裁体系”在我国刑事学界的规范论述也不多见。但从学者使用这一概念的语境和观点论述中,基本可以归结为以下几类:

第一类是将治安处罚、劳动教养和刑事处罚均纳入“刑事制裁体系”。《劳动教养制度废止后我国刑事制裁体系的变革》一文认为,我国“违法—犯罪二元的刑事制裁模式”下,刑事制裁体系包括治安处罚、刑事处罚和劳动教养三个部分,而劳动教养的废除给刑事制裁体系带来了结构性的调整和转变。[①] 也就是说,该论文是将公安机关处理行政违法行为也纳入了“刑事制裁”的对象范围内。

---

① 参见何群、姚毅奇、吴志华:《劳动教养制度废止后我国刑事制裁体系的变革》,载《西南交通大学学报(社会科学版)》2016年第2期。

这种界定并非没有来由,在一些大陆法系国家,犯罪被分为三类:重罪、轻罪和违警罪,而其中违警罪的行为严重程度就和我国的治安处罚行为大致相当。法国就是较为典型的采取这样的“三分法”的国家,在法国刑事制裁的对象范围当然涵盖重罪、轻罪和违警罪。但笔者认为,在我国的法律制度框架下,刑事制裁体系将治安处罚纳入其中并不妥当。一是从法律性质来看,《治安管理处罚法》并不在刑事法律范围内,治安处罚的性质并非刑事罚,而是行政罚,违反《治安管理处罚法》的行为也并未纳入犯罪的范围内。而所谓的刑事制裁应至少是依据刑事法律规范而科处的制裁措施,若包括治安管理处罚这类行政处罚措施会造成法律体系概念的混乱。二是从决定主体来看,类似法国这样采取“三分法”的国家中,违警罪是犯罪行为的一种,其定罪处罚需要法官来裁决,适用的是司法程序,而我国治安管理处罚的决定和执行机关均为公安机关,适用的是行政处罚的程序。因此,虽然违警罪和治安违法行为轻重和性质可能较为相近,但在我国的法律框架下,刑事制裁体系并不应包含由公安机关对治安违法行为科处的行政制裁,而应严格将范围限制为依据刑事法律而实施的制裁。

第二类是刑事制裁体系不仅包括刑事制裁措施,还包括刑事制裁范围和刑事制裁相关的所有制度的设置。在《我国刑法中有组织犯罪的制裁体系及其完善》一文中针对有组织犯罪刑事制裁体系的构建,从刑罚、罪名体系设置、量刑情节设置、自首制度建构等多方面进行了论述,①总体来看,可以认为该文中的“刑事制裁体系”不仅包括刑罚等刑事制裁措施,还包括将行为纳入“体系”的罪名设置与运用制裁方法的量刑制度。学者敦宁在这个方向上走得更远,其在

① 参见于志刚:《我国刑法中有组织犯罪的制裁体系及其完善》,载《中州学刊》2010年第5期。

《刑事制裁体系变革论》一书中,对刑事制裁体系给出了一个明确的定义,认为“是指由刑事法律确立的对犯罪和其他相关危害社会行为进行制裁的方法和制度有机组合而成的统一体”。并给出了刑事制裁体系的三个基本构成要素:刑事制裁范围、刑事制裁措施和刑事制裁制度。具体来说,刑事制裁范围则是指犯罪圈的大小;刑事制裁措施主要包括刑罚和保安处分;刑事制裁制度则包括制裁方法适用的相关所有实体和程序制度。① 笔者认为,这种在“立体刑法学”理念下提出的刑事制裁体系的概念前能够兼顾到犯罪圈的划定,后能够延伸至整个刑事法律后果的制度设计,有利于从全局着眼宏观地、系统地、协调地研究刑事制裁。但该定义的致命缺陷也在于此,即该定义为刑事制裁体系划定的外延过于宽广,刑事法律中的任何规定都不外乎是用于划定犯罪圈及适用刑事法律后果,按照此定义,可以说《刑法》和《刑事诉讼法》的规定都成了刑事制裁体系的一部分,刑事实体法和程序法上的概念和制度都成了刑事制裁体系的下位概念和组成部分,过于宽泛的概念最终将难以聚焦于事物的本质特征,使得刑事制裁体系的概念失去研究价值。

第三类是将刑事制裁体系限定为刑事制裁措施组成的整体。在我国刑法中,对“刑事制裁体系”具有比照意义的概念是“刑罚体系”,我国学者对刑罚体系概念基本存在共识,张明楷教授给刑罚体系下定义为“国家的刑事立法以有利于发挥刑罚的积极功能、实现刑罚目的为指导原则,选择刑种、实行分类并依其轻重程度排成的序列”②。可见,所谓刑罚体系就是各刑种以一定的结构有机组成的序列。相比而言,刑事制裁体系相应地就应该定义为“刑事制裁措施有机组合而成的序列”。确有学者在这个意义上使用刑事制裁体

---

① 参见敦宁:《刑事制裁体系变革论》,法律出版社 2018 年版,第 7 ~ 18 页。

② 张明楷:《刑法学》(第 5 版),法律出版社 2016 年版,第 521 页。

系的概念，比如，葛磊博士在其论文《刑事制裁体系近现代史纲》中，虽然没有明确给刑事制裁体系下一个定义，但其基本在论述刑罚和保安处分两种制裁措施的演变，在论及中国的刑事制裁体系改革时，提出应大力发展并完善社区矫正制度。关于社区矫正的性质，论文认为，“在英国，已经将社区矫正刑整合为一个系统的刑事制裁体系；在美国，现在很多采用量刑指南的州允许并提倡对一些种类的犯罪人直接适用社区矫正，社区矫正的执行与量刑融合在了一起，成为一种承担刑事责任的新类型。因此，随着社区矫正适用的增多和制度的完善，它的性质必然将表现得越来越清晰”①。由此可见，虽然论者将社区矫正纳入其刑事制裁体系的范畴中，但实质是由于其认为社区矫正会发展成为独立的刑事制裁措施或者独立的刑种，从而可以看出论者提出的刑事制裁体系本质上还是刑事制裁措施有机结合的体系。笔者认为，将刑事制裁体系界定为刑事制裁措施组成的有机整体，将其内涵聚焦于犯罪危害行为的“法律后果”和刑法对于危害社会行为人的回应措施上，可以避免概念过于宽泛，具有一定的合理性，但将刑事制裁措施限定于刑罚和保安处分两类未免过于局限，且刑事制裁体系应是各种要素有机组合而成的整体，并不是制裁措施之间的简单耦合，对于此仍有待深入论述。

综上，笔者认为，刑事制裁体系是指国家以犯罪预防的目的，根据刑事法律对严重危害社会行为予以回应的实体性措施有机组合而成的整体。其中，刑事制裁的法律依据必须是刑事法律规范，依据《治安管理处罚法》等行政法律对行政违法行为的处罚应排除在刑事制裁体系之外。在制裁对象上，应明确为刑事法律予以回应的严重危害社会行为，包括符合犯罪构成的犯罪行为，以及实施了危

---

① 葛磊：《刑事制裁体系近现代史纲》，北京大学2007年博士学位论文，第107页。

害行为,但不具备责任能力,基于预防的目的,需要给予一定强制、处遇的行为人,如针对精神病人的强制医疗。刑事制裁体系的要素指刑罚、保安处分、刑事没收、被害人损害赔偿、非刑罚处罚方法等所有具有刑事制裁性质的措施。需要说明的是,有时具体的刑事制裁措施在具体的法律规定中并不是以独立的"刑种"或者"处分措施"的面目出现的,如缓刑,在有的国家是一个刑种,有的国家就作为量刑制度出现,但不可否认其具有刑事制裁的性质,也应属于刑事制裁措施。该定义划定的刑事制裁体系范围,固守了犯罪论与犯罪后果论[①]之间的界限,明确了刑事制裁体系的内容属于犯罪后果论的范畴,避免了因概念过于宽泛而无法聚焦本质的问题。同时又在犯罪后果论当中,将所有具有刑事制裁性质的措施均纳入刑事制裁体系中加以系统地研究,有利于在效益原则下全面把握刑事制裁体系的协调性。

(三)刑事制裁体系结构的概念

"体系结构"是哲学上系统论和结构主义的分析方法,运用到具体学术论述中产生的术语。在哲学论述中,所谓系统,"指由若干相互联系相互作用的要素组成的、具有一定结构和功能的有机整体"[②]。而结构主义作为一种考察问题的方法,它把世界万物都看作一种结构和关系。列维·斯特劳斯给其下的定义是:"结构"即各种关系的总和,其中各部分的关系均以特定方式相互联系并作用,任何一项关系的变化都必然引起其他关系的变化。在结构主义者眼里,任何事物都是由一定规则和秩序组成的整体,结构主义研究方法在于建立整体并去研究发现其内在的结构关系及其相互转换的

---

① 与犯罪论相对的传统概念是刑罚论,但因刑事制裁并不仅限于刑罚,故此处采用"犯罪后果论"的提法。

② 金炳华:《哲学大辞典》(下册),上海辞书出版社2007年版,第1610页。

规则。[①] 由此可以分析出，“体系结构”的核心内涵就是组成整体的要素及要素间的联系方式。在具体学科的研究中，“体系结构”这一术语较多地出现在计算机软件领域，其定义被美国电气和电子工程师协会（IEEE）界定为“一个系统的基础组织，包含各个构件、构件互相之间与环境的关系，还有指导其设计和演化的原则”。也有学者将其简单概括为软件内部“具体的构件及其相互联系的结构描述”[②]。可见，“体系结构”在软件领域的基本内涵仍是以其哲学内涵为基础的。而在我国刑事法领域，储槐植教授早在20世纪末，就以哲学上系统论和结构主义为基础，提出了“系统结构”是实现系统功能的组织基础，并以此引出了其关于“刑法结构”“刑罚结构”的理论论述，[③]成为将哲学的结构主义和系统论的方法运用到刑事法领域的典范。其后，梁根林教授也曾论述“刑罚体系结构”的概念，“是指刑法总则规定的组成刑罚体系的不同刑罚方法相互联系的稳定形式和相互作用的基本方式”[④]。

“关于刑事制裁体系结构”的提法，笔者经查阅相关文献并未发现先例。原因可能在于目前我国刑法理论的注意力主要集中于犯罪论体系的研究上，对于以刑罚为中心的制裁制度的研究相对薄弱。[⑤] 如前所述，我国目前较少有学者将各种已经实际存在的、性质各异的刑事制裁措施进行整体性、系统化的研究，现有研究刑事制

---

① 参见刘国媛：《结构之维检察权研究》，武汉大学2016年博士学位论文，第9页。

② 麦中凡、戴彩霞：《软件体系结构的概念》，载《计算机工程与应用》2001年第11期。

③ 参见储槐植：《刑事一体化论要》，北京大学出版社2007年版，第15页。

④ 梁根林：《刑罚体系结构优化的两个维度》，载赵秉志主编：《刑罚体系结构的改革与完善》，北京师范大学出版社2012年版，第13～27页。

⑤ 参见［日］佐伯仁志：《制裁论》，丁胜明译，北京大学出版社2018年版，第3～4页。

裁制度的文献,也基本集中在刑罚领域,相关研究集中于“刑罚体系”“刑罚结构”“刑罚体系结构”等主题上,对“刑事制裁体系”的论述本就很少,对刑事制裁体系内部的结构进行研究就更是寥寥无几。但笔者认为将刑事制裁体系作为一个整体,研究其体系结构具有重要的意义和价值,一是体系结构的研究有助于科学地认识和区分各类刑事制裁措施的性质。按照系统论的方法论要求,并结合索绪尔的著名论断,“一切系统之特点在于,一般来说不可能在其中把区别一个事物与构成一个事物这两件事加以区分”[①]。厘清刑事制裁体系结构,可以从构成的角度,划分不同性质的刑事制裁,以此为基础考察其相互联系,通过对要素及其联系的调整进而也能够强化刑事制裁体系的整体协调性。二是体系结构研究的最终目的是刑事制裁体系功能的最大化。系统作为一个整体具有“大于部分的总和”的属性,具体来说,“系统的性质、功能不是其组成部分的性质和功能的简单总和,即系统具有新的属性和功能;另外,作为系统整体的组成部分的性质和功能也不同于它们在独立时的性质与功能”。[②]可见,刑事制裁体系要素间以何种结构构成一个完整的体系,决定着刑事制裁效果和功能的发挥,在这个意义上,刑事制裁体系结构是刑事制裁发挥功能的制度基础,其体系结构不合理,必然导致刑事制裁目的的落空和功能的失调。因此,研究刑事制裁体系的重点就是研究其体系结构。

关于刑事制裁体系结构并没有现成的定义,从哲学术语的解释上,“结构”和“体系”,均有内部要素结合成一个整体的内涵,但是二

---

① 周赟:《法律论证的概念——系统—结构主义的进路》,载《华侨大学学报(哲学社会科学版)》2011 年第 2 期。

② 冯契、徐孝通主编:《外国哲学大辞典》,上海辞书出版社 2000 年版,第 415 ~ 416 页。

者表述的侧重点不同,“体系”强调的是有机结合成一个整体,而“结构”则强调体系内各要素的组合方式及内外部构造。因此,刑事制裁体系结构应侧重研究刑事制裁体系内各要素的组合形式。笔者认为,刑事制裁体系结构,应指刑事制裁体系内刑事制裁措施的种类设置以及要素间的比例关系、层级安排等组合形式。

二、刑事制裁体系结构的概念辨析

(一)刑事制裁体系结构与刑罚结构、刑罚体系结构

在我国,长期以来,论及刑事制裁即是论及刑罚的现象不仅停留在学者的研究中、公众的观念中,而且也反映了我国刑事司法的实际。但随着犯罪现象的日益多样化,在我国刑事制裁领域,由于犯罪人的不同情况、犯罪原因的复杂性和犯罪预防的多层次性,仅仅以刑罚为手段应对犯罪现象和犯罪人显得尤为吃力,人们开始意识到刑罚只是刑事制裁的一部分,除此之外,还有保安处分、非刑罚处罚方法以及其他监管、处遇措施承担着刑事制裁的功能,与刑罚之间是互相补充、相互配合的关系。因此刑罚是刑事制裁的下位概念,刑事制裁体系包含刑罚体系却不限于刑罚体系。关于刑罚结构,梁根林教授曾经下定义:是指刑法规定的不同刑罚方法相互联系的稳定形式和相互作用的基本方式。根据语境的不同,刑罚结构可以分为刑罚体系结构与法定刑结构。刑罚体系结构是指刑法总则规定的组成刑罚体系的不同刑罚方法相互联系的稳定形式和相互作用的基本方式。法定刑结构是指刑法分则规定的组成刑罚体系的不同刑罚方法相互联系的稳定形式和相互作用的基本方式。[①]根据梁教授的界定,刑罚体系结构是刑罚结构的一个方面,但由于法定刑结构涉及分则具体罪名的刑罚配置和规定,过于微观,因此

① 参见梁根林:《刑罚体系结构优化的两个维度》,载赵秉志主编:《刑罚体系结构的改革与完善》,北京师范大学出版社2012年版,第13~27页。

多数时候学者使用刑罚结构这一概念时,就是在刑罚体系结构的层面上来使用的。

相较而言,刑事制裁体系结构与刑罚结构或者刑罚体系结构之间,是一种整体和部分的关系,一方面,刑罚作为刑事制裁最重要的组成部分,刑罚结构的轻重、协调在一定程度上能够影响刑事制裁体系结构的特征;另一方面,刑罚结构侧重研究刑罚内部各个刑种之间的结构关系,而刑事制裁体系结构不仅包括各个刑事制裁措施内部的结构,还包括各个刑事制裁措施之间的配比和组合,这是仅仅研究刑罚内部结构的刑罚结构概念所不能涵盖的。

(二)刑事制裁体系结构与刑法结构

20世纪80年代末,我国刑法理论上提出了"刑法结构"一词,并用以描述刑法的组合形式,认为刑法结构可以划分为形式结构和实质结构两个层次,前者是指刑法总则与分则的组合,后者是指法定犯罪圈与法定刑罚量的组合。① 其后学者对于刑法结构进行的研究和探讨,基本都是在实质刑法结构即罪刑组合关系的角度上进行的。储槐植教授认为,刑法作为一个系统,其组成因素是犯罪和刑罚,犯罪圈的大小和刑罚的轻重的比例搭配构成了不同的刑法结构。犯罪圈的大小体现刑法的严密程度,刑罚的轻重体现刑法的苛厉程度,根据不同的罪刑搭配刑法结构有四种类型:不严不厉、又严又厉、严而不厉和厉而不严。并认为我国当前的刑法结构基本属于厉而不严,而正确的发展方向应是严密法网、刑罚轻缓的严而不厉的刑法结构。② 其后也有学者对上述分类进行反思,提出了犯罪圈

① 参见王志祥、韩雪:《刑法结构优化论——与"严而不厉"和"中罪中刑"两种刑法结构论商榷》,载《人民检察》2016年第23期。

② 参见储槐植:《刑事一体化论要》,北京大学出版社2007年版,第53~67页。

大小和刑罚投入均要适中的“中罪中刑”刑法结构的观点，①以及提倡优化犯罪圈和刑罚投入量以及优化二者配比的刑法结构优化理论等。② 但不论哪一种观点，都是对犯罪和刑罚这两个基础范畴的组合关系进行讨论，其中对于与犯罪相对应的法律后果的探讨仅仅局限于刑罚范围内，暗设了“犯罪圈 = 刑罚圈”的前提，存在较大的局限性。而我国法定的刑事法律制裁除了刑罚外还包括免刑的非刑罚处罚方法，以及随着近几次刑事法律修正，增加的禁止令、职业禁止、强制医疗等制裁方法和制度，不论是从立法上还是从司法上，刑罚已不能全面涵盖刑事处罚对犯罪的回应。因此，笔者认为，完整的刑法结构（实质），应该定义为犯罪与对应的刑事制裁体系之间的组合结构，如此方能保证刑法结构研究的系统性、科学性和完整性。

从这个概念出发，刑事制裁体系结构与刑法结构的关系则比较清晰，二者分属于不同层次，刑法结构是犯罪与刑事制裁之间的宏观配比架构，而刑事制裁体系结构则是后者刑事制裁体系内的配比架构。一方面，刑事制裁体系结构影响着刑事制裁效果和功能的发挥，作为刑法结构“犯罪—刑事制裁”两个支点之一，其轻重配比、组合形式也会直接影响刑法结构的协调性和合理性。另一方面，刑事制裁体系结构反映的是刑事制裁内部各要素间的组合形式，而刑法结构主要反映犯罪与刑事制裁这两个要素之间的互相影响和互相制约。犯罪圈的调整肯定要影响到刑事制裁体系结构作出相应的调整，而刑事制裁体系结构的轻重以及合理性反过来也会制约犯罪化或者非犯罪化的进程。因此，研究刑法结构离不开对刑事制裁体

---

① 参见卢勤忠：《“中罪中刑”的刑法结构之提倡——对“严而不厉”的一点质疑》，载《当代法学》2012 年第 6 期。

② 参见王志祥、韩雪：《刑法结构优化论——与“严而不厉”和“中罪中刑”两种刑法结构论商榷》，载《人民检察》2016 年第 23 期。

系结构的考察,而研究刑事制裁体系结构也需要有刑法结构的视角。

(三)刑事制裁体系结构与惩罚体系结构、制裁体系结构

惩罚体系与制裁体系也是学者经常提及的与刑事制裁体系既有区别又有联系的两个概念。关于惩罚体系,笔者发现主要存在两种观点:第一种观点认为,惩罚体系是指国家为维系一个稳定的社会生活条件所必需的秩序、所需要投入的规训与惩戒资源的总量。惩罚体系依据法律责任的性质不同,可以分为民事惩罚、行政惩罚和刑事惩罚,惩罚体系结构则是指三者之间建立的比例关系。① 第二种观点认为,惩罚体系是指公权力实施的惩罚,主要包括刑罚和行政处罚,适用前者的权力属于司法权并由审判机关行使,适用后者的权力属于行政权并由法定的行政机关行使,并由此形成"二元惩罚体系"。② 而在这个意义上,惩罚体系的结构就是指具体的"行刑界分"和"行刑衔接"。而对于"制裁体系"一词,学者基本上是与惩罚体系同义互换使用的,因此也存在上述两种解释制裁体系的观点角度。一是认为制裁体系包括民事、行政、刑事三大制裁体系。如有学者论述"法律制裁,也即法律惩罚,泛指国家机关对违法者实行某种惩罚措施。按照中国目前的法律制度,对违法者的法律制裁大体上有三大法律体系,也就是民事制裁体系、行政制裁体系和刑事制裁体系"③。再如,有学者论及单位违法犯罪制裁时,指出"我国法律格局经历了诸法合体到部门法分立,形成了对单位违法犯罪行

---

① 参见宋长海:《简论中国惩罚体系的调整》,载《北京人民警察学院学报》2011年第2期。

② 参见时延安:《犯罪化与惩罚体系的完善》,载《中国社会科学》2018年第10期。

③ 王刚:《我国劳动教养制度之废除与法律制裁体系之完善》,载《政治与法律》2014年第1期。

为的民事法、行政法、刑事法三部门的制裁体系”①。二是认为制裁体系包括刑事制裁体系和行政制裁体系,即“二元制裁体系”。如认为劳动教养制度废除后,我国违法犯罪行为的惩处存在刑罚与治安处罚并立的二元制裁体系。② 而对于制裁体系结构基本也是与以上惩罚体系结构相同的概念。

通过以上梳理可以看出,不论是在哪一种角度诠释惩罚体系(制裁体系),都是刑事制裁体系的上位概念,刑事制裁体系只是惩罚体系或者制裁体系的一个部分,仅仅是基于违反刑事法律而由国家公权力机关施加的制裁,当然也是在惩罚体系(制裁体系)中最为严厉的制裁。作为上位概念的惩罚体系(制裁体系)的结构涉及民事、行政、刑事制裁的互相界分,对刑事制裁体系结构存在前提性的影响,而由于刑事制裁体系作为国家惩罚体系(制裁体系)最后也最为重要的一环,其结构的轻重、组合方式等也对内部各体系互相联动的整个惩罚体系(制裁体系)的结构产生重要的作用。

第二节　刑事制裁体系结构的要素和维度

一、刑事制裁体系结构的要素

刑事制裁体系结构的要素就是刑事法律对于严重危害社会的行为予以回应的各种实体性的刑事制裁措施。不同种类的刑事制裁措施的设置是搭建体系结构的基础和前提。刑事制裁措施的分类包括两个层次:第一个层次是其类属,包括刑罚、保安处分、刑事

① 李洁:《单位主体制裁体系的碎片化缺陷及其修复》,载《西南政法大学学报》2017 年第 2 期。

② 参见何显兵:《二元制裁体系视角下“卖淫”新解》,载《法治研究》2019 年第 2 期。

没收、非刑罚处罚方法、定罪免刑等类别。不同类别的刑事制裁措施的制裁目的、制裁根据、制裁功能等会有所区别。第二个层次是每类刑事制裁措施项下,具体的制裁方法,如刑罚中的不同刑种和刑罚制度的设置,保安处分中的不同保安处分措施等。即便是同类别的刑事制裁措施中,每种具体的制裁方法依旧会存在制裁功能的具体区别。

(一)刑罚

刑罚是最基本、最主要的刑事制裁措施,其作为犯罪后果的历史和演变也是最为长久和最丰富的。在原始时期,刑罚是私人之间的报复行为,通常由受害者或者其近亲属来实施,"公共权力既不干预,也不感兴趣"①。自16世纪开始,欧洲各国的司法权逐渐由国家来行使,公共司法取代了私人报复。刑罚的适用取决于法官,但却没有任何最高刑和最低刑的限制,②当然也不可避免地会产生罪刑擅断。18世纪的欧洲启蒙运动,康德、黑格尔等古典学派的代表人物提出了"责任"的概念并进行了论证,古典学派主张的责任是建立在自由意志的基础之上的,其认为犯罪人是具有意志自由的,犯罪行为是自由意志选择的结果。当时古典学派罪刑法定的理论,为了防止旧时期法官的罪行擅断,倡导刑罚力争对所有人都平等,主张对任何罪行都进行明确规定,不允许法官自由裁量,其被称为严格规则主义。但这种定期刑的模式在实践中很快暴露出了过于僵化的问题,针对这一问题,新古典主义学派逐渐诞生,新古典主义一样将责任的根据建立在意志自由上,认为没有意志自由就没有刑罚。

① Ottenhof Reynald, *L' individualisation de la peine*, *De Saleilles à aujourd' hui*, ERES, Toulouse, 2001, p. 35.

② Ottenhof Reynald, *L' individualisation de la peine*, *De Saleilles à aujourd' hui*, ERES, Toulouse, 2001, p. 18.

但新古典主义学派认为意志自由存在程度大小的区分,刑罚的区别适用建立在责任的不同程度上,只有在刑罚适用与意志自由的程度成比例才能实现正义,主张在一些有减轻情节的情况下,不应忽视对犯罪人责任的减轻。新古典学派主张的责任是一种真正的、具体的责任。① 19世纪后半叶,随着西方资本主义国家的社会发展与犯罪率上升,古典理论对于遏制犯罪似乎力不从心,以"刑罚是以预防犯罪、防卫社会为目的"作为基本主张的实证学派产生并不断发展起来。② 实证学派抛弃了刑罚的报应目的,全面否定了古典学派的意志自由理论,转而主张意志决定论。以龙勃罗梭、菲利、加罗法洛、李斯特等为代表的实证学派,其核心观点认为犯罪是自然或社会的产物,或由于自身的生理因素,或由于社会因素,但这其中,并没有自由意志的空间。与古典学派将目光着眼于已经发生的犯罪事实不同,实证学派将目光投向未然之罪,根据犯罪人的性格(人格)来适用刑罚,犯罪本身只具有症状价值(类似于犯罪人格外化的症状),仅表明个人的犯罪率和个人犯罪水平。实证主义学派的理论完全抛弃了罪责,仅依据人身危险性进行刑事制裁。实证学派正式将人身危险性的概念引入了刑法并赋予了生命,给刑罚个别化带来了新的面孔,丰富了个别化的细节,建立了以犯罪人格为主要内容的人身危险性与量刑之间的重要关系,法官不再是机械的刑罚分配者,且实证学派提出刑罚仅仅具有惩罚功能还不够,刑罚还必须具有教育和预防的功能。③ 但实证学派抛弃了责任的理念,将刑罚

---

① Paul Novel, « Individualisation de la Peine, a Propos du Livre de M. R. Saleilles », *Critique Legis. & Juris.* (n. s.), 27 Rev, p. 551.

② 参见马克昌主编:《近代西方刑法学说史》,中国人民公安大学出版社2008年版,第162~165页。

③ Ottenhof Reynald, *L' individualisation de la peine, De Saleilles à aujourd'* hui, ERES, Toulouse, 2001, p. 77-96.

的个别化完全建立在犯罪人的危险性之上，走向了极端主义，完全建立在危险性上的刑事制裁使刑罚丧失了必要的限制和边界。第二次世界大战以后，在战争中被忽视的对人的尊严的保护和对个人的尊重，引起人们普遍关注，新社会防卫理论则应运而生。[①] 法国法官、刑法学家马克·安赛尔是最重要的代表人物，其继承和发展了李斯特的社会防卫思想，提出了新社会防卫论。在其1954年发表的《新社会防卫论》中，安赛尔并不赞成实证学派反对道义责任论的观点，而主张容纳道义责任论，并将个人视为刑罚的出发点和社会的一部分。其认为罪犯是一个可以被理解的人，是可以被纠正的，适当的情况下可以被治愈，无论如何要进行再社会化。因此，新社会防卫论对于刑罚适用的主旨思想就是通过对犯罪人的再社会化，从而改善和保护社会。进入21世纪以来，随着风险社会的悄然来临，刑罚理论在欧洲大陆有诸多新的发展趋势，其中刑罚目的的多元化是非常显著的趋势之一。其认为刑罚同时具有报应、预防、犯罪人复归社会、补偿犯罪造成损害等多种刑罚目的，[②]在多元化的刑罚综合目的理论中，报应、特殊预防和一般预防握手言和，也许综合目的论会存在以报应为主还是以预防为主的区分，但这些刑罚目的目前在世界各国的理论和实践中都占有一席之地，无法完全排除。但不论刑罚目的如何存在争议，目前各种学说对刑罚应以刑事责任为前提是基本达成共识的，即刑罚适用的基础是行为符合犯罪构成的全部要件从而构成犯罪，对于刑罚的边界限定，适用罪刑法定原则和罪责刑相适应原则。

---

① 参见马克昌主编：《近代西方刑法学说史》，中国人民公安大学出版社2008年版，第467页。

② Tostain Manuel, « L'influence des motivations à punir sur les jugements de responsabilité et l'attribution de sanction aux auteurs d'infractions pé nales », *Les Cahiers Internationaux de Psychologie Sociale*, Vol. 75 – 76, No. 3, 2007, p. 35 – 49.

刑罚的具体种类经历了一个从以生命刑、肉刑为主逐步到自由刑为主，甚至是监禁替代措施为主的轻缓化过程，“一部人类惩罚的历史，正好象征着惩罚本身逐渐凋零的历史”[①]。法国社会学家米歇尔·福柯就曾总结出刑罚的规训手段经历了由施加于肉体到施加于灵魂的转变，曾经降临在肉体的死亡被代之以深入灵魂、思想、意志和欲求的惩罚。[②] 邱兴隆教授曾指出，刑罚的进化呈现出以下五种趋势：第一，刑罚由严酷走向缓和；第二，刑种由复杂走向简单；第三，刑罚由消极走向积极，刑罚在最初报复时代只是对犯罪被动的机械的反动，到折中时代刑罚目的不单纯是一般预防，而且注重在最大限度内追求整体预防效果，因此更积极；第四，刑罚由单纯剥夺犯罪人权益走向兼顾保障犯罪人利益；第五，刑罚由无理走向合理。[③] 在西方，启蒙运动之前，欧洲充斥着残酷的死刑和肉刑，但启蒙运动思想家对落后、野蛮和残酷的缺乏理性的刑罚进行了理性的批判，倡导的人道观念在欧洲刑事立法中得到了体现。在中国，古代重刑思想甚浓，在原始社会的夏代时期，我国就建立了墨、劓、剕、宫、大辟的旧五刑制度。商代时盘庚规定，“乃有不吉不迪，颠越不恭，暂遇奸宄，我乃劓、殄灭之无遗育”。死刑除去斩刑外，还有醢、脯、焚、剖心、刳、剔等刑杀手段。[④] 隋唐之后的新五刑包括笞、杖、徒、流、死，一样不外乎死刑和肉刑。随着刑罚文明化的发展，清朝末年，在戊戌变法运动和西方殖民的背景下，经由沈家本、伍廷芳等

---

① 陈秉彰、陈信木：《道德社会学》，台北，台湾桂冠图书股份有限公司 1988 年版，第 336 页。

② 参见［法］米歇尔·福柯：《规训与惩罚》，刘北成、杨远婴译，生活·读书·新知三联书店 2012 年版，第 17 页。

③ 参见邱兴隆：《嬗变的理性和理性的嬗变——主题报告：刑罚进化论·评论·答辩》，载《现代法学》1999 年第 5 期。

④ 参见翟中东：《矫正的变迁》，中国人民公安大学出版社 2013 年版，第 7 页。

人的推动，大量删减《大清律例》中的死刑和肉刑规定，可认为是中国刑罚现代化的转折点。在当代，肉刑、流放刑、劳役刑等均已退出历史舞台，死刑也已经体现出缓慢地走向消亡的趋势，甚至是作为现代刑罚主力的监禁刑，也在监禁替代的理论思潮之下，在行刑社会化和非监禁化的实践冲击下，出现式微的趋势。随之而来的是集惩罚、监禁替代、社会化和矫正改造为一体的社区性刑罚的兴起。基本上，现代刑罚的种类主要有生命刑、自由刑、财产刑、资格刑，以及新兴的社区性刑罚等。

死刑是以剥夺犯罪人的生命作为惩罚手段的刑罚，是最严厉的惩罚手段，因此也被称为极刑。目前世界上对于死刑的存废存在极大争议，由于死刑具有不可恢复性，且在道德、宗教乃至法律价值上均遭到质疑，因此部分国家已经废除死刑，但仍有部分国家基于死刑难以替代的威慑作用而保留并实际适用死刑。

自由刑，是指剥夺犯罪人人身自由而将其拘禁于特定场所的刑罚手段。进入现代社会后，人类的刑罚中，肉州和生命刑逐渐淡出，转而由自由刑占据主要地位，这是刑罚轻缓化演变的重要标志，具有十分积极的意义。自由刑的惩罚不仅仅体现在限制人身自由上，更体现在切断被监禁人原有的社会关系，给被监禁人带来心理上和精神上的痛苦。这使得自由刑具有功能上的弊端，包括受刑人的交叉感染、被监狱“体制化”进而造成依赖、被贴上犯罪人的标签等，产生去社会化甚至是反社会化的效果。

财产刑是以剥夺犯罪人部分或者全部财产权利为惩罚手段的刑罚，主要包括罚金刑、没收财产等。目前在世界各国财产刑均以罚金刑为主，在有的国家罚金刑是主刑，有的国家是附加刑或从刑。罚金刑主要包括总额罚金和日额罚金两种形式。罚金刑被认为是一种相较于生命刑和自由刑更加轻缓的刑罚，具有一定的优势，如无须将受刑人与社会隔离、对受刑人的标签效应也较低、如发生判决错误易于恢复等。但因其与行政罚款等手段相似,因此其刑罚的惩罚性及效果受到质疑,并且由于受刑人的经济能力存在差异,导致同样的财产刑对不同的受刑人效果差异明显,且由于存在家属帮助支付罚金的情形,因此也被质疑有可能违反罪责自负原则。

资格刑,是指剥夺犯罪人法律上赋予其享有的一定权利和资格的刑罚手段,包括剥夺政治权利、褫夺公权、禁止驾驶等,资格刑一般以附加刑或从刑的面目出现。但可以预见资格刑的发展趋势是在刑罚乃至刑事制裁体系中地位的逐渐增强。随着社会风险的加剧以及人类文明的不断推进,对社会的控制和管理必将走向"精细化",各种福利、资格、权利等将会对个人的生活质量产生越来越重要的影响,而剥夺上述资格和权利的刑罚力度也将会加大,种类也相应地会增多。

社区性刑罚是一类可以判处犯罪分子在社区中服刑的刑罚。社区性刑罚是现代刑罚体系中的一类刑罚。社区性刑罚的基本特点是通过对在社区服刑罪犯的自由的限制与行为的强制实现国家刑罚目的。[①]"社区性刑罚"这一概念的提法最早见于英国原内政部(现司法部)1988年发布的《惩罚、监禁与社区》报告。英国原内政部使用"社区性刑罚"概念的动因是试图将社区中刑事惩罚措施概括、归纳起来。所谓"社区中刑事惩罚措施"包括保护观察刑、社区劳动刑、关护刑、监督刑等。[②]社区性刑罚具有刑罚的属性,其刑罚性体现在对受刑人自由及其活动的限制,预防功能体现在控制、管

---

① 参见翟中东:《社区性刑罚的立法与短期监禁刑问题的解决》,载《法学家》2018年第2期。

② 参见翟中东:《社区性刑罚的立法与短期监禁刑问题的解决》,载《法学家》2018年第2期。

理并试图去减少其重新犯罪的风险。“惩罚为了公正的目的而提出受害人(和广泛的社区)的需要。而监督提出罪犯被重新结合的需要和受害者的需要以及对未来的潜在的受害者保护的需要。”①社区性刑罚是新兴的刑罚种类,在世界各国虽然都已经不同程度地存在社区性刑罚的实践,但对社区性刑罚的地位、性质尚存在争议。但由于社区性刑罚存在兼顾惩罚、再社会化和矫正等多种功能的优势,从社会政策策略和刑事司法政策角度考虑,随着危险性评估技术、信息监控技术发展的推动,社区性刑罚必将日益完善,适用日趋普遍,占据刑罚体系乃至刑事制裁体系的重要位置。

教育刑,是指以对犯罪人强制实施教育培训为内容的刑种。此种刑罚源于强调特别预防的教育刑理念,主张通过教育使犯罪人得到改造而复归社会,认为刑罚不仅是对已然之罪的报应,也是对未然之罪的防范,目的是使犯罪人将来不再犯罪。在这一理念下,犯罪人的性格是科刑的重要考量因素,刑罚的重心由行为转向行为人,科刑时根据犯罪人的不同情况实行个别化处遇。② 早在20世纪50年代,新社会防卫运动就提倡一种以教育承担刑事责任的方式,这种教育将在罪犯中发展对其同胞的责任感,以及一种与亲密和集体责任感相联系的行为。典型的教育刑如法国在2003年创设的“公民素质培训”,其被规定为轻罪刑罚的一种。其理论基础是认为犯罪是一种脱离归属感和集体价值观的迹象,需要一种教育的努力,使其重新学习和巩固集体价值观。③ 其培训针对的是犯有轻罪

---

① [英]皮特·雷诺、莫里斯·范斯顿:《解读社区刑罚——缓刑、政策和社会变化》,刘强、王贵芳译,中国人民公安大学出版社2009年版,第155页。

② 参见陈希:《教育刑理念下我国少年司法体系的完善》,载《中州学刊》2017年第6期。

③ Gautron, Virginie, et Pauline Raphalen, « Les stages: une nouvelle forme de pénalité ? », *Déviance et Société*, Vol. 37, No. 1, 2013, p. 27 - 50.

且认罪的犯罪人，可以判处公民素质培训来替代监禁刑，“公民素质培训的方式、期限及内容由最高行政法院提出资政意见后颁布之政令予以规定。该培训的目标旨在使被判刑人遵守作为社会根基之容忍和恪守人类尊严的共和国价值观。法院应说明该培训费用是否由被判刑人承担，培训费不得超过第三级违警罪罚金的数额。”①培训的内容包括道路安全课程、毒品教育课程等。

其他影响刑罚强度的具体措施，如缓刑和假释。研究刑事制裁体系结构一个重要的目的，就是根据各种制裁措施的配比来实现刑事制裁强度和功能的合理搭配，以最大限度地发挥刑事制裁的效益。在刑罚方面，如果仅仅研究具体的刑种，而不研究影响刑罚强度的刑罚制度中的具体措施，则难以全面地把握一个国家刑事制裁的强度和功能。因此，笔者认为，缓刑、假释等具体的刑罚制度措施，也应属于刑事制裁体系的要素。缓刑，在大多数国家，是一种刑罚制度，不是独立的刑罚方法。但在个别国家如美国，缓刑既是刑罚方法也是替代监禁的行刑制度。② 缓刑适用的前提是罪行符合监禁刑的起刑要求，在此基础上再考虑有无适用缓刑的可能。假释是刑罚执行变更制度，但其与缓刑存在相同的基因，缓刑是附条件地暂缓执行全部的自由刑，而假释则是在自由刑执行一部分后，附条件地不执行剩余的自由刑，因此在个别国家如德国，假释制度是缓刑制度的一个部分，被称为余罪缓刑。

（二）保安处分

保安处分有广义和狭义之分，根据中外学者的论述，一般来看，广义的保安处分，是指国家从总体的社会安全出发，由刑事法律或行政法律所规定的，对具有违法危险性的人采取的，旨在消除其危

---

① 《最新法国刑法典》，朱琳译，法律出版社2016年版，第13页。

② 参见储槐植：《美国刑法》（第3版），北京大学出版社2005年版，第260页。

险状态、预防犯罪、保持社会安全的各种治疗、矫正措施的总称。广义的保安处分并不以犯罪行为的发生为前提,甚至并不限于刑事领域,也包含行政处分措施。而狭义的保安处分,则是指基于预防犯罪的目的,由刑事法律所规定的,针对犯罪行为或其他严重危害社会行为实施者的危险性,对其采取的治疗、矫正措施的总称。狭义的保安处分是以刑事违法行为的实施为前提的,谋求一般预防同时以犯罪人的改善、治疗为目的;①是以刑事违法行为实施者的危险性作为拘束其身体、自由等手段的根据,以达到矫正与治疗的目的。因此狭义的保安处分是刑事制裁措施的一种。因本书探讨的是刑事制裁体系结构,因此所称之保安处分基本是指狭义的保安处分。

保安处分措施的产生,是出于防卫社会的需要。由于刑罚受罪责主义的限制,需要以已然的罪行为限来对犯罪行为进行回应,致使一些可能具有持续危害社会的危险性的行为人在刑罚的理论范畴内不能得到很好的预防。面对刑罚在矫正被判刑人,预防重新犯罪方面常常显得力不从心的情形,为了实行最佳的社会防卫,也为了更好地保障个人再适应社会,更加灵活、有效的保安处分措施则受到青睐,刑罚的适用范围也因而得到扩大。因此,保安处分措施在20世纪初,随着刑事实证学派理论的蓬勃发展,在大陆法系国家纷纷确立。保安处分是刑罚的补充措施,与刑罚存在性质上的区别。总体来看,与刑罚相比,保安处分具有以下特征:

一是保安处分完全面向未然之罪,不具有“道德报应”的色彩。刑罚具有报应机能,通过刑法的规范机能,对于违反此项伦理规范的报应,使犯人因自己的犯行遭受刑罚的恶害而产生痛苦,于赎罪折抵罪责之后回复正义,同时可收到一般预防和特别预防的效果。

---

①　参见[日]山中敬一:《刑法总论》(第2版),成文堂2008年版,第1073页。转引自马克昌主编:《外国刑法学总论》,中国人民大学出版社2009年版,第477页。

保安处分的主要作用,则在于改善犯人的危险性,对于行为已造成法益侵害,破坏正义的结果,无法通过保安处分予以回复。① 保安处分可以说是古典派刑法学的报应主义和道义责任的刑法理论不适应预防犯罪、防卫社会的现实需要,而让位于实证派刑法学的预防主义和社会责任的刑法理论的结果。②

二是保安处分以比例原则为限,不适用罪责原则。"刑罚和保安处分的区别,不是在目标上,而是在彼此的界限上。"③一般认为现代刑罚的目的是预防,而保安处分的目的也完全是预防,从目的上似乎二者性质难以区分,但作为补充刑罚预防未来犯罪的功能,保安处分只需要符合比例原则,着重对于刑法禁止的危害行为的实施者个人存在的"危险性",于其危害行为后施加特定矫正、改善或隔离措施,用以"预防未来类似犯罪""实现刑法保护社会安全"的责任。④ 如果说刑罚对于危险性的回应必须要在罪刑法定和罪责原则的框架内,那么对于保安处分来说,行为人的危险性完全是基石范畴,"考虑的都是通过刑罚不能排除的行为人对一般公众产生威胁的危险性"⑤,其并不是以刑事责任为前提,而是以行为人将来的持续危险性为条件。

目前保安处分基本可以分类为剥夺自由的保安处分和非剥夺自由的保安处分两类。前者包括精神病强制医疗、强制禁戒、感化

---

① 参见刘秉钧:《保安处分之目的与刑罚之差异》,载赵秉志主编:《刑罚体系结构的改革与完善》,北京师范大学出版社 2012 年版,第 206 ~ 222 页。

② 参见梁根林:《刑事制裁:方式与选择》,法律出版社 2006 年版,第 254 页。

③ [德]克劳斯·罗克辛:《德国刑法学总论》(第 1 卷),王世洲译,法律出版社 2005 年版,第 51 页。

④ 参见许恒达:《论保安处分之强制工作》,载《月旦法学杂志》2013 年总第 214 期。

⑤ [德]克劳斯·罗克辛:《德国刑法学总论》(第 1 卷),王世洲译,法律出版社 2005 年版,第 51 页。

教育以及在欧洲争议性较大的保安监禁等;后者包括禁止执业、禁止令、保护管束、驱逐出境等。世界各国保安处分措施的规定存在诸多差异,但总体来看普遍存在以下几种:

强制医疗,也称治疗处分、监护处分、精神病院之收容处分等,是指对于因无刑事责任能力而缺乏刑罚适应性的精神病人及限制责任能力的精神耗弱人进行的治疗与保护处分。① 强制医疗在世界各国家和地区的规定较为普遍,德国、法国、意大利、日本等主要大陆法系国家均设置了该项措施,包括英国在内的英美法系国家也有类似的措施。

强制禁戒,也称禁戒处分、禁绝处分、戒治机构之收容处分等,是指为了戒除毒瘾、酒瘾等而针对瘾癖者实施的保安处分措施。该项措施规定也较为普遍。

少年保护处分,也称收容教养、感化教育、司法教养院的收容等,是为防止未成年刑事危害行为实施者再次实施犯罪而对其限制人身自由并教育、矫正的保安处分措施。意大利及我国台湾地区都有此措施。

保安监禁,也称预防性监禁,是指对于已受长期刑罚执行而未能矫正的犯罪人在刑罚执行完毕后继续予以不定期的预防性监禁的保安处分措施,也被认为是最严厉的保安处分手段。典型的大陆法系国家德国就设置有保安监禁,其既可以在判决时与刑罚一并判处,也可以在行为人结束无假释的自由刑刑期后,由刑事执行法院依据其人身危险性对社会公众安全的威胁程度事后判处。②

素行监督,又称素行考管处分、行为监督,即对于具有再犯危险

---

① 参见梁根林:《刑事制裁:方式与选择》,法律出版社2006年版,第272页。

② 参见韦佳:《争议中前行:德国预防性监禁的复兴、修正及其借鉴意义》,载《法学杂志》2017年第11期。

的累犯，在其刑满出狱后进入自由社会生活前的危险时期中的一种辅导、考核与管理的处分，以防止其在释放后的危险时期内再犯新罪。①

禁止从业，又称业务之禁止、禁止执业，是指禁止行为人从事一定的职业或业务的保安处分措施。禁止从业可以附一定的期限，也可以永久禁止。我国澳门特别行政区就设置有此种保安处分，其适用对象是因严重滥用所从事的职业或者明显违反所从事职业固有义务而被判刑的行为人。②

禁止令，是指禁止犯罪人或者其他刑法所禁止的危害行为实施者从事一定的活动、接触特定的人、前往特定的地点或者场所等的保安处分措施。如意大利就设置了禁止犯国事罪、危害公共秩序罪、出于政治原因或基于特定地点或伦理条件犯罪的行为人在一个或数个市、镇或者一个省或数个省逗留。对于因惯常性醉酒被判刑的犯罪人可禁止其去出售含酒精饮料的公共店铺等。③

保护管束，是指将特定的行为人交由特定机关、团体或者个人，加以保护与约束的保安处分。我国台湾地区设置有此种措施，针对的是被宣告缓刑、假释的犯罪人，以及受感化教育、监护、禁戒等保安处分的行为人，在一定的情形下可以对其进行保护管束。④

驱逐出境，是指对于实施犯罪的外国人在刑罚执行完毕后或赦免后强制驱离国境的保安处分措施。此种措施逐渐被各国（地区）刑法放弃，究其原因为通过相关行政法规，撤销或者不再给予外国人居留许可，即可将其强制趋离国境，无须再动用刑事制裁措施，因

---

① 参见梁根林：《刑事制裁：方式与选择》，法律出版社2006年版，第272页。
② 参见敦宁：《刑事制裁体系变革论》，法律出版社2018年版，第166页。
③ 参见敦宁：《刑事制裁体系变革论》，法律出版社2018年版，第165页。
④ 参见卢映洁：《刑事制裁体系概说》，载《月旦法学教室》2005年总第37期。

此我国台湾地区就有学者呼吁删去驱逐出境的保安处分措施。[①]

监督考验,是指适用缓刑、假释等附带有考验期的制裁时,在考验期内根据犯罪人应该遵守的义务对其进行监督考察的措施。

(三)刑事没收

刑事没收,简称没收,是专门机构以国家名义,通过刑事法律对于严重危害社会的行为取得的或相关的财产利益予以剥夺的制裁措施。而刑事法中的没收被认为存在一般没收与特别没收之分。一般没收是不问财产来源合法与否,直接对当事人全部财产进行的强制收取;特别没收仅指将与犯罪密切相关的财物收归国有。[②] 一般没收通常在刑法中被规定为一种刑罚方法,被称为没收财产刑,现存于俄罗斯、越南、我国及少数东欧国家。[③] 而理论界和国际条约、立法中所称的"刑事没收"一般指上述的特别没收。本书在此处探讨的刑事没收就是在特别没收的意义上使用的。本书所称刑事没收是指国家依据刑事法律规定,通过强制手段剥夺行为人或第三人占有的违法犯罪所得或犯罪物的财产权益。以没收对象为标准来划分则主要包括犯罪所得没收和犯罪物没收。刑事没收在各国刑法中的规定运用的术语差别较大,违法所得没收在德国被称为Verfall,有学者将其翻译为"追征",[④]更多学者翻译为"追缴",[⑤]目

---

① 参见卢映洁:《刑事制裁体系概说》,载《月旦法学教室》2005年总第37期。

② 参见陈兴良:《刑法适用总论》(下),法律出版社1999年版,第235页。

③ 参见何帆:《刑事没收研究——国家法与比较法的视角》,法律出版社2007年版,第71页。

④ 吴宗耀:《德国刑法追征(Verfall)制度之研究——兼论我国现行刑事法制之"追征"相关规定》,载台北大学法学院网站,http://www.ntpu.edu.tw/law/。转引自何帆:《刑事没收研究——国家法与比较法的视角》,法律出版社2007年版,第84页。

⑤ [德]汉斯·海因里希·耶赛克、托马斯·魏根特:《德国刑法教科书(总论)》,徐久生译,中国法制出版社2001年版,第952页。

前我国台湾地区学者将其译为“利得没收”,[①]没收的对象是指行为人因违法犯罪所得之财产性利益。而犯罪物的没收在德国被称为Einziehung,一般翻译为“没收”,[②]没收的对象为犯罪产生之物和用于或者准备用于犯罪之物,如毒品、假币等违禁品以及犯罪工具等用于或者预备犯罪的财物。而在韩国刑法中,没收包括了违法所得的没收和犯罪物的没收,追缴则是指对于没收的物品不能没收时,追缴其价款。[③] 这种在原财物没收不能的情况下,缴纳一定的金钱作为替代的情况,在日本刑法中也有,除了“追缴”也被译为“追征”。[④] 这种情况实质上是“价值替代的没收”。有的国家如日本、韩国,将其与没收进行了区分,有的国家如法国,刑法中明确规定没收除了原财物和原物没收,没收也可以是“价值没收”[⑤]。

为搁置上述立法例的区别和术语使用上的分歧,专注于刑事没收的实质,鉴于始终是没收的对象不同决定了没收的性质区分,笔者拟根据没收对象的不同,将刑事没收分为违法所得没收和犯罪物没收两种。而二者没收的财产的形式应均包括原财物的没收和价值没收两种(如图1.1所示)。

---

① 林钰雄:《利得没收之法律性质与审查体系——兼论立法之展望》,载《月旦法学杂志》2015年总第238期。

② [德]汉斯·海因里希·耶赛克、托马斯·魏根特:《德国刑法教科书(总论)》,徐久生译,中国法制出版社2001年版,第952页。

③ 参见[韩]李在祥:《韩国刑法总论》,[韩]韩相敦译,中国人民大学出版社2005年版,第505~507页。

④ 参见何帆:《刑事没收研究——国家法与比较法的视角》,法律出版社2007年版,第77页。

⑤ 《最新法国刑法典》,朱琳译,法律出版社2016年版,第19~20页。

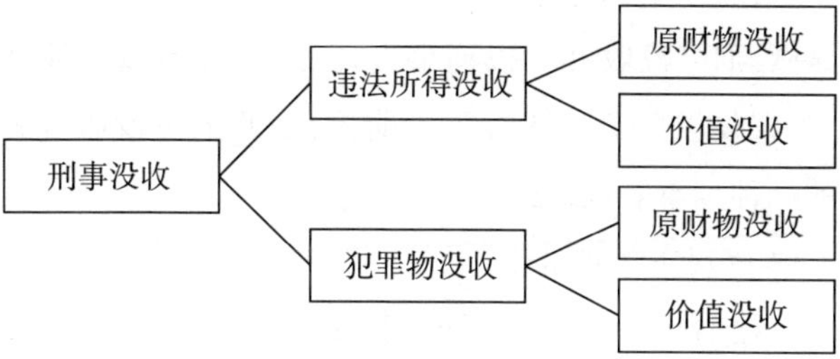

图 1.1　刑事没收分类

违法所得没收之利益标的是直接由犯罪行为所形成，而基于“任何人不得因违法行为获得利益”的法理基础，并表明犯罪所得拥有者对于该利益的支配利用不存在合理信赖保护，着重于剥夺因为刑事不法行为所获取的利益。[①] 本质上是“准不当得利”的衡平措施，借由这个“拨乱反正”的衡平措施，因为犯罪行为而不法变动的利得（实然面：已有不法利得变动），才能回归到未实施犯罪前本来应有的财产状态（应然面：不应存在不法利得），也就是重新回复到合法的财产秩序，进而宣示法秩序之不容破坏及正义，强化人民对法秩序的忠诚。犯罪所得没收具有预防功能，且侧重于一般预防功能，是在向社会宣告“犯罪（一点也）不值得”。[②]

犯罪物没收与违法所得没收的法源基础并不相同，犯罪物没收之标的本质仍是属于受宪法保障范畴的财产权性质。[③] 基于财产权人对于财产权的行使已经超出其受宪法所保障财产权的合理限度，即如果财产权人行使财产权时，已经背离使用财产的社会义务，在明确法律规定的前提下，财产拥有、使用的自由保障即受到限制甚

---

① 参见李圣杰：《犯罪物没收》，载《月旦法学杂志》2016 年总第 251 期。

② 参见林钰雄：《利得没收之法律性质与审查体系——兼论立法之展望》，载《月旦法学杂志》2015 年总第 238 期。

③ 参见李圣杰：《犯罪物没收》，载《月旦法学杂志》2016 年总第 251 期。

至剥夺,借没收来达到犯罪预防的目的。①

很显然,刑事没收并不以刑事责任为限,并不以犯罪要件齐备为前提,而仅仅以刑事违法行为为前提,因此刑事没收也是遵循比例原则的一种刑事制裁措施。

(四)其他刑事制裁措施

除了上述刑罚、保安处分和刑事没收之外,在各国刑法典中还存在一些其他实体性的刑事制裁措施无法归入上述三类措施,主要包括以下几种:

1. 刑事损害赔偿

刑事损害赔偿,或称修复犯罪所造成的损害,是指在犯罪后赔偿或者修复因犯罪所造成的损失。根据联合国《为罪行和滥用权力行为受害者取得公理的基本原则宣言》规定,罪犯或应对其行为负责的第三方应视情况向受害者、他们的家属或受扶养人作出公平的赔偿,赔偿内容包括归还财产、赔偿伤害或损失、偿还因受害情况产生的费用、提供服务和恢复权利。这些直接和间接的损失应包括且不限于:(1)物理性伤害(生理伤残、财物损坏等);(2)情感性伤害(复仇心理的产生、社会信任感和安全感的丧失、创伤后应激障碍等精神障碍);(3)经济性损失(医疗费用及必要费用支出、劳动能力下降致收入降低等);(4)其他间接性损失(如离婚、家人朋友为照顾被害人的付出等)。如果是被害人死亡的近亲属,还应当包括:因死亡产生的费用,如丧葬费;或因死亡导致抚养人生活困窘所需要的物质保障等。② 可见,根据国际法的标准,被害人损失赔偿的范围很广,除了物质和经济损失赔偿外,还包括精神损害赔偿以及权利恢

① 参见李圣杰:《犯罪物没收》,载《月旦法学杂志》2016 年总第 251 期。

② 参见林毓敏:《刑罚权视角下被害人赔偿的刑罚性质》,载《中国检察官》2019 年第 9 期。

复等。

但物质和经济损害赔偿依然是各国被害人损害赔偿的主流,这部分赔偿可以是金钱也可以是实物,甚至包括恢复原状。德国的附条件不起诉制度中,所附条件中就可以包括“修复受害人的损失”。[①]法国的刑法典中规定了“惩罚—赔偿”措施,可用于替代或者与监禁刑共同宣告,指“被判刑人有义务在法院规定的期限内并按照法院规定的方式赔偿受害人的损失”[②]。关于恢复受损财物状态还规定可由被判刑人本人完成,或者由被判刑人支付报酬来选择一位专业人士完成。

毫无疑问,刑事损害赔偿具有民事性质,但其刑事属性也越来越受到重视。罗克辛认为赔偿已经不再是一个纯粹的民法问题,因为它本质上是有利于实现刑罚目的的,具有重新社会化的功能。[③]近年来,随着恢复性司法实践的发展以及刑罚的恢复目的的提出,在欧洲的立法机关和执法机构的刑事政策中,基于增强被害人和公众的安全感的考虑,对修复由犯罪所造成的损害的关注持续升温。[④]而赔偿用以减轻刑罚或者替代刑罚时,赔偿与未减轻的刑罚相比,却能够使刑罚目的和被害人的需求得到同样的或者更好的实现和满足。[⑤]

---

① 参见李倩:《德国附条件不起诉制度研究》,载《比较法研究》2019 年第 2 期。

② 《最新法国刑法典》,朱琳译,法律出版社 2016 年版,第 15 页。

③ 参见[德]克劳斯·罗克辛:《德国刑法学总论》(第 1 卷),王世洲译,法律出版社 2005 年版,第 54 ~ 55 页。

④ Kaminski Dan, Sonia Snacken, Michel van de Kerchove, « Mutations dans le champ des peines et de leur exé cution », *Déviance et Société*, Vol. 31, No. 4, 2007, p. 487 – 504.

⑤ 参见[德]克劳斯·罗克辛:《德国刑法学总论》(第 1 卷),王世洲译,法律出版社 2005 年版,第 55 页。

2. 刑事警告

刑事警告,是指提醒犯罪人法律对某一轻微犯罪行为的规定,以此对其进行警示。典型的如法国的"法律提醒"(Le rappel à la loi),根据法国2004年3月9日颁布的法律,检察官可以以"促进对少年法和刑法的了解"为目的,直接宣布对轻罪犯实施"法律提醒"措施以替代起诉的措施,该措施可以由检察官本人或"通过司法警察,检察官的代表或调解人"宣布。[①] 可见此种措施本质上是一种起诉替代措施及"非犯罪化"措施,但由于其存在对犯罪人的"传唤""提醒"等内容,其实质上是对犯罪人重申法律的规定,对其犯罪行为给予否定性评价,并警告其遵守法律及不要再犯,因此具有刑事制裁的性质。再如德国刑法中的"刑罚保留的警告",对于被判处180单位的日额罚金的轻微犯罪人,在"不判处刑罚将来不致再犯罪、具备免予判处刑罚的特殊情形的、不判处刑罚不妨害维护法秩序"的情况下,[②]可以仅对其警告有罪,也可以警告其刑罚并保留对刑罚的判处。法律还规定可以对警告人规定考验期限,并在考验期内履行一定的义务。对仅警告有罪的,考验期满仅以警告为处罚。如果被警告刑罚并保留的,其考验与撤销等与缓刑的规定相同。可见,在德国,刑事警告是一种"非刑罚化"的措施,是一种附条件免除或不再执行刑罚的措施。

3. 免予刑事处罚

免予刑事处罚,即定罪免刑、免除刑罚,是指宣告犯罪人罪名成立但免除其刑罚适用。免予刑事处罚虽然免除了刑罚的适用,但同样是对犯罪行为的否定性评价和对犯罪人的谴责,因而具有刑事制

---

① Glotova Elizaveta,« Le rappel à la loi pour mineurs:une expérience personnelle », *Journal du droit des jeunes*, Vol. 351 – 352, No. 1, 2016, p. 62 – 66.

② 参见《德国刑法典》,徐久生、庄敬华译,中国方正出版社2004年版,第25页。

裁的实质内容。[①] 免予刑事处罚在各国刑法中几乎普遍进行了规定,通过规定免刑制度或情节,对刑罚的适用范围进行限制,实现非刑罚化。[②] 如《奥地利联邦共和国刑法典》第16条规定,"行为人主动放弃应受刑罚处罚的行为的实施,或者,如数人共同行为的,阻止他人实施应受刑罚处罚的行为、或者主动避免应受刑罚处罚的行为结果发生的,正犯或共犯不因未遂而处罚。应受刑罚处罚的行为的实际实施或结果不是因为行为人的行为而未发生,但行为人主动且真诚努力阻止行为的实施或避免行为结果的发生的,不处罚"[③]。《德国刑法典》第60条规定,"如针对行为人的行为后果严重至判处其刑罚明显不当的程度,法院可免除其刑罚,但行为人因其行为被判处1年以上自由刑的不适用本规定"。[④]《俄罗斯联邦刑法》第75条规定,"初次犯轻罪,如果在犯罪后自首、协助揭发犯罪、赔偿损失或以其他方式弥补犯罪损失的,可以免除刑罚处罚"[⑤]。

表1.1 刑事制裁体系结构主要要素特征对比

	刑罚	保安处分	刑事没收	其他刑事制裁措施		
				刑事损害赔偿	刑事警告	免刑
严重危害社会行为	√	√	√	√	√	√
以犯罪成立为前提	√	×	×	√	√	√

① 参见张明楷:《刑法学》(第5版),法律出版社2016年版,第502页。

② 参见杜雪晶:《轻罪刑事政策的中国图景》,中国法制出版社2013年版,第110页。

③ 《奥地利联邦共和国刑法典》(2002年修订),徐久生译,中国方正出版社2004年版,第6页。

④ 《德国刑法典》,徐久生、庄敬华译,中国方正出版社2004年版,第26页。

⑤ 赵微:《俄罗斯联邦刑法》,法律出版社2003年版,第297页。

续表

	刑罚	保安处分	刑事没收	其他刑事制裁措施		
				刑事损害赔偿	刑事警告	免刑
考虑再犯危险性	√	√	×	×	√	√
基本权利的剥夺与限制	√	√	犯罪物没收√ 违法所得没收×	√	×	×
报应目的	√	×	×	√	×	×
预防目的	√	√	√	√	√	√

二、刑事制裁体系结构的横向维度

刑事制裁体系结构的横向维度是指不同种类的刑事制裁措施之间的横向组合形式。刑事制裁体系结构的横向维度不同，表征着刑事制裁措施之间内部的逻辑关系的差异，会导致刑事制裁体系发挥作用的机制不同。目前各国刑事制裁体系横向组合形式主要有刑罚单轨制、“刑罚—保安处分”双轨制、刑事制裁多轨制等。

（一）英美法系：刑罚单轨制

英美法系的代表国家基本都是刑罚单轨制的刑事制裁体系结构，即犯罪的法定制裁后果只有刑罚一类。由于英美的刑法偏向于实用主义，导致其并不十分重视刑罚、保安处分及其他刑事制裁措施之间的性质区别。英、美等国的刑事制裁是问题导向的，注重切实地解决实际问题，至于能否形成条理清楚、逻辑自洽的结构体系则并不关注。加之英美法系对判例法与制定法交互使用，实体法与程序法相互融合，由此也就导致英美法系国家的法律体系往往显得错综复杂、结构含混。① 总结来看，英美法系国家刑事制裁体系横向

① 参见敦宁：《刑事制裁体系变革论》，法律出版社2018年版，第32~33页。

结构采取刑罚单轨制存在以下特征：

一是单轨制融合丰富多元的刑事制裁措施。英美刑罚的具体种类包括生命刑、自由刑、财产刑、资格刑和社区刑等。其中生命刑主要是死刑，在美国部分州仍然保留有死刑；自由刑的种类较多，包括终身监禁、有期监禁、缓刑、受监督释放、间歇监禁、家庭拘禁、震击监禁等；财产刑主要为罚金；资格刑包括剥夺公权、职业限制、否定联邦利益（剥夺一定的利益和福利）、禁止持有武器、禁入令、剥夺驾驶权等；社区刑最早起源于英美，包括社区监督、社区服务、保护观察令、结合令、日报告中心、宵禁令等。除此之外，其刑罚措施还包括没收财产（犯罪所得）、征收、通知被害人令和赔偿令等。① 可见英美的刑罚单轨制之下，并不注重按照刑事制裁的性质对其进行分类，对于一些明显具有保安处分性质的措施、刑事没收、刑事损害赔偿等性质相异的措施，甚至缓刑措施，均以"刑罚"的身份被融合在丰富多元的刑罚体系之内。

二是刑罚充分体现对犯罪人危险性的回应。从以上英美刑罚措施种类可以看出，虽然英国、美国等国家采取的是刑罚单轨制的模式，但并非没有对于危险性的回应和预防，而是将针对危险性的措施融入到刑罚逻辑的一部分。② 一方面，从其刑罚设置来看，部分刑罚措施如禁入令、禁止持有武器、剥夺驾驶权等措施具有明显的针对犯罪人危险性和预防未然之罪的性质，与大陆法系国家的保安处分措施十分类似。另一方面，从其刑罚适用来看，传统的监禁刑的适用充分建立在风险（危险性）评估之上。从 19 世纪末刑事实证学

---

① 参见张旭主编：《英美刑法论要》，清华大学出版社 2006 年版，第 187～195 页。

② Geneviève Giudicelli-Delage, « Conclusion. Un monde (simplement) habitable... », Geneviève Giudicelli-Delage éd., *La dangerosité saisie par le droit penal*, Presses Universitaires de France, 2011, p. 281 – 308.

派发端到20世纪70年代，随着实证学派对犯罪人危险性的关注、刑罚个别化原则的提出和发展，以及战后的新社会防卫论的影响，西方国家现代刑罚制度的运作重心都在于在对个别犯罪人危险性评估的基础上，对其进行矫治。美国受实证学派的影响，开始注重寻求犯罪原因和个性化的矫正治疗，在20世纪初广泛接受了建立在危险性评估基础上、以康复矫正为目标的不定期刑，最兴盛的时期美国有36个州采用了不定期刑。[①] 第二次世界大战后矫正思想的高潮在1945年到1975年，英美开始发展以预测犯罪人危险性为内容的评估工具，第一代工具产生于20世纪70年代，目前已经发展到第四代评估工具。[②] 虽然20世纪70年代之后，矫正刑罚观在英美式微，但随后兴起了"新刑罚学"，[③]认为刑罚是社会风险的管理和控制措施，认为现代刑罚进入了基于风险和精算司法的新的模式。这种刑罚逻辑认为保护公众是刑事司法的主要功能，在1970年之后康复的目标逐渐令人失望后，这种保护功能更得到重视和强调。[④] 评估技术在这种刑罚逻辑下地位依然较为重要，但逐渐从较为依赖精神病学家和临床心理学家的诊断能力到被精算评估的概率和统计方法所代替，更具客观性。最初风险评估只是用于假释的判断，但逐渐风险评估扩大到服务于矫正和管理，甚至近年来在美国风险评估

---

① 参见翟中东：《刑罚个别化的蕴涵：从发展角度所作的考察——兼与邱兴隆教授商榷》，载《中国法学》2001年第2期。

② 参见文姬：《人身危险性评估方法研究》，中国政法大学出版社2014年版，第16～26页。

③ Feeley M. Simon J., *The new penology: notes on the emerging strategy of corrections and its implications*, Criminology, Vol. 30:4, 1992, pp. 449－474.

④ Geneviève Giudicelli-Delage, « Conclusion. Un monde (simplement) habitable... », Geneviève Giudicelli-Delage éd., *La dangerosité saisie par le droit pénal.* Presses Universitaires de France, 2011, p. 281－308.

进入了量刑环节,成为影响法官决策的因素之一。①

通过以上可以看出,由于英、美是普通法国家,即便有刑事立法也几乎不涉及总则问题,长期以来形成了其刑事制裁偏重实用、融合,而不注重体系性和逻辑架构的传统。这种单轨制的模式较好地适应了英美法系国家的司法实际,具有问题导向的特点,极具实用性、灵活性。

(二)大陆法系:从单轨制到多轨制

谈及大陆法系国家的刑事制裁体系横向组合模式,总会提到其标志性的"刑罚—保安处分"双轨制的模式。但其实从大陆法系国家刑事制裁的演变来看,随着刑事制裁理论的发展丰富和刑事制裁措施的多元化,经历了从单轨制到双轨制再到多轨制的演进过程。与英美法系法律制度的基础是实践性和法官型的特征不同,大陆法系的法律制度的基础是理念性和学者型的。以最典型的大陆法系国家德国为例,其刑事制裁体系横向组合模式的演变与近代西方大陆刑法的学说演变有着密切的联系。

19世纪末以前,欧洲各国的刑法中犯罪对应的惩罚即为刑罚,采取的都是刑罚单轨制的刑事制裁体系。如1871年德国帝国刑法典规定犯罪后的法律效果为刑罚(Strafen),刑罚的种类有:死刑、重罪惩役刑、轻罪惩役刑、堡垒监禁刑、拘役、罚金刑、褫夺公权、警察监督以及没收。

从19世纪末至20世纪初,随着刑事实证学派的出现和发展,在大陆法系的刑法理论中,犯罪人的危险性逐渐成为概念化的对象。有些学者,得益于社会安全的刑事政策,主张以危险性为基础建立刑罚以外的制度,创设一种面向未然之罪的预防措施。然而,对于

---

① See Collins Erin, *Punishing Risk*, Georgetown Law Journal, Vol. 107:1, 2018, p.57-108.

这种“预防措施”与刑罚的关系，学者存在分歧。刑事近代学派的代表人物菲利主张“一元论”，即保安处分与刑罚是相同性质的制裁措施，并在1921年其负责起草的“意大利刑法典草案”中，以“危险性与制裁”取代了责任和刑罚的概念。[①] 弗朗茨·冯·李斯特(Franz von Liszt)也主张“一元论”，提倡取决于罪犯的危险状态的“安全刑罚”，认为其必然有益于防卫社会和危险主体的矫正。[②] 以宾丁和贝克迈尔为代表的古典学派，主张意志自由和道义责任，反对罪犯的危险性成为国家刑罚的一个客体，认为国家只能通过保安处分对未然之罪的预防采取措施，他们谴责“危险性的概念的危险”，因为其作为刑事处罚的依据，假设人们可以决定未来。[③] 因此，刑事古典学派的学者在其理论框架下，主张建立“刑罚—保安处分”双轨(二元)体系。

以德国为代表的大陆法系国家，采取所谓的“罪责刑法”，这意谓着行为人不得被科以超过个人罪责所应予以刑罚之范围。[④] 与英美法系强调实用主义不同，大陆法系国家更注重法体系的哲学逻辑。保安处分适用的根据是行为人的危险性，其唯一目的是预防，是着眼于未来。这与对已然的犯罪具有报应目的、受限于责任主义的刑罚性质相左，因此只有在“刑罚—保安处分”双轨制的教义下，

---

① 参见马克昌主编：《近代西方刑法学说史》，中国人民公安大学出版社2008年版，第165页。

② Herrmann Jenny, « Chapitre Ⅱ. Le doute profite à la sécurité. Dangerosité et droit pénal en Allemagne », Geneviève Giudicelli-Delage éd., *La dangerosité saisie par le droit pénal*. Presses Universitaires de France, 2011, p. 143 – 166.

③ Herrmann Jenny, « Chapitre Ⅱ. Le doute profite à la sécurité. Dangerosité et droit pénal en Allemagne », Geneviève Giudicelli-Delage éd., *La dangerosité saisie par le droit pénal*. Presses Universitaires de France, 2011, p. 143 – 166.

④ 参见[德]Jorg Kinzig：《德国刑事制裁体系改革现状》，马跃中译，载《军法专刊》2017年总第1期。

对犯罪人人身危险性防控的保安处分措施才能融入大陆法系国家的刑法逻辑体系。从随后欧洲大陆各国的立法实践来看,显然刑事古典学派刑事制裁“刑罚—保安处分”双轨制的的主张较多地被采纳,将保安处分制度系统地纳入刑法草案,始于1893年瑞士刑法学者司托斯起草的《刑法预备草案》,一般称“司托斯草案”。该草案除刑罚外,规定了6种基本的保安处分和8种附随的保安处分。[①] 对无责任能力者、限制责任能力者、精神病人、酒癖犯人、避忌劳动者、累犯、假释者、将实施犯罪前的危险行为等分别规定了对累犯的保护管束、劳役场、酒店禁例、酗酒者治疗所、善行保证等保安措施,开创了现代保安处分制度化、法律化的先河。[②] 此后,司托斯法案相继为欧洲各国所效仿,奥地利、德国、捷克、意大利、罗马尼亚、法国、波兰等国均将保安处分纳入刑法。

在“刑罚—保安处分”双轨制这个大的框架下,虽然刑罚与保安处分各自性质明确,区分泾渭分明,却依然存在个别制裁措施性质与二者相异,难以确切地界定为其中任何一种,最为典型的就是刑事没收。刑事没收的地位一直存在争议,在各国的立法中地位差异也较大,有的将没收定性为保安处分,有的国家将其定性为刑罚或者刑罚的附随效果。如1930年《意大利刑法典》将保安处分明确划分为对人的保安处分和对物的保安处分,其中没收就归入了对物的保安处分中。日本学者多数也持刑事没收属于物的保安处分的观点,[③]但1974年以前的日本刑法仍是将没收作为刑罚的

---

① 参见马克昌主编:《外国刑法学总论》,中国人民大学出版社2009年版,第478页。

② 参见董振宇主编:《中国保安措施要论》,吉林大学2006年博士学位论文,第5页。

③ 参见[日]木村龟二主编:《刑法学词典》,顾肖荣、郑树周译校,上海翻译出版公司1991年版,第464页。

一种附加刑加以规定，1974 年日本修正刑法不再将没收作为刑罚的一种。在法国，没收被认为具有刑罚和保安处分双重性质。没收在法国刑法中被规定为附加刑，并且在一定条件下可以替代监禁刑适用，所以被认为具有刑罚属性。但是法国有学者认为，没收非法物品和危险物品时，没收具有保安处分性质，特别是在免刑和无罪释放的情况下适用的没收违禁品，其保安处分措施性质更加明显。[①] 在德国，1969 年德国刑法修正前，没收制度附属于刑罚的法律效果，但逐渐有学者发现刑事没收制度的性质殊异于刑罚或类似刑罚之法律效果以及矫正与保安处分。"将追缴和没收纳入制裁体系是非常困难的，因为两种制度中均具有刑罚、预防和其他的要素，同时，其重点因所涉及客体和命令的根据的不同而不同"，追缴和没收"既不是刑罚，也不是矫正及保安处分，而是独立的制裁"。[②] 故德国 1960 年之刑法修正草案，首将没收制度与刑罚、矫正与保安处分制度并列为独立的不法行为的法律效果，1969 年修正的刑法，正式将没收制度列为刑罚与保安处分制度以外独立的不法行为的法律效果。除德国外，瑞士、挪威、瑞典、芬兰、奥地利等国都将没收作为刑罚和保安处分（预防性措施）之外单独的制裁措施予以规定，[③]这事实上确立了刑事制裁多轨制体系。

---

① 参见［法］卡斯东·斯特法尼等：《法国刑法总论精义》，罗结珍译，中国政法大学出版社 1998 年版，第 505 页。

② 参见［德］汉斯·海因里希·耶赛克、托马斯·魏根特：《德国刑法教科书（总论）》，徐久生译，中国法制出版社 2001 年版，第 952 页。

③ 参见何帆：《刑事没收研究——国际法与比较法的视角》，法律出版社 2007 年版，第 88～89 页。

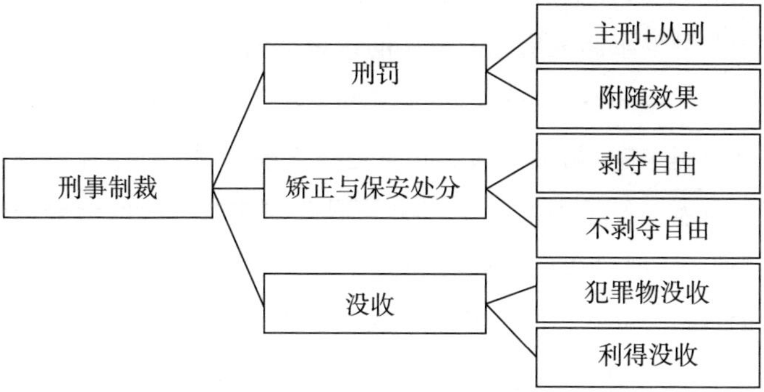

图 1.2　德国刑事制裁体系多轨制结构

关于刑事损害赔偿作为刑事制裁的地位问题在欧洲的探讨也由来已久,德国刑法学家罗克辛在 1997 年就曾经指出,“过去几年中,有一个问题被讨论得热火朝天,并且被作为时髦的研究项目加以探讨。这个问题就是,赔偿是否能够作为新的惩罚形式,在刑罚和保安处分之外,反展成为刑法的‘第三轨’?”①刑事损害赔偿显然并不属于刑罚和保安处分任何一种,但是却在刑事司法中切实起到了替代部分刑罚的作用,且对刑事制裁目的的实现具有极大的推动作用,随着恢复性司法和被害人运动在欧洲的兴起,刑事损害赔偿的地位也越来越受到重视,也有学者质疑如果这种现象继续发展下去,刑事和民事制裁之间的边界似乎将逐渐消失。② 但无论如何,刑事损害赔偿越来越作为一项独立的刑事制裁措施发挥着重要作用。

从上述对于大陆法系国家刑事制裁体系从单轨制到逐渐多轨

① [德]克劳斯·罗克辛:《德国刑法学总论》(第 1 卷),王世洲译,法律出版社 2005 年版,第 54 ~ 55 页。

② Kaminski Dan, Sonia Snacken, Michel van de Kerchove, « Mutations dans le champ des peines et de leur exé cution », *Déviance et Société*, Vol. 31, No. 4, 2007, p. 487 - 504.

制演进的梳理,可以看出随着刑事制裁理论和实践的不断发展,人们对于各种刑事制裁措施的性质的认识逐渐从模糊到清晰,在刑事制裁措施体系的逻辑建构不断完善的情况下,就会导致刑事制裁体系的划分越来越"精细",最终必然是向着多轨制的刑事制裁体系结构不断发展。但是大陆法系国家的刑事制裁体系横向组合即便向多轨制发展,刑罚和保安处分始终是最重要的两个支柱,一个守住罪责的底线,一个面向危险性的预防,相互支撑,形成刑事制裁的"两极",其余的措施不论是刑事没收还是刑事损害赔偿,抑或是其他非刑罚措施,其地位只能是作为二者的辅助和补充,因此也可以说大陆法系国家的刑事制裁体系的横向结构具有"多轨并存,两极突出"的特征。

三、刑事制裁体系结构的纵向维度

刑事制裁体系结构的纵向维度,是指根据刑事制裁措施的严厉程度而进行的纵向排列与组合。比较有代表性的做法是对应所制裁的犯罪的轻重程度进行刑事制裁的分层,不同的层次间刑事制裁措施有轻重不同的安排。此维度的研究是由于不同层次的犯罪不论是在制裁目的侧重、处遇方案的制定以及刑事政策的宽严方面均具有较大差别,近年来也不乏学者对犯罪分层进行探讨,特别是在犯罪化背景下,刑事制裁体系结构的构建不可不考虑轻重分层的纵向维度。纵向维度并不是简单地按照刑事制裁措施的种类的轻重将其简单地进行线性的、平面的排列。而是要看到各类刑事制裁措施间的立体递进、补充、转换关系。

(一)"监禁—监禁替代—其他非监禁措施"纵向格局的产生

1. 监禁替代措施的产生

从严厉程度来看,死刑无疑是最严厉的刑事制裁,但其在如今的西方社会早已成为"非主流"的刑罚。由于欧盟将"废死"作为成员国加入的一个“硬性指标”，随着欧盟成员国增多，除俄罗斯外，所有欧洲国家都废除了死刑。而俄罗斯自1999年至今也没有执行过死刑。[①] 除去死刑，现有刑罚中，毫无疑问最为严厉的就属实际收监的自由刑，即监禁刑。20世纪中后期，一些西方学者提出了废除监禁刑、建立“无监狱社会”的主张，建议用“调解治疗”代替监禁刑，重建刑罚体系。[②] 德国犯罪学家利普曼是最早提出废除监禁刑的学者之一，并指出了监狱切断罪犯与社会的联系，具有反社会化效果的问题，称“给罪犯以自由反而会有更大价值”。[③] 但监禁刑作为这个时代刑罚的主力措施，显然其限缩乃至废除并不会一蹴而就，继而“监禁刑替代”的理念就被学者提出，[④]而所谓的刑事制裁多样化的实践可以说都是在监禁刑替代的理念上发展起来，其事实上就是以监禁刑替代为目的的。监禁替代的提出主要是基于以下两方面的原因：

一是人道主义精神在刑事制裁领域发展的推动。监禁刑替代措施的产生，尤其受到人道主义刑罚观的影响和推动。第二次世界大战后，20世纪50年代初，法国学者安赛尔在实证学派提出的刑罚以社会防卫为目的的刑法理论基础上加以修改和发展，提出了新社会防卫理论。安赛尔的新社会防卫论以人道主义的刑事政策运动为中心内容。该理论承认犯罪人有复归社会的权利，社会有使犯罪人复归社会的义务；认为能够把犯罪人教育改造成为新人、复归社会，

---

① Kaminski Dan, Sonia Snacken, Michel van de Kerchove, « Mutations dans le champ des peines et de leur exé cution », *Déviance et Société*, Vol. 31, No. 4, 2007, p. 487 – 504.

② 参见李贵方：《自由刑比较研究》，吉林人民出版社1992年版，第352页。

③ 参见翟中东：《自由刑变革——行刑社会化框架下的思考》，群众出版社2005年版，第203页。

④ Kaminski Dan, Sonia Snacken, Michel van de Kerchove, « Mutations dans le champ des peines et de leur exé cution », *Déviance et Société*, Vol. 31, No. 4, 2007, p. 487 – 504.

是真正的最高的人道主义。[①] 在刑罚问题上，安赛尔已经认识到监禁刑的弊端并提出了“拿什么来替代监禁刑”这一命题。他论述“尽管目前还不能用一项法律条文来废除监禁刑，就像当年人们废除死刑那样一笔勾销，但至少我们可以将监禁刑从正式、常用、普遍施行的刑罚变成一种例外的刑罚，即只有在极其严重和极其少量的情况下才适用”[②]。因此，他提出刑事政策的目标是“摆脱监狱”，提倡建立“开放监狱”，实行“周末坐监”，扩大缓刑的适用，推广苏联的“不剥夺自由的劳动改造制”和英国的“公益劳动制”以及适当地用罚金刑替代短期监狱刑等。[③] 新社会防卫论提高了对刑罚重新社会化功能的重视，影响深远，除了得到欧洲大陆国家的确认，拉丁美洲国家也很快接受，苏联和东欧社会主义国家也从批评到研究并接受，新社会防卫思想在日本也受到了欢迎，促进了这些地区对监禁刑的反思。

监禁被认为是非人道和反理性的刑罚方法，主要表现是犯人由于被监禁和失去自由而承受身心痛苦，即所谓的“监禁的痛苦”。在西方国家，对监禁的痛苦进行系统研究并产生较大影响的是美国普林斯顿大学犯罪学教授格雷沙姆·赛克斯。他在 1958 年出版的《囚犯社会：对一所最高警戒度监狱的研究》中提出犯人遭受 5 种剥夺，从而承受 5 种痛苦：(1)剥夺自由；(2)剥夺物品和服务；(3)剥夺异性关系；(4)剥夺自主权；(5)剥夺安全。[④] 这些论述都促使西

---

① 参见孙平：《法国社区矫正制度概论——监禁刑的替代措施》，载《法治研究》2014 年第 11 期。

② [法]马克·安赛尔：《新刑法理论》，卢建平译，香港天地图书有限公司 1990 年版，第 81 ~ 82 页。

③ 参见[法]马克·安赛尔：《新刑法理论》，卢建平译，香港天地图书有限公司 1990 年版，第 82 ~ 95 页。

④ 参见周国强：《社区矫正制度研究》，中国检察出版社 2006 年版，第 74 页。

方国家改变传统的刑罚方式,尽可能摆脱社会对监禁刑的依赖,而发展出监禁替代的措施。国际社会从人道主义理念出发,越来越多的国家用立法的形式增加监禁替代的制裁措施,联合国也在 1990 年 12 月 14 日以第 45/110 号决议通过了《非拘禁措施最低限度标准规则》,旨在促进非监禁性刑事制裁的运用、监禁的减少和替代、替代和处遇措施的多样化等。

二是节约监禁成本的功利考量。监狱本身就是以往存在的更糟糕的刑罚(死刑、肉刑)的替代品。然而在 20 世纪的最后 25 年中,在通货膨胀和紧缩公共开支的需要之下,为所有犯罪分子建造足够的新监狱变得过于昂贵。美国学者就曾指出,“毫无疑问,在美国,在各种各样的总统犯罪委员会之后,在学者和其他人揭露美国监狱缺乏成功之后,发展监禁的新替代办法的主要动力来自美国。支持向社区转移治疗的运动背后的真正动机纯粹是经济上的权宜之计”①。许多国家都存在监狱拥挤的问题,监禁刑的高额费用和昂贵成本,迫使各国政府适度调整刑事政策。发展监禁替代措施正是西方国家在面临监狱拥挤以及代价昂贵的监禁成本的内在压力之下的无奈之举。为减少监禁人数,美国等西方国家采取“前门”和“后门”两种策略。“前门”策略是对一部分罪犯采取非监禁的惩罚方法,如实行缓刑、罚款、社区服务、强化监督、赔偿等。“后门”策略是通过缩短犯人的服刑时间、扩大适用假释等来增加释放率。② 而这些发展出来用以替代监禁的非监禁措施和制度就成为“监禁替代措施”。除了罚金、缓刑、假释等传统的非监禁措施外,新的制裁方法如劳动赔偿、社区服务等被大量地引进与适用。时至今日,美国、加

---

① Williams J. ,*International comparisons alternatives to custody*, Medicine, Science and the Law, Vol. 23:3, 1983, p. 189 – 192.

② 参见周国强:《社区矫正制度研究》,中国检察出版社 2006 年版,第 77 ~ 80 页。

拿大、英国、法国、澳大利亚、德国、新西兰、日本等西方发达国家和地区都已形成了以监禁替代的非监禁措施为中心的刑事制裁格局。

2. 监禁替代措施的内容

从监禁替代措施的演变可以看出,监禁替代的发展经历了一个从以罚金刑为主到发展壮大社区性刑罚的过程。最初刑罚种类很有限的情况下,罚金刑曾被寄予替代监禁刑的厚望。但罚金刑由于存在缺乏教育功能、贫富差距导致受刑不平等的突出问题,用其全面替代短期自由刑的弊端逐渐被认识,西方国家随后开始大力发展开放性的社区刑以替代监禁刑。一般认为,社区性刑罚最早起源于19世纪英美的缓刑判决。法院基于一些条件(遵守规定)释放一部分人的缓刑实践是社区判决的历史的中心。① 随着社会上一些宗教、道德因素及人道主义思潮的推动及罪犯处遇的实际需求,社区判决的内容逐渐丰富,1973年,在英国,社区服务被引入社区判决,1991年英国的《刑事司法执行法》将法院的缓刑令和社区服务结合成为一种新的处罚方法,称为结合令。结合令和社区服务令都成为了社区判决的一部分,也发展出了早期的"中间制裁"。② 20世纪90年代仅英国就先后增加了保护观察令(Prabation Order)、结合令(The Combination Order)、附带电子监控的宵禁刑(The Curfew Order with Electronic Monitoring)、毒品治疗与检测令(The Drug Treatment and Testing Order)、行动令(The Action Plan Order)、赔偿令(The Reparation Order)、监督令(Supervision Order)、关护刑(AnAttendance

① 参见[英]皮特·雷诺、莫里斯·范斯顿:《解读社区刑罚——缓刑、政策和社会变化》,刘强、王贵芳译,中国人民公安大学出版社2009年版,第16、37页。

② 参见[英]皮特·雷诺、莫里斯·范斯顿:《解读社区刑罚——缓刑、政策和社会变化》,刘强、王贵芳译,中国人民公安大学出版社2009年版,第36~39页。

Centre Order)等社区性刑罚。[①] 美国的情况也相类似,发展出了种类多样的社区性刑罚。到 1997 年,美国非监禁刑适用的人数是监禁刑人数的 2.45 倍,[②]社区性刑罚已经占据了举足轻重的地位。从刑罚结构来看,新的刑罚体系融入社区性刑罚,在不同程度上改变了"多类刑罚搭配,以监禁刑为核心"的传统刑罚结构,形成了"多类刑罚搭配,重视监禁刑,关注社区性刑罚"的结构。[③] 社区性刑罚用以替代监禁的趋势当然也影响了欧洲大陆国家,原由罚金刑承担的监禁替代功能很快被所谓的"替代刑"或"中间制裁"所取代。以法国为例,从表 1.2 中可以看出,2008 年与 1975 年的刑事制裁数据相比,监禁刑的适用比例基本维持在较低水平,但监禁替代方面,单纯适用罚金刑的惩罚比例大幅减少,所谓的"中间刑"占据比例越来越大,2008 年接近一半。

表 1.2　法国 1975 年与 2008 年刑事制裁数据对比

刑罚(Peines)	1975 年		2008 年	
	数量/个	占比/%	数量/个	占比/%
监禁(Emprisonnement)	96070	17.8	124825	19.6
罚金(Amende)	303569	56.2	219277	34.4
中间刑/替代刑(Peines intermédiaires)	140639	26.0	293573	46.0
总计	540278	100.0	637665	100.0

资料来源:法国凡尔赛大学研究人员 Philippe Robert 论文数据[④]。

---

① 参见翟中东:《社区性刑罚的崛起与社区矫正的新模式——国际的视角》,中国政法大学出版社 2013 年版,第 44~45 页。

② 参见张旭主编:《英美刑法论要》,清华大学出版社 2006 年版,第 186 页。

③ 参见翟中东:《社区性刑罚的崛起与社区矫正的新模式——国际的视角》,中国政法大学出版社 2013 年版,第 143~144 页。

④ Robert Philippe, « Généalogies et recompositions pénales contemporaines », *Les Cahiers de la Justice*, Vol. 4, No. 4, 2010, p. 13 – 32.

用于替代监禁刑的开放性、非监禁刑事制裁措施在法国等欧洲大陆国家更多地被称为“替代刑”(Peine alternative)。在英美,很多学者没有使用社区刑或者替代刑这种表述,而是更多地使用“中间制裁”(Intermediate Sanctions)。关于中间制裁究竟包含哪些制裁措施学者们并没有统一的见解。在美国,有学者认为,中间制裁指保护观察与监禁刑之间的刑罚,包括罚金、赔偿、社区服务刑、电子监控、日报告。明尼苏达大学的萨马哈教授认为,中间制裁或者中间惩罚,包括社区服务刑、强化的监督刑、家庭监禁、日报告、军训营。[①]中间制裁的概念传入欧洲后,也有欧洲学者称为中间刑(Peines intermédiaires),并认为中间刑“既不是监禁,也不是罚金,而是缓刑或开放式制裁,例如社区服务”。[②] 在北欧,中间(社区)制裁包括介于罚款和无条件监禁之间的中等刑罚严厉程度的制裁,有条件监禁和缓刑是中间制裁制度的支柱。20 世纪 90 年代前后,该系统得到了社区服务的补充,2000 年前后,又得到了电子监控的补充。[③]

基本上从学者的上述观点可以看出,所谓的中间制裁,就是在传统的刑事制裁体系中,在监禁刑和罚金等较轻的非监禁刑之间,创设一系列具有一定惩罚性的监禁替代措施,作为监禁刑和罚金等轻刑之间的衔接。因此,目前西方各国的刑事制裁体系如若按照严重程度几乎可以做如下分类:死刑(多数国家废除)、监禁刑、监禁替代措施(中间制裁)、其他较轻的制裁措施。

---

① 参见翟中东:《矫正的变迁》,中国人民公安大学出版社 2013 年版,第 157 页。

② Kaminski Dan, Sonia Snacken, Michel van de Kerchove, « Mutations dans le champ des peines et de leur exé cution », *Déviance et Société*, Vol. 31, No. 4, 2007, p. 487 – 504.

③ Lappi-Seppala T., *Community sanctions as substitutes to imprisonment in the nordic countries*, Law and Contemporary Problems, Vol. 82:1, 2019, p. 17 – 50.

（二）基于犯罪分层的刑事制裁分层

真正要理解西方提出的所谓“中间制裁”，必须要了解其刑事制裁体系背后的犯罪分层观念。所谓犯罪分层，是指根据犯罪的严重程度将所有犯罪划分为不同层次的犯罪分类方法。①对犯罪进行分层的做法在世界各国较为普遍，对于轻重层级不同的犯罪对应的刑事制裁体系区别很大。这种根据犯罪的层次而安排刑事制裁措施的方法，看似好像是依附于犯罪的体系，但其实各国对犯罪分层采取的划分标准几乎都是刑罚的轻重。当然，在将具体的犯罪确定法定刑的轻重程度的背后，一定是社会危害性的实质性考量，但在此基础上，最终形成的划分标准则几乎均是以自由刑的有无及长短为标准。其事实上形成了以“刑罚”的程度为标准搭建的一个立体的层次架构，在各个层次中再对具体的刑事制裁措施进行安排。因此，可以说犯罪分层是纵向搭建刑事制裁体系的一种手段和方式，借此形成一个相对合理的罪刑阶梯。

犯罪分层在世界各国主要存在以下不同的立法例：“重罪和轻罪”的二分法，如德国、意大利；“重罪、轻罪、违警罪”三分法，如法国；四分法，如俄罗斯，将犯罪分为“轻罪、中等严重犯罪、严重犯罪和特别严重犯罪”；六分法，如美国《模范刑法典》，分为“以及重罪、二级重罪、三级重罪、轻罪、微罪和违警罪”等。② 绝大部分犯罪分层的直接意义在于不同层次的犯罪间未遂是否处罚、共犯的认定以及程序适用的不同等，但也同时体现了不同层级的犯罪间对应的刑事制裁体系轻重程度及适用的区别，如在德国轻罪和重罪除了配置轻重有别的法定刑，根据《德国刑法典》第45条第1款规定，重罪在刑罚的附随效果褫夺公权的适用上也与轻罪明显存

① 参见卢建平：《犯罪分层及其意义》，载《法学研究》2008年第3期。

② 参见陈旭文：《罪行轻重论》，中国检察出版社2009年版，第192～194页。

在区分。

有的国家犯罪分层与制裁体系的对应关系并不十分紧密，如英国早在14世纪就依照刑罚的轻重把犯罪分为叛逆罪、重罪和轻罪三类。[①] 但英国在1967年的立法中放弃了这种分类方式，将重罪和轻罪都统一称为犯罪。但刑罚的适用中却无法回避这种犯罪分层的观念，有英国学者称“如果能够将所有关于重罪和轻罪之类的说法一举抛弃，无疑可以使事情得到简化，但这是不可能的”。[②] 美国的大多数州都采取了犯罪分层的做法，1962年美国法学会拟制的《模范刑法典》按照刑罚的轻重把犯罪分为四个等级：重罪、轻罪、微罪和违警罪。其中重罪是指可以判处1年以上监禁刑的犯罪，重罪内部还分为三级；轻罪是指可以判处1年以下监禁刑的犯罪；微罪是仅能判处30日以下监禁刑的犯罪；违警罪不能适用监禁刑，仅能适用罚金、没收、民事制裁等。[③] 因为美国重罪起点仅为1年，其分层与监禁和监禁替代的关联并不明显。英美法系国家并没有刑罚适用的总则性规定和总则性的量刑原则，强调根据犯罪人个人的情况去定罪量刑，因此其刑罚适用并不与犯罪分层进行较为规范的对应。在美国，较重的刑罚也可以适用社区刑，社区刑适用范围并无严格的刑期界限。

但有的国家犯罪分层与刑事制裁体系的对应关系则十分紧密，不同层级的犯罪的刑事制裁措施的重心和理念明显不同，最为典型的就是法国。法国将犯罪按照刑罚的轻重分为重罪、轻罪和违警罪。其对应的自然人刑罚在《法国刑法典》中规定如下：[④]

---

① 参见储槐植：《美国刑法》（第3版），北京大学出版社2005年版，第5页。

② 参见敦宁：《刑事制裁体系变革论》，法律出版社2018年版，第206～207页。

③ 参见储槐植：《美国刑法》（第3版），北京大学出版社2005年版，第6页。

④ 参见《最新法国刑法典》，朱琳译，法律出版社2016年版，第10～17页。

表 1.3　法国刑罚体系

<table>
<tr><th>分层</th><th>法定刑罚</th><th colspan="2">轻重类别</th></tr>
<tr><td rowspan="2">重罪</td><td>无期徒刑或终身拘押</td><td rowspan="2">监禁刑</td><td rowspan="2"></td></tr>
<tr><td>10～30 年徒刑或拘押</td></tr>
<tr><td rowspan="9">轻罪</td><td>最高 10 年监禁</td><td>监禁刑</td><td></td></tr>
<tr><td>刑事强制①(替代刑)</td><td rowspan="8">非监禁刑</td><td rowspan="8">中间制裁</td></tr>
<tr><td>罚金</td></tr>
<tr><td>日罚金</td></tr>
<tr><td>公民素质培训(替代刑)</td></tr>
<tr><td>公共利益劳动(替代刑)</td></tr>
<tr><td>剥夺限制权利(替代刑)</td></tr>
<tr><td>制裁—赔偿(替代刑)</td></tr>
<tr><td>附加刑(服从医疗命令、承担作为义务、撤销权利等)</td></tr>
<tr><td rowspan="3">违警罪</td><td>罚金(不超过 3000 欧元)</td><td rowspan="3">非监禁刑</td><td rowspan="3"></td></tr>
<tr><td>剥夺限制权利</td></tr>
<tr><td>惩罚—赔偿</td></tr>
</table>

可以看出,在法国,是否能够适用监禁刑是违警罪和轻罪的制裁界限。违警罪只能适用罚金和较轻的资格刑。重罪和轻罪主要以 10 年监禁刑为界限。重罪适用的刑罚全部为 10 年以上监禁刑甚至是终身监禁刑。而刑事制裁措施最为多样化的是轻罪对应的制裁措施,达到 9 种。这些制裁措施中,公民素质培训、公共利益劳动、

---

① 刑事强制意味着被判刑人必须在刑罚执行法官的监管下,在法院规定的 6 个月至 5 年之间的期限内,服从监管、救助措施以及旨在预防再犯、促进其融入或复归社会的特定义务和禁止事项。

剥夺限制权利、制裁—赔偿全部是法定的监禁替代措施，例如，公民素质培训，在法条中表述为“当处监禁刑之轻罪，法院可以下令被判刑人完成公民素质培训，以代替监禁刑……”从法国的犯罪分层及其对应的刑事制裁中，可以很容易地理解中间制裁的“中间”的含义，即惩罚性介于监禁刑和违警罪等微罪对应的轻微刑罚之间，中间制裁则就是这个范围之内具有开放性的非监禁制裁措施，“中间”的背后隐藏的就是制裁轻重分层的逻辑。从表1.4中可以看出，法国的替代刑种类繁多，事实上其中有很多具有保安处分性质的措施，甚至包括没收和赔偿，因此替代刑的范围并不仅仅限于刑罚之内，而是刑事制裁体系的整体安排。从法国的司法实践中的数据也可以看出，1975年，中间制裁在法国刑罚适用总数中所占的比例为26%，而2008年，中间制裁的适用占到了总数的46%。[①] 有法国学者指出，“从数量增长上中间制裁是20世纪后半叶的最大赢家”。[②] 因此，可以认为法国犯罪的三个层次中，重罪的刑事制裁以监禁刑为主，轻罪的刑事制裁以非监禁刑特别是中间制裁措施（监禁替代措施）为主，违警罪以非监禁刑（罚金和资格刑）为主。这种安排保证了对于罪行较为严重的犯罪人着重体现惩罚和威慑的制裁理念，对于罪行较轻的犯罪人有效地避免了轻罪对应的短期监禁刑的弊端，着重体现制裁社会化、轻缓和恢复的理念，对于违警罪的犯罪人排除了监禁的适用，以罚金和资格刑为主，着重体现了对于轻微犯罪行为的刑事制裁的“管理”属性。犯罪分层和刑事制裁体系的轻重和制裁理念进行了较为合理的搭配。

---

① Robert Philippe, « Généalogies et recompositions pénales contemporaines », *Les Cahiers de la Justice*, Vol. 4, No. 4, 2010, p. 13 – 32.

② Robert Philippe, « Généalogies et recompositions pénales contemporaines », *Les Cahiers de la Justice*, Vol. 4, No. 4, 2010, p. 13 – 32.

表 1.4　法国替代刑(la peine alternative)

替代刑		原则	持续时间
公共利益劳动		为公共服务机构或授权组织的利益而完成的义务性无偿工作	从 20 小时到 280 小时
刑事强制		被定罪的人必须遵守一系列的义务和禁令	从 6 个月到 5 年
公民素质培训		培训的目的是提醒囚犯共和国的原则、规范和尊重人类尊严的共同价值观	每天最多 6 小时，最多 1 个月
制裁—赔偿		罪犯有义务采取行动赔偿受害人的损失。该义务可构成以金钱形式提供的补偿，但也可以包括履行义务，例如修理损坏货物的义务	
剥夺限制权利	禁止去某些地方或接触某些人	被定罪的人不能再去某些地方或不能接触某些人	最长 3 年
	禁止从事专业或社交活动	被定罪的人不能再进行与所犯罪行有关的某些活动	5 年
	没收	没收用于犯罪或犯罪所生之物	根据罪行
	车辆查封	车辆被查封，罪犯无法再使用它	最长 1 年
	禁止发出支票或使用信用卡	被定罪的人不再被允许发出支票或使用支付卡	最长 5 年
	取消或暂停驾驶执照	被定罪人的驾驶执照将被暂停或取消	根据罪行
	禁止驾驶某些车辆	罪犯不能再驾驶某些车辆	最长 5 年
	撤回狩猎许可证，禁止拥有或携带经授权的武器	被定罪的人被剥夺了狩猎许可证或被禁止使用某些武器	最长 5 年

事实上法国对于轻罪寻求监禁替代措施的做法在欧洲很具有代表性。尽管欧洲每个国家的刑事制裁都有自己的特点,但“轻罪监禁减少”的趋势似乎是近几十年来刑事制裁演变的一个统一的重要特征。[①] 德国2000年12月5日制裁法改革的法律草案的出台,主要目的就是避免短期自由刑和发展替代自由刑。[②] 欧盟也一直寻求对于短期自由刑的替代,正如有欧洲学者所说,“很容易确定欧洲委员会关于刑事制裁的政策主旨:促进‘对监禁的替代性刑事制裁’。”[③]监禁刑明显只被作为最后手段来使用,各国正在积极寻求开放环境的制裁来替代监禁。进入21世纪以来,欧洲的刑罚产生了两种变化趋势:一是对于严重暴力犯罪、恐怖活动犯罪、性犯罪等重罪,以及涉及非法移民的犯罪等,强化监禁措施的适用。二是中间制裁的数量提升。中间制裁在制裁中所占比例大幅上升,并且有学者指出第二种变化的表现远远比前者明显。[④] 而法国这种犯罪分层与刑事制裁体系紧密结合的方式,在对轻罪进行“监禁替代”、发展中间制裁等方面上具有清晰的政策导向,对于不同层次的刑事制裁背后制裁理念的侧重也有所不同,有利于制裁措施的合理配置和适用。

---

① Robert Philippe, « Généalogies et recompositions pénales contemporaines », *Les Cahiers de la Justice*, Vol. 4, No. 4, 2010, p. 13 – 32.

② 参见[德]汉斯·海因里希·耶赛克:《为德意志联邦共和国刑法典序》,载《德国刑法典》,徐久生、庄敬华译,中国方正出版社2004年版,第1~32页。

③ Poncela Pierrette, Robert Roth, « Quelles sanctions pour quelle Europe ? », *Archives de politique criminelle*, Vol. 27, No. 1, 2005, p. 105 – 124.

④ Robert Philippe, « Généalogies et recompositions pénales contemporaines », *Les Cahiers de la Justice*, Vol. 4, No. 4, 2010, p. 13 – 32.

第二章　我国刑事制裁体系结构的现状

第一节　刑事制裁体系结构的要素考察

我国 1997 年《刑法》规定的刑事制裁措施有刑罚、刑事损害赔偿、免予刑事处罚、非刑罚处罚措施、刑事没收等，其中一些措施，如刑事没收、刑事损害赔偿虽有规定，但并没有独立的制裁地位。长期以来，无论从立法设置还是从司法实践中，刑罚毋庸置疑是最为主要的刑事制裁措施，其他刑事制裁措施即便有补充，由于地位和数量均相差悬殊，与刑罚相比是完全不成比例的。但随着我国改革开放的进程，经济社会生活发生极速巨变，犯罪现象和犯罪人花样翻新，对刑事制裁也提出了新的要求和挑战，相应地，在近几次刑法修正中标志性地增加了社区矫正、职业禁止

和禁止令等措施和制度,在刑事制裁多样性方面做出了调整。大致可以将我国的刑事制裁措施分类如下:

一、刑罚:自由刑为主

我国的刑事制裁体系以刑罚为主,而刑罚以自由刑为主。我国无论是从刑种设置、分则刑罚配置以及实际运行等各个方面来考察,自由刑均占据绝对的比例,充分凸显出我国刑罚结构"以自由刑为中心"的特征。从刑种设置来看,我国刑罚设置采取的是"主刑+附加刑"的模式,其中法定的主刑有五种,分别是管制、拘役、有期徒刑、无期徒刑和死刑;法定的附加刑有三种,罚金、剥夺政治权利和没收财产。将这五种主刑和三种附加刑按照刑种分类,可以认为包括以下四类:(1)生命刑,即死刑;(2)自由刑,包括无期徒刑、有期徒刑、拘役、管制;(3)财产刑,包括罚金刑和没收财产;(4)资格刑,即剥夺政治权利。从刑种设计就可以看出,我国刑罚方法最多的刑种是自由刑,包括四种刑罚方法,在主刑当中比重最大。从分则各罪的刑罚配置也可以看出,我国所有罪名都配置有自由刑,其中配置无期徒刑的罪名约占22.2%,配置管制的罪名约占26.4%,配置拘役的罪名占到82.9%,而在《刑法修正案(八)》增设危险驾驶罪之前,所有的罪名均配置了有期徒刑,配置比例接近100%。① 而在实际适用中,从表2.2中也可以看出,自由刑确实占据了绝对的比例,除了生命刑(具体数字不公开),在表2.2中唯一不属于自由刑的就是单处附加刑一栏,仅占据判刑总人数的1.99%。在目前慎用死刑的政策下,即便将生命刑考虑在内,实践中自由刑的占比应该也会超过九成。可以看出我国从立法到实践都十分倚重自由刑。

---

① 敦宁:《自由刑改革的中国路径》,人民出版社2014年版,第27~32页。

表 2.1　我国刑种及分类

主刑					附加刑		
死刑	无期徒刑	有期徒刑	拘役	管制	罚金刑	没收财产	剥夺政治权利
生命刑	自由刑				财产刑		资格刑

表 2.2　2016 年全国法院审理刑事案件生效判决数据统计

单位:人

本期生效判决人数	生效判决被告人处理情况									
	宣告无罪	免予刑事处罚	给予刑事处罚	其中						
				五年以上至死刑	三年以上不满五年	三年以下有期徒刑	拘役	有期徒刑、拘役缓刑	管制	单处附加刑
1220645	1076	19966	1199603	97816	69909	467074	165161	366321	9463	23859

总体来看我国以自由刑为主的相对单一的刑罚种类存在以下问题:

一是轻罪重罚。如果以三年有期徒刑为罪行严重程度的分界线,而从表 2.2 的数据可以看出,在三年以下有期徒刑至单处附加刑的轻罪犯当中,适用比例最大的仍为实际收监的自由刑,包括三年以下有期徒刑和拘役,占判刑总数的 52.7% ,占轻罪犯的总数高达 61.27% 。对于短期自由刑存在交叉感染、矫正和威慑功能较差、刑罚目的和效益难以达到、易造成刑罚过剩等问题早已被学界和实务界所充分讨论,但实践中应对轻罪仍然以监禁为主的现状与刑罚方法单一存在极大的关系。较轻犯罪主刑选择余地有限,管制配置比例低,加之惩罚性和预防性双双“弱化”导致有期徒刑和拘役成为法官的选择。而缓刑适用率较低的问题也会在随后详细讨论。主刑如此,附加刑亦捉襟见肘,没收财产主要配置于罪行较为严重的犯罪。剥夺政治权利中的“政治权利”包括:(1)选举权与被选举权;

(2)言论、出版、集会、结社、游行、示威自由的权利;(3)担任国家机关职务的权利;(4)担任国有公司、企业、事业单位和人民团体领导职务的权利。上述四项“政治权利”看似宽泛,但对于大多数犯罪分子来说依旧可以看作是无关痛痒。根据《公务员法》以及相关企事业单位的管理规范,曾经受过刑罚处罚的罪犯被限制入职,在职的国有机关和企事业单位的公职人员均无法保留公职。因此可以说后两项政治权利是所有受过刑罚处罚的犯罪分子统统不能享有的,剥夺政治权利对于这两项基本起到一个重复宣示作用。对于前两项政治权利,即选举权和被选举权以及言论、出版等自由权利,事实上并不能实质性地影响大多数罪犯的日常生活,可能仅对一小部分有政治要求和从事政治活动的犯罪人起到限制作用。因此,总体来看,剥夺政治权利作为一个刑种,事实上其宣示意义大于实际起到的惩罚和预防作用,其刑罚功能的发挥极其有限,并不是轻罪犯适用的惯常选项。罚金刑毫无疑问,在实践中是适用最多的附加刑,我国近几次刑法修正也不断增加罚金刑的配置,其地位和重要性也在不断上升。但我国罚金刑的问题在于立法配置上主要为并科适用,而非选科适用。而罚金刑虽然也有单独适用,但单独适用比例较低,从2016年的情况来看,包括罚金刑在内的单处附加刑仅占到轻罪犯的2.31%,而1997年《刑法》中规定并科罚金的罪名有128个,占全部适用罚金刑罪名总数的77.1%,①这使得实践中绝大多数的罚金刑是与自由刑同时适用的,其结果就是罚金刑配置的增加属于在自由刑之外额外加刑,依然加大了刑罚的投入。

二是惩罚不足。表现最明显的就是单位犯罪的刑罚设置。目前我国单位犯罪基本上与自然人犯罪混用一个刑罚体系,并没有单独

① 参见邓文莉:《刑罚配置论纲》,中国人民公安大学出版社2009年版,第256页。

针对单位这一与自然人性质不同的主体，根据刑罚目的而特别设计的刑种，这导致现有刑罚体系下能够适用于单位犯罪的刑种仅限于罚金刑。而随着市场经济的深入发展，单位利用其特殊的身份和自然人不具有的资格，实施犯罪的危害性越来越大，并呈现出多样化的趋势。[①] 仅仅使用罚金刑，其刑罚功能有限，可能会导致法人被科处罚金后，将罚金计入生产或经营成本，将损失转嫁到消费者头上，反而对犯罪单位产生不了多大的威慑作用。[②] 这种情况甚至还产生了行政法和刑法的惩罚力度倒挂的情形，在行政处罚中，由于对单位处罚措施较为多样化，除了罚款外，还包括吊销营业执照、责令停产停业等，不论是惩罚力度、威慑效果还是预防效果均强于刑罚，而刑罚由于方法单一而造成了应对犯罪能力不足、刑罚功能难以有效发挥的局面。

二、保安处分：有实无名

我国《刑法》并没有保安处分的专门规定，但在《刑法》和《刑事诉讼法》中却规定有诸多制裁措施其明显具有保安处分的性质，形成了立法上“无名”而事实上存在的局面。总结来看，我国刑事法律中具有保安处分性质的措施，大致可以分为剥夺自由的保安处分和不剥夺自由的保安处分两种。

（一）剥夺自由的保安处分措施：强制医疗

根据我国《刑法》第 18 条第 1 款的规定，对于不负刑事责任的精神病人，在必要的时候，由政府强制医疗。2012 年《刑事诉讼法》增设了强制医疗的特别程序的规定，对强制医疗进行了更加细化的规定，明确只有对会实施暴力行为、危害公共安全或者严重危害公

① 黄烨：《论经济犯罪资格刑的设置》，载《法学杂志》2011 年第 9 期。

② 梁根林：《刑罚体系结构优化的两个维度》，载赵秉志主编：《刑罚体系结构的改革与完善》，北京师范大学出版社 2012 年版，第 13～27 页。

民人身安全，同时有继续危害社会可能的不负刑事责任的精神病人，才可予以强制医疗。对于精神病人强制医疗的程序也作出了明确规定，公安机关、检察院、法院均有权提出强制医疗的建议，但由法院最终决定是否予以强制医疗。强制医疗机构应当定期对被强制医疗的人进行诊断评价。对于已不具有人身危险性，不需要继续强制医疗的，应当及时提出解除意见，报决定强制医疗的法院批准。被强制医疗的人及其近亲属有权申请解除强制医疗，目前，强制医疗通常在精神病院执行。

（二）非剥夺自由的保安处分措施

1. 专门矫治教育

2020年12月26日，全国人大常委会会议表决通过了《刑法修正案（十一）》和新修订的《预防未成年人犯罪法》，将原《刑法》第17条关于“收容教养”的规定删去，在第5款中规定，“因不满十六周岁不予刑事处罚的，责令其父母或者其他监护人加以管教；在必要的时候，依法进行专门矫治教育”，至此收容教养制度退出历史舞台。我国1952年确立了收容教养制度，1979年《刑法》将其确定为专对罪错未成年人的管教制度。收容教养在长期执行中存在程序不清、场所不明等问题。此次法律修改将收容教养的相关措施纳入专门矫治教育，成为国民教育体系的一部分。对因不满法定刑事责任年龄不予刑事处罚的未成年人，经专门教育指导委员会评估同意后，教育行政部门会同公安机关可以决定对其进行专门矫治教育。专门矫治教育的专门场所实行闭环管理，公安机关、司法行政部门负责未成年人的矫治工作，教育行政部门承担未成年人的教育工作。

2. 驱逐出境

《刑法》第35条规定，对于犯罪的外国人，可以独立适用或者附加适用驱逐出境。2012年《出境入境管理法》第62条规定，“被处限期出境，未在规定期限内离境的；有不准入境情形的；非法居留、非法就业的；违反本法或者其他法律行政法规需要遣送出境的；可以依法遣送出境，被遣送出境的人员，自被遣送出境之日起一至五年内不准入境”。同时该法第81条规定，“外国人从事与停留居留事由不相符的活动，或者有其他违反中国法律、法规规定，不适宜在中国境内继续停留居留情形的，可以处限期出境。外国人违反本法规定，情节严重，尚不构成犯罪的，公安部可以处驱逐出境。被驱逐出境的外国人，自被驱逐出境之日起十年内不准入境”。

关于驱逐出境的性质，在我国一直没有明确，从我国主附加刑模式的立法沿革来看，1954年，中央人民政府法制委员会起草的《刑法指导原则（草案）》（初稿）中，就将“驱逐出境”的前身“逐出国境”定位为附加刑。[①] 现行刑法并没有将其归类为附加刑，而是将其单独列出。但驱逐出境制度一方面是为了维护主权原则，另一方面也是为了防止犯罪的外国人再次在中国境内犯罪，因此具有保安处分的性质。在承认保安处分制度的国家，基本上都是将驱逐出境归类为保安处分。

3. 禁止令

我国《刑法修正案（八）》增设了“禁止令”的制裁措施，分别规定在管制和缓刑的条款之下，规定对判处管制或者缓刑的犯罪分子，可以根据犯罪情况，同时禁止犯罪分子在执行期间从事特定活动，进入特定区域、场所，接触特定的人。2011年最高人民法院、最高人民检察院、公安部、司法部发布的《关于对判处管制、宣告缓刑的犯罪分子适用禁止令有关问题的规定（试行）》第2条规定，人民

---

① 参见高铭暄、赵秉志主编：《中国刑法立法文献资料精选》，法律出版社2007年版，第231页。

法院宣告禁止令,应当根据犯罪分子的犯罪原因,犯罪性质、犯罪手段、犯罪后的悔罪表现、个人一贯表现等情况,充分考虑与犯罪分子所犯罪行的关联程度,有针对性地决定禁止其在管制执行期间、缓刑考验期限内“从事特定活动,进入特定区域、场所,接触特定的人”的一项或者几项内容。禁止令制度的目的在于维护社会稳定,保护被害人、证人人身安全,同时为了帮助犯罪分子改过自新,防止其再次犯罪。禁止令所限定的“特定活动”“特定的区域、场所”“特定的人”应当与原犯罪有关联,防止引发被宣告管制、缓刑的犯罪分子再次犯罪,或者是为了确保犯罪分子遵守非监禁刑所要求的相关义务。总之,禁止令的内容应当具有正当理由或者基于合理推断,而不能随意规定。[①]

关于禁止令的性质,刑法修正案中并未明确,因此,在理论和实践中存在争议,大致有以下观点:一是禁止令当属资格刑。有学者认为,禁止令属于资格刑的一种,[②]按照此观点,禁止令的增加实为资格刑的增加。也有学者认为,虽然禁止令并未在增设时明确是新的刑种,尚不具备独立性,但是随着刑事法治的发展,在未来的立法方向上通过对刑事禁止令逐步地完善,最终演变成真正独立意义上的资格刑是完全可能的。[③] 二是禁止令是监管执行措施。有学者认为,禁止令并不是新刑种,而是监管执行措施。[④] 而这种观点得到了最高司法机关的认可,“禁止令不是一种新的刑罚,不是新刑种,其

① 参见郎盛主编:《中华人民共和国刑法释义》,法律出版社2015年版,第41、82页。

② 参见张伟珂:《资格刑类型扩充论:以〈刑法修正案(八)〉为视角》,载《新疆警官高等专科学校学报》2011年第4期。

③ 参见李怀胜:《禁止令的法律性质及其改革方向》,载《中国刑事法杂志》2011年第11期。

④ 参见高铭暄、岳蓓玲:《论刑法禁止令的司法适用》,载《南昌大学学报(人文社会科学版)》2013年第4期。

适用对象是被依法判处管制、缓刑两类非监禁刑的犯罪分子,是对管制犯、缓刑犯的刑罚执行过程中具体监管措施的重大创新”。[①] 三是禁止令属于保安处分措施。[②] 该种观点认为,禁止令的适用依据犯罪分子的人身危险性,是一种为了防控人身危险性而作出的预防性措施,具有保安处分的属性。笔者认为,禁止令无论是从其立法目的考察,还是比较保安处分的立法例,基本上能够确定禁止令具有保安处分的性质,官方将禁止令界定为“刑罚执行过程中监管措施的创新”,一方面是由于我国没有明确的保安处分制度;另一方面缓刑考验和监管在大陆法系国家也被认为具有保安处分性质,因此,这一界定与其具有保安处分性质并不冲突。

4. 职业禁止

所谓职业禁止,是指剥夺与职业有关犯罪的自然人或者法人从事一定职业资格的保安处分措施。我国《刑法修正案(九)》在禁止令的基础上,又增设了“职业禁止”规定。与禁止令规定于管制和缓刑的条款下不同,职业禁止规定于第37条非刑罚处罚方法中,对因利用职业便利实施犯罪,或者实施违背职业要求的特定义务的犯罪被判处刑罚的犯罪分子,可以根据犯罪情况和预防再犯罪的需要,禁止其自刑罚执行完毕之日或者假释之日起从事相关职业,期限为三年至五年。增设职业禁止的目的在于,实践中有犯罪分子利用职业便利实施犯罪,或者实施违背职业要求的犯罪,在刑罚执行完毕或者假释之后,又继续从事原来的职业或者相关的职业,对公共利益或者社会秩序构成一定的危险,如从事食品生产、加工、销售的

---

① 张先明:《最高人民法院、最高人民检察院、公安部、司法部有关负责人就〈关于对判处管制、宣告缓刑的犯罪分子适用禁止令有关问题的规定(试行)〉答记者问》,载《人民法院报》2011年5月4日,第3版。

② 参见王志祥、韩雪:《论〈刑法修正案(八)〉中的禁止令制度》,载《刑法论丛》2011年第4期。

人,实施了生产、销售有毒、有害食品犯罪被追究刑事责任的,在刑罚执行完毕或者假释后,继续从事食品行业工作,有危害群众生命、健康以及破坏公众安全感的可能性。为了有效预防这种现象的发生,保护公共利益和社会秩序,针对一些特定的从业者,规定于一定的期限内禁止从事相关职业。

关于职业禁止的性质,一种观点认为,职业禁止属于或者应当属于资格刑的一种。认为该处罚从性质上看应属于新的刑罚种类,并建议在附加刑中增设职业禁止的附加刑。[①] 但更多的学者秉持另一种观点,认为职业禁止具有保安处分的属性,当属保安处分措施的一种。[②] 理由在于职业禁止与禁止令相同,都是基于犯罪分子人身危险性的预防而采取的制裁措施,其目的是防止犯罪分子再次利用其职业和职务之便进行犯罪,符合保安处分的特征。但立法者对于职业禁止的解读却相对模糊,称为一项“预防性措施”,全国人大常委会法工委刑法室副主任臧铁伟指出,《刑法修正案(九)》第1条的规定(职业禁止)并非新刑种的增设,而是从预防犯罪、保障社会公众安全和维护社会公众利益的角度,采取的一项预防性措施。[③] 而事实上预防性措施也等于在一定程度上承认了职业禁止面向未然之罪的保安处分性质。

事实上,在《刑法》修正之前,我国也并非没有职业禁止的规定,涉及职业资格的20多部行政法律法规中,对受过刑事处罚的人员规

---

① 参见张计玉:《从理论到实践:职业禁止的法律规制与实务处理》,载新浪网2015年10月17日,http://blog.sina.com.cn/s/blog.6d017a830102vzzz.html。转引自于志刚:《职业禁止制度的定位与资格限制、剥夺制度的体系化——〈刑法修正案(九)〉职业禁止制度的规范解读为切入点》,载《法学评论》2016年第1期。

② 参见孙乾、孙思娅:《王志祥教授就刑法修正案(九)草案中的亮点接受京华时报采访》,载《京华时报》2014年10月28日,第5版。

③ 参见刘茸、李婧:《臧铁伟:“禁止从事相关职业三到五年”不是新刑种》,载人大新闻网,http://npc.people.com.cn/ n/2015/0829/c14576-27531225.html。

定了限制或者禁止从事相关职业的制度，包括禁止或者限制担任一定公职，禁止或者限制从事特定职业，以及禁止或者限制从事特定活动等。由于大量行政法律、法规和《刑法》均规定了职业禁止制度，可能存在一定的冲突。因此，《刑法》第 37 条之一第 3 款规定："其他法律、行政法规对其从事职业另有禁止或限制性规定的，从其规定"。这意味着，刑法上关于职业禁止的规定与其他行政法律、法规上关于职业禁止的规定之间是普通法与特别法的关系。

5. 缓刑监督和假释监督

缓刑监督和假释监督是指在缓刑和假释的考验期内，对犯罪人所应遵守的规定和承担的义务予以考察监督的措施。二者在我国刑法典中早已存在，但其地位并非保安处分。缓刑被认为是刑罚裁量制度，假释是刑罚执行制度，而缓刑监督和假释监督当然地认为是对缓刑和假释的执行，并没有明确其性质，学界也长期忽略对其性质的讨论。但也有个别学者洞察出缓刑监督和假释监督的性质并非刑罚执行，而是具有保安处分的性质。[①] 法国学者也认为，"尽管缓期执行是种有条件的免除执行刑罚，但是从法官运用缓期执行的方式来看，也可以把缓期执行视同一种保安处分"。[②] 可见，缓刑监督以及与其类似的假释监督的性质，应予以重新审视。

首先，缓刑监督和假释监督具有刑事制裁的性质。缓刑是指对犯罪人宣告的刑罚暂缓执行，在缓刑期满未发生撤销缓刑事由的，原判刑罚将不再执行的一种量刑制度。虽然缓刑在我国并非刑种，但是却事实上具有刑事制裁的特征。《刑法修正案（八）》将宣告缓

---

① 参见时延安：《隐性双轨制：刑法中保安处分的教义学阐释》，载《法学研究》2013 年第 3 期。

② 参见［法］卡斯东·斯特法尼等：《法国刑法总论精义》，罗结珍译，中国政法大学出版社 1998 年版，第 506 页。

刑的犯罪人列入了社区矫正的范围,而社区矫正的性质被界定为"非监禁刑执行措施"。缓刑的适用逻辑在于刑罚的"暂缓执行"和"不执行"。但缓刑的犯罪人却要适用社区矫正这种"刑罚执行措施",如果仅仅将缓刑作为量刑制度看待明显不符合逻辑。抛开缓刑在《刑法》中的位置,客观看待缓刑,通过社区矫正和禁止令的引入,缓刑的实际执行内容与作为主刑之一的管制极其相似,对比管制与缓刑应当遵守的义务性规定,管制仅比缓刑多出了"未经执行机关批准,不得行使言论、出版、集会、结社、游行、示威自由的权利",其余四项规定全部相同。而这唯一有区别的一条限制措施,并不会给犯罪人的生活自由造成多少实质的影响。从管制与缓刑的执行过程看,均要依法实行社区矫正,包括监督、禁止令、教育培训等,内容几乎相同。而缓刑和管制唯一实质性的区别,可能就在于违反义务后,缓刑可以撤销后执行监禁,而管制并不会导致监禁的后果。两相比较,缓刑作为制裁的严厉程度,甚至还高于管制。因此,缓刑其实质是保留监禁的执行,用社区矫正的方式执行缓刑监督、禁止令等非监禁制裁措施,以代替宣告的监禁刑。因此缓刑在我国兼具量刑制度和制裁措施的属性。则同理可知,假释也具有刑事制裁的属性。缓刑和假释的犯罪人应遵守法律明确规定的义务和事项,包括不得再次实施违法犯罪行为,定期向考察机关报告活动情况,受到会客、迁居的限制等。这些义务均是对犯罪人基本权利的限制,也是对其施加的负担,德国学者耶赛克将其描述为"类似于刑事制裁的义务",①而事实上,缓刑监督和假释监督就是依据刑事法律,施加给犯罪人的负担和限制,具有刑事制裁的属性。

其次,缓刑监督和假释监督是以危险性为根据,以预防为目的

① 参见[德]汉斯·海因里希·耶赛克、托马斯·魏根特:《德国刑法教科书(总论)》,徐久生译,中国法制出版社2001年版,第1007页。

的。虽然是刑事制裁,但缓刑和假释的监督显然不具有道德报应的色彩,并不属于刑罚性质。由于缓刑是刑罚的暂缓执行,假释是刑罚的暂停执行,因此缓刑监督和假释监督也并非刑罚执行措施。在缓刑和假释适用的实体条件中,“没有再犯罪的危险”是其核心要件之一,但并不代表适用缓刑和假释的罪犯就完全没有再犯罪的危险、不具有人身危险性。犯罪人的危险性是具体的和动态的,在不同的时间点是会有区别和变化的,因此对缓刑和假释的罪犯施加一定的限制和义务、对其进行监督的目的,就是控制和矫正其危险性,其适用根据和目的完全与保安处分相吻合。

综观各国的立法例,也有国家将缓刑监督和假释监督定位为保安处分,如日本的保护观察制度,就是对受缓刑宣告或者假释的罪犯限制自由的保安处分。而我国的假释监督和缓刑监督虽未明确,但却是我国刑法典中具有保安处分性质的制裁措施。

从以上归纳可以看出,我国刑事法律中,有多种制裁措施均具有保安处分的特征,导致了我国存在保安处分“有实无名”的局面。由于没有明确的保安处分的规定,这些措施在刑法中或进行了单独规定但未明确性质和地位,如驱逐出境;或仅仅只是在法条中提及,却并未详细规定,如专门矫治教育或委身于非刑罚处罚方法、缓刑、管制的条款之下,性质甚至是独立地位都存在争议,如禁止令和职业禁止。这些措施当中,宣告和适用的主体大部分为法院,但也有个别措施如专门矫治教育是由教育行政部门会同公安机关决定适用。因此,目前我国《刑法》中这些具有保安处分性质的预防性措施存在规定分散、性质地位不明确、适用主体混乱等问题。

三、非刑罚处罚方法:范围狭窄

刑事犯罪属于危害性较为严重的违法行为,因此各国的刑事犯罪的处置原则都是以处罚为原则,以免予处罚为例外的,这决定了

"有罪不罚"的免予刑事处罚只能是极少数。从我国免刑的适用实际情况来看(见表2.2),从2016年的数字看,全年所有判决有罪的犯罪人中,适用免刑的仅占到1.64%,这本身并不存在问题。但是在我国除了刑罚以外,唯一可供执行的法定刑事制裁类别就是非刑罚处罚方法。长期以来非刑罚处罚方法在实践中都基本属于被空置的状态。究其原因,有学者认为是在适用时存在争议与困惑,缺乏可操作性。[①] 有学者认为是由于适用方式与内容上均有很大的局限性,且无法结合具体案件特点与行为人人格特征进行有针对性的非刑罚化制裁。[②] 虽然都指出了非刑罚处罚方法的一些弊病,但非刑罚处罚方法最切中要害的问题恐怕还是适用条件过于狭窄,仅仅适用于被判处免予刑事处罚的犯罪人。而如前所述,免予刑事处罚在实践中的适用比例极小,并且考虑到并非所有免刑犯罪人都需要判处非刑罚执行方法予以训诫,可见适用余地之小,犹如牢牢地捆住了非刑罚处罚方法的手脚,使其甚至都谈不上是刑罚的补充措施,而仅仅是免刑的补充措施。

四、刑事没收:概念混同

关于刑事没收,我国《刑法》第64条规定了"犯罪分子违法所得的一切财物,应当予以追缴或者责令退赔;对被害人的合法财产,应当及时返还;违禁品和供犯罪所用的本人财物,应当予以没收。没收的财物和罚金,一律上缴国库,不得挪用和自行处理。"从上述规定可以看出,我国在刑事没收上使用了"没收""追缴""责令退赔"三个专业术语。从法条的叙述进行分析可以得出,追缴针对的对象

---

① 参见石柏非、陈卫国、闫艳:《非刑罚处罚刑事适用的优化路径》,载《政治与法律》2010年第4期。

② 参见周永年、杨兴培、谢杰:《非刑罚处罚方法的现实化路径》,载《法学》2010年第2期。

是“犯罪分子违法所得的一切财物”，是指违法所得的原财物。“责令退赔，是指犯罪分子已将违法所得挥霍，使用或者毁坏的，也要责令其按违法所得财物的价值退赔”①，因此责令退赔的对象是违法所得的替代价值。而对于第 64 条中提到的“没收”，其针对的对象就是犯罪物。总体我国《刑法》第 64 条规定的刑事没收制度框架如图 2.1 所示。但事实上这种立法设定却存在如下问题：

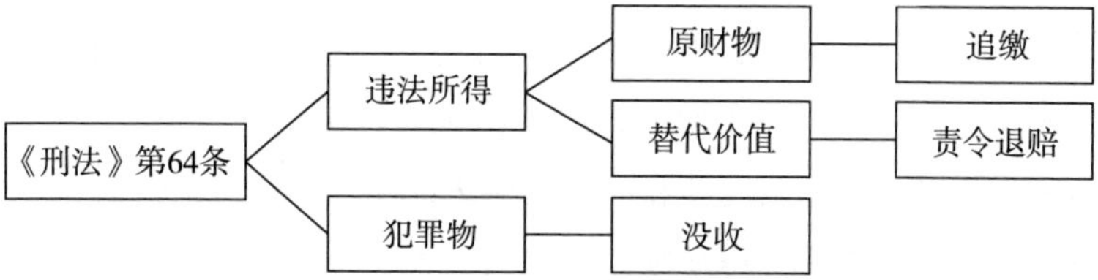

图 2.1　我国《刑法》中刑事没收制度

一是“追缴”和“没收”的混用严重。根据《刑法》第 64 条的表述，追缴和没收针对的对象并不相同，二者应该具有明显的区别。但是在我国的刑事立法的其他规定中，却好似并未关注这种区别，经常出现二者混用现象。如《刑法》第 191 条，关于洗钱的后果明确规定“没收实施以上犯罪的所得及其产生的收益”，明显此处没收的对象变成了违法所得。再如我国 2012 年《刑事诉讼法》增设的“犯罪嫌疑人、被告人逃匿、死亡案件违法所得的没收程序”，在第 298 条表述为：“……依照刑法规定应当追缴其违法所得及其他涉案财产的，人民检察院可以向人民法院提出没收违法所得的申请。”针对“违法所得”，在同一条款中既使用了“追缴”，也使用了“没收”。立法者尚且如此，司法者就亦不做区分，如 2002 年最高人民法院、最高

---

①　胡康生、郎胜主编：《中华人民共和国刑法释义》，法律出版社 2004 年第 2 版，第 62 页。

人民检察院和海关总署制定的《关于办理走私刑事案件适用法律若干问题的意见》(以下简称《走私案件法律意见》)第23条规定:“对发现的走私货物、物品、走私违法所得以及属于走私犯罪分子所有的犯罪工具,走私犯罪侦查机关应当及时追缴,依法予以查扣、冻结。”此处追缴的对象几乎包括了《刑法》第64条针对的所有违法所得和犯罪物。从以上梳理可以看出,我国刑事没收中的立法设定前后不一,混同严重。

二是程序性和实体性措施存在争议。关于追缴和责令退赔是属于程序性措施还是属于实体性处分措施在我国也存在争议。关于追缴的含义,《中华人民共和国刑法释义》中解释为“所谓追缴,是指将犯罪分子的违法所得强制收归国有”①。从这个定义来看追缴是具有实体性处分性质的措施,但是从第64条其后对被害人合法财产要予以返还的规定来看,似乎追缴又只是一个程序性的前置程序,是收归国有还是返还要“追缴”回来之后视情况而定。而从《走私案件法律意见》第23条的表述来看,似乎更印证了追缴的程序性质,追缴之后,才“予以查扣、冻结”。可见追缴究竟是实体处分还是程序处置亦不明朗。因为追缴和责令退赔的区别仅仅是针对的财产是否是原物,所以责令退赔的性质也遇到与追缴相同的尴尬局面。

三是没收范围限定不合理。我国《刑法》第64条对犯罪物没收的规定中将供犯罪所用之物限定为犯罪分子“本人财物”,《中华人民共和国刑法释义》中解释,所用的本人财物,是指供犯罪分子进行犯罪活动而使用的属于他本人所有的钱款和物品,如用于走私的运输工具、赌博的赌具等。如果这些财物不是犯罪分子本人的,而是

---

① 胡康生、郎胜主编:《中华人民共和国刑法释义》,法律出版社2004年第2版,第62页。

借用或是擅自使用的他人财物,财物所有人事前不知是供犯罪所用的也应当归还。但是司法机关作为证据扣押的,应当等到案件审理结束后,再返还给财物所有人。[①] 从这个解释可以看出,“本人财物”就是指犯罪分子本人所有的财物。这个界定有其积极意义,可以有效保护不知情的第三人的合法财产权,体现刑法的谦抑原则。但司法实践中的情况却是更为复杂的,常常有犯罪物上附着有第三人的权益,比如,债权、用益物权、抵押权等,犯罪分子本人并不享有完全排他的物权。也会出现犯罪分子与他人共有之物以及第三人享有他物权的情形,更有犯罪分子为了逃避没收,故意转移财产给第三人所有的情况。“本人财物”的限定是否合适,没收是否应该有条件地及于第三人均是需要思考的问题。

五、刑事损害赔偿:表述混乱

我国《刑法》第 36 条规定:“由于犯罪行为而使被害人遭受经济损失的,对犯罪分子除依法给予刑事处罚外,并应根据情况判处赔偿经济损失。”第 37 条规定:“对于犯罪情节轻微不需要判处刑罚的,可以免予刑事处罚,但是可以根据案件的不同情况,予以训诫或责令具结悔过、赔礼道歉、赔偿损失,或者由主管部门予以行政处罚或者行政处分。”这两条规定即为我国刑法所规定的赔偿制度的依据。由此可见,我国刑事损害赔偿是指人民法院根据犯罪行为对被害方(公民、法人和其他组织)造成的经济损失情况,判处或者责令犯罪分子给予一定的经济赔偿。从《刑法》中的规定来看,刑事损害赔偿包括判处赔偿经济损失和责令赔偿损失两种类型,前者是指《刑法》第 36 条规定的情况,对依法被判处刑罚的人适用,既罚又赔。后者主要是指《刑法》第 37 条规定的情况,适用于依法被免予

---

① 参见胡康生、郎胜主编:《中华人民共和国刑法释义》,法律出版社 2004 年版,第 62 页。

刑事处罚的人，不罚只赔。[①] 我国刑法上的赔偿仅限于经济损失和物质损失的赔偿。总体来看，我国刑事损害赔偿的规定存在以下问题：

一是法律规定表述不准确，歧义、交叉严重。第36条的“判处赔偿经济损失”和第37条的“责令赔偿损失”采取了不同的表述方式，经过法条的对比可以看出，“判处赔偿经济损失”针对的是予以刑事处罚的犯罪分子，而“责令赔偿损失”针对的是免予刑事处罚的犯罪分子。可针对的对象不同却并不是表述不同的原因，因为上述两种表述根本未体现出与对象存在任何的联系。“经济损失”和“损失”的不同似乎体现的是赔偿内容的不同。但是经过对应《刑事诉讼法》和相关司法解释的规定，赔偿不论是否适用免刑均仅限于经济损失和物质损失，不包括精神损害赔偿。“判处”和“责令”的不同似乎体现的是程序的不同，“判处”更像是依请求，而“责令”更倾向于依职权。但经对应《刑事诉讼法》和相关司法解释的规定，赔偿的相关程序是依被害人请求还是依职权并不以是否会适用免予刑事处罚为区分标准，而是以犯罪行为类型为标准进行划分。根据1999年最高人民法院《全国法院维护农村稳定刑事审判工作座谈会纪要》，被害人提出的附带民事诉讼请求只能限于被害人因人身权利受到犯罪行为侵犯和财物被犯罪行为损毁而遭受的物质损失，因犯罪行为人非法占有、处置而遭受的物质损失，被害人只能通过追缴赃款赃物、责令退赔的途径解决。这在实践中导致了责令退赔空判情况下，被害人权利救济的难题。2000年最高人民法院《关于刑事附带民事诉讼范围问题的规定》(已失效)又规定，对于经过追缴或者退赔仍不能弥补损失，被害人向法院另行提起民事诉讼的，法院

① 参见马克昌主编：《刑罚通论》，武汉大学出版社2002年第2版，第739～740页。

可以受理。即追缴、责令退赔无法达到目的时,被害人可以单独提出民事案件另行起诉,但这种情况仍不属于附带民事诉讼的范围。具体的流程关系见图2.2。

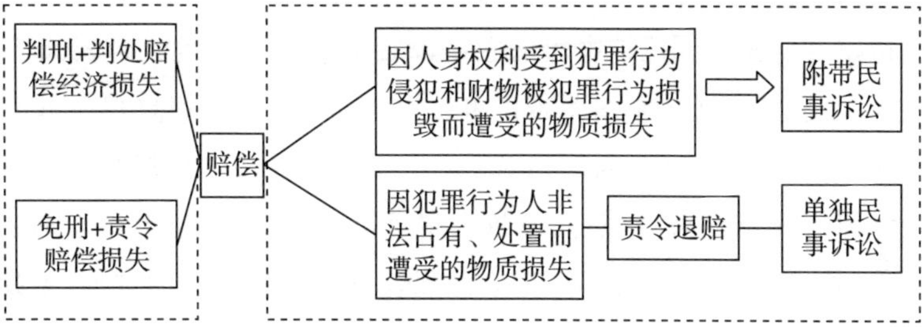

图2.2　我国现行刑事损害赔偿制度

从图2.2可以看出,“判处赔偿经济损失”和“责令赔偿损失”是程序、内容和性质相同的处置,不论案件是否判处免刑,其损失赔偿均要区分犯罪行为类型而分别采取责令退赔或者附带民事诉讼判决的方式来解决。因此法条中采取“判处赔偿经济损失”和“责令赔偿损失”的区别表述反而易使人困惑。特别是“责令赔偿损失”中的“责令”,给人一种完全依职权的错觉,而事实上免刑案件也完全存在依请求判处赔偿的情况,其表述并不准确。

且通过以上梳理也可以看出,“责令赔偿损失”和“责令退赔”这两个相近的表述具有完全不同的含义,前者是免刑适用的非刑罚处罚方法的一种,而后者则是对于违法所得的一种处置措施,也是责令赔偿损失包含的处置情形之一。

二是制度设定不合理导致被害人权利保障欠缺。我国上述较为混乱的赔偿规定导致运行过程中未能很好地保障被害人的权利。由于“因犯罪行为人非法占有、处置而遭受的物质损失”并不属于附带民事诉讼的受案范围,也就是说这部分只能由法院依职权“责令退赔”,而“责令退赔”在我国是否属于能够申请强制执行的范围存在争议,最高人民法院《关于人民法院执行工作若干问题的规定(试行)》第2条,列举了各类应当由执行庭负责执行的法律文书,包括民事、行政判决、裁定、调解书以及刑事附带民事判决、裁定、调解书、仲裁、公证书等法律文书,可责令退赔判决却不在其列,[①]这给责令退赔后赔偿不到位被害人的救济设置了障碍。虽然根据2000年最高人民法院《关于刑事附带民事诉讼范围问题的规定》(已失效),即便“责令退赔”后并未能达到目的,被害人可以单独提起民事诉讼。但此时已经时过境迁,被告人很可能已经服刑,甚至由于刑事诉讼侦查取证的方向并不一定全部涵盖民事赔偿要求的证据,单独的民事诉讼与刑事诉讼分别进行,部分证据被害人可能已经无法举证,导致被害人赔偿权的保障乏力。而同时对于可以提起附带民事诉讼的损失赔偿,在我国亦存在严重的空判现象。一般情况下,赔偿与否关乎犯罪人量刑的轻重,部分有经济条件的犯罪人及其家属积极主动赔偿,以达到从轻处罚的目的。但亦有部分犯罪人或出于经济条件考量或出于其他个人目的,即便附带民事诉讼已经判决也拒绝赔付。且很多人存在“不能人财两空,既然肯定要坐牢,就不会赔钱”的想法,导致赔偿和罚金都难以落地。上述情况暴露的都是“责令”和“判处”的背后缺乏强制性的保障措施,特别是缺乏赔偿与自由刑间明确的替代和转换,即赔偿可替代部分自由刑,而赔偿不履行的情况下,又要易科自由刑。目前这种仅仅在量刑中作为情节考虑赔偿的做法,并未真正将赔偿上升为重要的制裁措施,与自由刑的转换通道未彻底打通,导致被害人权利保障依旧存在漏洞。

---

① 参见袁辉:《责令退赔空判现象实证研究——以L市两级法院刑事判决为中心的考察》,载《法律适用》2015年第1期。

第二节　横向维度:刑罚单极化之下的“隐性多轨制”

从前面的梳理可以看出,我国规定在刑事法律中的制裁措施有刑罚、具有保安处分性质的措施、非刑罚处罚方法、刑事没收、刑事损害赔偿、免予刑事处罚等。考察刑事制裁体系的横向结构,会发现我国上述多种刑事制裁措施的安排,与英美法系的刑罚单轨制和大陆法系以“刑罚—保安处分”两极为基础的双轨制或多轨制的结构均不相同。

一方面,我国刑事制裁体系中虽然是刑罚占据绝对比例,但并未将对危险性进行控制的预防措施融入到刑罚的体系之内,依然秉持与大陆法系相似的以罪责刑法为基础的刑罚理论,无论是刑事制裁的设定还是运用都较为注重理论逻辑的建构,因此与英美法系国家“兼容并包”的刑罚单轨制存在很大区别。在我国,刑事没收、刑事损害赔偿、具有保安处分性质的措施等均不可能像英、美等国一样,纳入刑罚体系之内,作为一个刑种予以规定。

另一方面,我国在法定的刑事制裁措施中,并未确立保安处分制度,严格来看,与大陆法系国家的刑事制裁双轨制乃至在此基础上发展起来的“多轨制”的立法例并不相同,完全是刑罚“单极化”而不是“刑罚—保安处分”的双极支撑。从其他制裁措施在法条中所处的章节就可以看出,没收被规定在第四章“刑罚的具体运用”的第一节“量刑”中,而赔偿规定于第三章“刑罚”的第一节“刑罚的种类”中,同时规定在这节中的还有免刑和非刑罚处罚方法。通过前文的梳理,我们也能够看出,我国的刑事制裁体系中,包含有专门矫治教育、强制医疗、驱逐出境、禁止令、职业禁止等多种具有保安处分性质的措施。但这些措施都散落在《刑法》各处，大部分都位于"刑罚"或"刑罚的具体运用"的章节中，或像赔偿、非刑罚处罚方法一样规定在"刑罚的种类"一节中，如驱逐出境和职业禁止，或委身于具体的刑罚措施的执行监管规定，如禁止令。可见，我国的刑事制裁措施间缺乏独立而并列的安排，将与刑罚明显性质相异的各种制裁措施都试图安排在刑罚的"单极"体系之下，形成了刑罚单极化之下的"隐性多轨制"，而这样的横向结构难免会带来逻辑体系的混乱和刑事制裁体系的相对封闭。

一、保安处分措施缺乏体系性和合法性

我国这种隐性的保安处分制度毕竟缺乏法律的确认，亦没有在理论上形成体系化的逻辑论证，因此存在以下问题：

（一）缺乏体系性和统一性

我国隐性的保安处分措施，既存在狭义的具有刑事制裁属性的保安处分，也存在广义的包括刑事制裁和行政措施的保安处分。[①]而本书所讨论的保安处分是刑事制裁的一种，是指狭义的保安处分。判断保安处分措施是否应属于刑事制裁，应从形式和实质两方面考量，从形式上来看，作为刑事制裁的保安处分，应被规定于刑事法律之中。从实质上来考量，作为刑事制裁的保安处分，只能包括以预防犯罪为目的，以刑事法律回应的严重危害社会行为的发生为前提，针对行为人的再犯危险性而适用的制裁措施。我国刑事法律明确规定的具有保安处分性质的制裁措施包括专门矫治教育、强制医疗、缓刑监督、假释监督、驱逐出境，以及增设的禁止令和职业禁止，这些都应被认为属于刑事制裁。

---

① 保安处分的"广义"与"狭义"之分详见本书第一章第二节之论述。

但在刑事法律之外,仍有部分保安处分措施,具有刑事制裁的实质特征。包括《反恐怖主义法》规定的针对恐怖活动和极端主义犯罪的安置教育;《禁毒法》和国务院《戒毒条例》规定的针对吸毒犯罪人的强制戒毒措施。这些措施都是具有剥夺自由性质的强制处置措施,期限并不短,强制戒毒最长可延至3年,安置教育更是以自由刑的执行为前提,在刑满释放前对危险性进行评估,认为具有社会危险性的,决定对其安置教育,而安置教育解除并未规定期限,需要视危险性状况而定。这些措施虽未规定于刑事法律之中,从形式上判断,不能认为是刑事制裁。但从其实质特征上判断,具有刑事制裁的属性。安置教育其适用对象是实施过恐怖活动的犯罪人,并且是以预防再犯为目的,依据犯罪人的人身危险性适用的。从其程序上来看,其决定主体也是法院,适用的程序具有司法属性而非行政属性,因此本质上安置教育具有刑事制裁的特征,但形式上却游离于刑事法律之外。我国的强制戒毒从制度设计看,针对的对象是吸毒人员,其中不仅包括实施了犯罪行为的吸毒人员,也包括未实施犯罪行为的吸毒人员。因此,我国的强制戒毒是一个同时包含有刑事制裁和行政制裁的综合性制度。其中,并非所有的强制戒毒措施均为刑事制裁,但对于针对犯罪行为人的、以预防再犯为目的的强制戒毒措施,应属于刑事制裁中的保安处分。而其他针对行政违法行为进行的类似剥夺自由的措施,并不能纳入到作为刑事制裁的保安处分的范畴中,只能认为属于行政保安处分。综上,应该认为,我国作为刑事制裁的保安处分措施,应包括刑事法律中规定的专门矫治教育、强制医疗、禁止令、职业禁止、驱逐出境、缓刑监督、假释监督等措施,同时,在刑事法律之外,尚有针对犯罪人的强制戒毒和针对恐怖主义犯罪人的安置教育,符合刑事制裁中保安处分的实质特征。

但由于我国刑事制裁和行政制裁中均没有明确规定保安处分这一制裁类型，导致这些措施缺乏体系性，特别是从狭义的保安处分的角度：从法律渊源来看，由《刑法》《刑事诉讼法》《反恐怖主义法》等多种法律进行规定，缺乏统一性和协调性；从决定主体来看，部分措施由法院来决定，但也有涉及剥夺自由的保安处分措施，如专门矫治教育、强制戒毒等，是由公安机关来决定，而由公安机关决定的措施相应地就没有司法程序予以配套，违法犯罪人员人权保障亟待加强。在这种情况下，也导致性质类似的措施之间的法律规定和制度设计不平衡，如同样是针对无刑事责任能力犯罪人的保安处分措施，强制医疗在《刑事诉讼法》中专门规定了其司法程序，决定主体是法院。而专门矫治教育虽然在《刑法》中有所提及，但在刑事法律中却未配套规定其适用和救济的相关司法程序，其决定主体是教育行政部门会同公安机关，并非法院，两相对比之下，制度间的不协调和不平衡暴露无遗，这无疑也会造成保安处分措施在实践中适用的混乱及功能难以有效发挥。

（二）合法性和正当性存疑

2019 年 12 月以前，我国保安处分措施中，尤其是限制人身自由的措施，有的是由行政法规、行政规章甚至司法解释规定，这与上位法的规定相抵触，导致合法性存在问题。[①] 首先，我国《宪法》第 37 条规定：“中华人民共和国公民的人身自由不受侵犯。任何公民，非经人民检察院批准或者决定或者人民法院决定，并由公安机关执行，不受逮捕。禁止非法拘禁和以其他方法非法剥夺或者限制公民的人身自由，禁止非法搜查公民的身体。”其次，2000 年我国《立法法》第 8 条规定：“对公民政治权利的剥夺、限制人身自由的强制措

① 参见江溯：《法治国家视野下中国大陆法上的保安处分》，载《月旦刑事法评论》2017 年第 6 期。

施和处罚,只能制定法律。”按照该法第9条的规定,如果第8条规定的事项未制定法律的,全国人民代表大会及其常务委员会有权作出决定,授权国务院对其中的部分事项先制定行政法规。但是,这一授权不包括限制人身自由的强制措施和处罚等事项。最后,2009年《行政处罚法》规定,限制人身自由的行政处罚只能由法律规定。2011年《行政强制法》第10条明确规定:“行政强制措施由法律设定”。可见,根据上述法律的要求,限制人身自由的保安处分,只能由全国人大及其常委会正式颁布的法律加以规定。但是我国曾存在部分保安处分措施,如收容教育,并未规定在全国人大及其常委会所颁布的法律之中,因此在形式上是缺乏合法性的。也是基于这个原因,2019年12月28日,第十三届全国人民代表大会常务委员会第十五次会议通过了《关于废止有关收容教育法律规定和制度的决定》,自2019年12月29日起施行,该决定废止了长期以来合法性一直受到质疑的收容教育制度,不能不说是立法上的一项进步之举。

但即使是那些由全国人大及其常委会所制定的法律规定的保安处分措施,也并非没有正当性的问题。首先,从绝大多数规定来看,并没有对适用保安处分措施的实体条件(例如,何对安置教育的恐怖活动罪犯和极端主义罪犯进行再犯危险性评价)等作出具体规定因此缺乏必要的明确性,极其容易导致权力滥用;其次,我国有的保安处分措施未进行刑事措施和行政措施的区分,不仅针对刑法意义上的犯罪行为人,也针对一些严重的行政违法行为人,但对于违法行为的范围和程度往往没有明确的规定,导致部分针对犯罪人剥夺自由的处分措施是由行政机关特别是公安机关根据行政程序来加以决定的,缺乏被执行人权利的有效保障。

（三）缺乏明确的限定原则

我国没有明确的保安处分的规定,相应地,就缺乏对于保安处分措施，特别是剥夺自由的保安处分措施运用的限定原则。在保安处分制度和理论均比较成熟的大陆法系国家，保安处分由于与刑罚性质不同，不受责任原则的限制，但却受到比例性原则的制约。如《德国刑法典》第 61 条明确规定："如判处矫正与保安处分与行为人行为的严重性、将要实施的行为以及由行为人所引起的危险程度不相适应，不得判处。"①而在我国，比例性原则几乎只停留在学者的论著中，实务工作者对此知之甚少，并没有像"罪刑法定原则""罪责刑相适应原则"这样深入人心的基本原则作为保安处分适用的指导原则，相关措施决定和运用的随意性较强。特别是《反恐怖主义法》创设的安置教育，其适用的是不定期的监禁。在德国类似安置教育的措施被称为预防性监禁或保安监禁，②被规定于刑法典中并具有严格司法程序进行权利保障。而这些在中国目前散乱无章的"隐性"保安处分措施中，均难以实现。

二、没收、赔偿等制裁措施缺乏独立的品格

（一）没收的法律地位模糊导致司法属性较弱

我国《刑法》中的没收规定在第四章"刑罚的具体运用"的第一节"量刑"中，同一节的其他条文均是关于量刑根据、从重、从轻处罚以及减轻处罚的原则性规定，与没收完全没有逻辑关系和内在联系。而第 64 条的规定也显然并不是量刑问题，没收法律地位的尴尬从其条款所处的位置就能略窥一二。没收法律性质和地位的争议不仅存在于法律规定中，也存在于混乱的实务操作中。由于我国《刑法》并未将没收看作是一项独立的制裁措施，从其程序性的规定

① 《德国刑法典》(2002 年修订)，徐久生、庄敬华译，中国方正出版社 2004 年版，第 27 页。

② 参见[德]汉斯·海因里希·耶赛克、托马斯·魏根特：《德国刑法教科书(总论)》，徐久生译，中国法制出版社 2001 年版，第 984 页。

来看,很多规定具有“行政”特征,却欠缺了“司法”特征。没收的前置程序通常是搜查、扣押、冻结,而根据《刑事诉讼法》的相关规定,搜查、扣押、冻结均是由侦查机关根据侦查的需要自行决定。换言之,只要侦查机关自认为需要采取搜查、扣押、冻结措施,就可以自行实施。这当中既没有司法审查,也缺乏权力的制约。一般来说,刑事制裁的适用决定权应归于法院,我国《刑事诉讼法》也规定,人民法院作出的判决生效后,对被扣押冻结的财物及其孳息,除依法返还被害人的以外,一律没收,上缴国库,可见没收的实体处置权力还是要归于法院的判决,搜查、扣押、冻结只是前置的程序性措施,但前置的这些程序涉及财物的范围等均由侦查机关决定,相当于侦查给审判画好了一个圈,法院对于进入司法程序涉案财物的判决,在很多时候都是对侦查行为形式化的确认。因为前置程序对后面的实体处置往往具有“绑架效应”,最明显体现在逮捕案件对于后续定罪量刑的负面影响,“捕后不诉”“捕后无罪”的严格控制,以及“实报实销当庭释放”等现象的出现都是例证。而对财物的前置扣押、冻结情况也十分类似,貌似没收的实体裁判权在法院,但往往实际左右没收决定的都是前置程序的办案机关。但这种对没收的“绑架效应”却因为其针对的是财物而非行为人的自由,而在理论和实践中均较少得到关注。造成这种现象的原因在我国是多方面的,主要是长期的“以侦查为中心”的诉讼模式带来的积弊,但从实体法层面来看,没收的独立制裁地位的缺失,长期未受到重视,缺乏严密的司法程序的保障,一定程度上导致了没收在我国“司法”属性较弱而“行政”属性过强。

(二)赔偿刑事制裁属性的弱化导致强制力保障欠缺

我国的刑事损害赔偿是否属于刑事制裁的定位并不明确。前面已经论述(见图2.2),由于程序法的安排并不以罪犯是否被判处免刑为区分，而是以侵害行为的特征为区分的，因此不论是否判处免刑，赔偿适用的程序和后果均无差别，第36条的“判处赔偿经济损失”和第37条的“责令赔偿损失”事实上成为相同性质的措施。第37条中的“责令赔偿损失”明确属于非刑罚处罚方法的一种，非刑罚处罚方法属于刑事制裁措施不存在争议，因此责令赔偿损失属于刑事制裁，按照这个逻辑，与之性质相同的“判处赔偿经济损失”也应属于刑事制裁。但我国《刑法》第36条第2款又明确表述犯罪分子对被害人的赔偿是“民事赔偿责任”，似乎又对其刑事制裁措施地位进行了否定。整体上，我国从立法到司法，更多地将赔偿看作是一种民事责任的承担方式，对于赔偿具有刑事属性的认识并不占据主流。由于我国《刑法》中对赔偿的规定缺乏系统化、协调性的考虑，导致存在着赔偿性质的认定难题，使赔偿长期在刑事制裁领域难以占据独立的、重要的地位，甚至其刑事制裁属性长期得不到认可，难以真正融入刑事制裁体系，也使赔偿与其他刑事制裁措施，特别是与自由刑之间的转换通道难以打通，易科自由刑来保障赔偿的实现等制度缺失，不利于保障被害人的合法权益。事实上这个问题司法机关并非全无认识，而且也曾作出赔偿与自由刑联动的些许尝试，2016年11月14日最高人民法院出台的《关于办理减刑、假释案件具体应用法律的规定》第27条规定，“对于生效裁判中有财产性判项，罪犯确有履行能力而不履行或者不全部履行的，不予假释”。这相当于明确规定将罪犯履行包括赔偿义务在内的判决内容，与其获得假释的资格相挂钩。但这种在民事赔偿义务与刑事变更程序之间产生联动的机制，被视为穿透了刑民之间的壁垒，引发了一定的争议。①

---

① 参见林毓敏：《刑罚权视角下被害人赔偿的刑罚性质》，载《中国检察官》2019年第9期。

而我国刑事诉讼中,被害人实际获得赔偿的效果也并不令人满意,据统计,我国近年来的故意杀人案件中,能够获得法院支持赔偿判决的数量占案件总数的33.9%,其中实际获得赔偿的比例仅为15.2%。即便是达成刑事和解数量较多的故意伤害案件,实际获得赔偿的比例也未超过半数,仅为44.3%,①大部分被害人的损失得不到赔偿。当然,赔偿比例较低的原因肯定是多方面的,但其中对赔偿并没有看作是刑事制裁而给予足够的强制保障制度是重要方面。总之,我国刑事损害赔偿制度的规定混乱、性质模糊、重视不足等现象背后一个关键因素,就在于刑事司法中的赔偿制度的民事属性被过多地强调,而其刑事制裁属性被长期忽略、不予正视,从而不论是赔偿与其他刑事制裁措施间的联动,还是由国家强制力保证赔偿的履行均打了折扣,使赔偿作为刑事制裁措施的功能难以充分发挥。

三、刑罚单极化的封闭结构致刑事制裁体系混乱

近年来,为应对经济社会形势的不断变化发展,我国的刑法修正并非没有在刑事制裁多元化上作出努力,但由于我国“刑罚单极化”的刑事制裁体系结构是相对封闭的,一方面,新增刑事制裁措施因无法在分则落地而无法进入刑罚体系;另一方面,不符合刑罚特征的预防性制裁措施,因不存在保安处分制度,将其不论是定性为“刑罚”还是“非刑罚处罚方法”均不妥当,在现有的封闭结构下也无法实现,导致立法者将新增刑事制裁措施在现有结构内依附刑罚而定位为“刑罚执行措施”“执行监管措施”“预防性措施”等,造成了刑事制裁体系的结构混乱。②

---

① 参见赵国玲、徐然等:《社会救助视野下的犯罪被害人救助实证研究》,北京大学出版社2016年版,第210~263页。

② 参见戎静:《我国刑事制裁体系结构反思与调整》,载《湘潭大学学报(哲学社会科学版)》2019年第5期。

（一）社区矫正制度中“创设”新的制裁措施

社区矫正是针对被判处管制、宣告缓刑、假释的犯罪分子的一种开放性的执行方式。其内容包括对社区服刑人员的监督管理、教育矫正、社区劳动以及社区帮扶等。关于社区矫正的性质，最高人民法院、最高人民检察院、公安部和司法部早在2003年发布的《关于开展社区矫正试点工作的通知》（已失效）中就明确表述社区矫正是“非监禁刑罚执行活动”。因此，社区矫正是偏重于刑罚执行的一种综合性措施、方法或者制度。[①] 而在最高人民法院、最高人民检察院、公安部和司法部2012年发布的《社区矫正实施办法》（已失效）中，将“社区服务”列为社区矫正的内容之一，且明确有劳动能力的社区矫正人员“应当”参加社区服务，规定每月参加社区服务时间不少于8小时。可见其社区服务带有强制性和一定的惩罚性。但不论是从管制刑的内容来看，还是从缓刑和假释的规定中考察，“社区服务”或者“社区工作”均不包含在内，可以说，这是社区矫正这一刑罚执行活动中“创设”的一种具有惩罚性的措施。而相同性质的措施在某些国家被作为独立的刑种规定于刑法典中，例如，《芬兰刑法典》第2章刑罚第1条第1项规定：“一般刑罚包括：监禁、社区服务、罚金和即决罚款。”[②]事实上，社区服务在西方是非常典型的社区性刑罚的一种。刑罚的本质属性就是惩罚性，具有刑罚属性的措施被创设在社区矫正活动中，模糊了刑罚与刑罚执行方法的界限。虽然在2019年颁布的《社区矫正法》中，并未规定社区服务，但在社区矫正制度探索完善过程中，曾将社区服务予以规定在社区矫正中，就可以体现出刑罚单极化结构下，开放性处遇措施难以找到准确位置的尴尬。

---

① 参见郭建安、郑霞泽主编：《社区矫正通论》，法律出版社2004年版，第132页。

② 《芬兰刑法典》，于志刚译，中国方正出版社2005年版，第8页。

(二)禁止令和职业禁止难以找到恰当定位

《刑法修正案(八)》增设了“禁止令”的制裁措施,分别规定在管制和缓刑的条款之下。而在随后的《刑法修正案(九)》中,在禁止令的基础上,又增设了“职业禁止”规定。与禁止令规定于管制和缓刑的条款下不同,职业禁止规定于第37条非刑罚处罚方法中。而对于禁止令和职业禁止的定位,理论界存在一定的争议。虽然二者都具有保安处分的性质,但是由于我国《刑法》中不存在保安处分,因此,有学者认为在现有刑罚框架下,禁止令和职业禁止实质上或者应当是资格刑的一种。[①] 而前文已经提到,禁止令和职业禁止均已被立法者或者最高司法机关否定了其“新刑种”的属性,并明确表示禁止令是执行监管措施,职业禁止是预防性措施,但官方对禁止令和职业禁止的定位并非不存在问题。认定禁止令属于执行监管措施,无疑是在说禁止令对于管制和缓刑来说处于依附和从属地位,忽视和否定了其独立价值。而称职业禁止为“预防性措施”,等于是刻意模糊了职业禁止的定位,因为预防性措施并非我国刑法法定概念,刑法法定的法律后果只有刑罚、免刑和非刑罚处罚措施。根据职业禁止条款的位置,立法者应该是将其定位为非刑罚执行措施,但这同样带来不可调和的问题,我国的非刑罚处罚措施的适用对象为判处免予刑事处罚的犯罪分子,而职业禁止的适用范围显然并不囿于此。笔者认为,新增的禁止令和职业禁止制裁措施是犯罪化导致的刑事制裁多样化需求下的产物,但在现有刑事制裁体系结构内难以给其找到恰当的定位,给现有结构带来了挑战。

从上述社区服务、禁止令、职业禁止等制裁措施的修改可以看出,我国现有相对固定和封闭的刑罚单极化的制裁结构,面对日益

---

① 参见张伟珂:《资格刑类型扩充论:以〈刑法修正案(八)〉为视角》,载《新疆警官高等专科学校学报》2011年第4期。

多样化的犯罪和犯罪人,在应对上显得有些力不从心,特别是某些有针对性地预防再犯的功能缺失。在分则的个罪均已经按照现有刑种配置好法定刑的情况下,临时在总则中增加刑种难以达到既符合罪刑法定又可以普遍适用的效果。因此立法者巧妙地将新增的制裁方法附着在现有的刑种或者刑罚裁量制度之下,使其能够达到普遍适用的目的,不得不说是立法者的智慧。但这种刑罚单极化之下的隐性多轨制只能是权宜之计,将会越来越深刻地反映出现有刑种乃至制裁措施种类的匮乏与结构的失衡。

第三节 纵向维度:隐性分层基础上的整体偏重结构

西方主要国家目前刑事制裁体系根据轻重的主要层次为:死刑(多数国家废除)、监禁刑、监禁替代措施(中间制裁)、其他较轻的非监禁制裁措施。多数国家采取与根据罪行轻重进行的犯罪分层相对应的方式安排刑事制裁体系的纵向结构。关于我国刑事制裁的轻重排列,以往的习惯均是根据刑种的轻重进行线性地排列,较少从分层的角度探讨我们的刑事制裁的轻重排列结构。此处笔者试图从立体分层、制裁措施间相互替代这样一个新的视角来梳理一下我国刑事制裁体系的纵向结构。综合其他国家的刑事制裁分层体系,所谓的刑事制裁体系纵向分层最重要的是两个层界:一是“监禁—监禁替代措施”间的界限,这个界限一般起到区分重罪和轻罪的功能。二是自由刑下限的边界,这个界限一般起到区分轻罪和违警罪,或者区分刑事制裁和行政制裁的功能。如法国,其监禁替代措施是适用于轻罪,则其轻罪与重罪的界限(10 年监禁)就是其可否适用替代措施的边界。而其自由刑最轻及于轻罪,违警罪不可适用自由刑,所以轻罪与违警罪的分界就是能否适用自由刑的边界。我国并不存在犯罪轻重分层的规定和相关传统,但这并不代表我国事实上对刑事制裁的安排不存在"隐性的"分层。笔者试图梳理一下上述两个重要的边界在我国刑事制裁体系中的现状。

一、我国"监禁—监禁替代措施"的界分现状

要考察我国刑事制裁的分层体系,先要考察我国是否存在用于监禁替代的中间制裁,随后才能考察中间制裁与监禁的边界。"监禁替代"这一概念在我国的研究并不多,法国的《法律术语词典》中,将监禁替代措施定义为,法官可以自由判决的任何可以代替监禁,不能与监禁合并判处的制裁。[①] 从这个定义出发,考察西方各国监禁替代措施的实际情况,笔者总结出监禁替代措施应具有以下特征:一是替代性,应是独立替代监禁适用,与监禁并科的制裁不属于监禁替代措施;二是非监禁性,必须采取开放性的制裁方式;三是监禁相当性,其适用的罪行应当符合判处监禁的条件。本身适用于不需判处监禁的罪行的较为轻微的制裁措施,虽然也具有非监禁性,但并不应归入监禁替代措施的行列。可见监禁替代措施的范围要远远小于非监禁刑的范围。

目前世界上,最典型、最普遍、历史最久的监禁替代措施就是缓刑,我国也不例外,缓刑在我国是作为量刑制度被规定于《刑法》之中的,本身并不是一个刑种。但从监禁替代的角度来考察,会发现缓刑并不仅仅是缓刑一个措施本身,缓刑如同一个入口,其中包含了随后一系列开放性的制裁措施,包括缓刑监督、禁止令、社区矫正等。缓刑虽然被定位为"刑罚"的暂缓执行制度,但是缓刑后续一系列制裁措施,具有预防性,使得缓刑更是一种以监禁执行为强制保

---

① Lexique des termes juridiques 2014 – 2015, dalloz, p. 62.

障的开放性的制裁措施。从缓刑只适用于三年以下有期徒刑和拘役的犯罪分子来看,三年自由刑就是我国刑事制裁中可否适用监禁替代措施的分界线,在这个分界线上下,是不同的制裁图景。

(一)分界线以上:以死刑和监禁为主

在三年自由刑的分界线以上,我国的主刑为死刑、无期徒刑和有期徒刑,在实践中除了被判处死刑立即执行之外,适用监禁率是100%,是典型的以死刑和监禁刑为主的制裁体系结构。这部分在《刑法》中占比并不低,据统计,《刑法》中法定刑最高5年以上的罪名有341个,占总罪名数的72.4%,则配置有3年以上有期徒刑的罪名占比将更高。从近年来的刑法修正来看,对于这部分刑罚的调整主要集中在优化死刑和监禁刑的衔接,寻求死刑的限缩和替代。针对1997年《刑法》规定的刑罚实际运作的状况,21世纪初有学者批评存在结构性缺陷,总结为“死刑过重,生刑过轻;一死一生,轻重悬殊,极大地妨碍了刑罚功能的发挥”。① 所谓的死刑过重,是指《刑法》中配置了死刑的罪名过多;而生刑过轻,主要是指与死刑相衔接的自由刑过轻,被判处死刑缓期执行和无期徒刑的犯罪分子在实践中的执行期限过短。根据当时的规定,被判处死缓的罪犯经减刑后,实际执行的刑期不少于有期徒刑15年,加上缓期执行的2年,死缓的下限仅相当于有期徒刑17年。司法实践中,被判处死缓的,一般实际关押在20年左右即可被释放。有学者认为,同样是罪行极其严重,应该适用死刑的罪犯,只是因为死刑的执行方式的差别,一边是被剥夺生命,另一边是还能重获自由,生死境遇悬殊之大令人扼腕。上述意见经过学界的呼吁和论证,被立法者采纳,并在《刑法修正案(八)》和《刑法修正案(九)》中有针对性地进行了刑罚结构的

① 参见陈兴良:《刑罚改革论纲》,载《法学家》2006年第1期。

调整。同时随着经济社会的发展,经济型和贪利型犯罪增多,刑法修正案对于罚金刑的增加也较为突出,总体上形成了“减少死刑、加重监禁刑、增加罚金刑”的调整模式。

一是削减了22个罪名的死刑配置。《刑法修正案(八)》减少了13个死刑罪名,多为备而不用或极少适用死刑的罪名,削减死刑罪名数占我国刑法死刑罪名的近1/5。随后,《刑法修正案(九)》又废除了9个罪名的死刑。值得注意的是,《刑法修正案(八)》废除的死刑罪名均为非暴力性犯罪,而《刑法修正案(九)》虽然在废除死刑罪名数量上较《刑法修正案(八)》有所减少,但已经把触角延伸到了组织卖淫、强迫卖淫等暴力性犯罪。且《刑法修正案(九)》废除死刑的罪名中,如集资诈骗罪、组织卖淫罪等均在实践中有死刑的适用,对司法活动中减少死刑的适用具有实质性的影响。①

二是延长监禁刑的实际执行期限。《刑法修正案(八)》将死缓直接减为有期徒刑的最低刑期由15年修改为25年。并规定了限制减刑制度,被判处死刑缓期执行的累犯以及因故意杀人、强奸、抢劫、绑架、放火、爆炸、投放危险物质或者有组织的暴力性犯罪被判处死刑缓期执行的犯罪分子,人民法院根据犯罪情节等情况可以同时决定对其限制减刑:死刑缓期执行期满后依法减为无期徒刑的,减刑以后实际执行的刑期不能少于25年,死刑缓期执行期满以后依法减为25年有期徒刑的,实际执行的刑期不能少于20年。《刑法修正案(八)》还将无期徒刑减刑后实际执行最低刑期由10年增加为不少于13年。将有期徒刑数罪并罚不能超过20年修改为,有期徒刑总和刑期不满35年的,决定执行的刑期最高不能超过20年;总和刑期在35年以上的,最高不能超过25年。上述规定均是为了让生刑能够更

① 参见陈兴良:《犯罪范围的扩张与刑罚结构的调整——〈刑法修正案(九)〉述评》,载《法律科学(西北政法大学学报)》2016年第4期。

好地跟死刑进行衔接,弥补之前刑罚结构上所谓的生死鸿沟。

三是创设了终身监禁制度。《刑法修正案(九)》规定,对犯贪污、受贿罪判处死刑缓期执行的,人民法院根据犯罪情节等具体情况可以同时决定在其死刑缓期执行两年期满依法减为无期徒刑后,终身监禁,不得减刑、假释。虽然对于终身监禁的地位究竟是属于死刑的执行方式、无期徒刑的执行方式还是一个独立的刑种尚存在争议,未有定论,但可以确定的是,这项制度事实上创设了一种将罪犯终身关押的措施,这在我国原来的刑罚体系中,是不存在的。对于终身监禁的出现是对刑罚的减轻还是加重也存在不同的认识,但不能否认的是,终身监禁的出现,一定程度上减少了贪污、受贿罪的死刑立即执行。从这个角度上,这也是一种限制死刑适用而加重生刑的措施。

表 2.3 我国刑法"减少死刑、加重生刑"的刑罚结构调整

<table>
<tr><td></td><td colspan="2"></td><td>1997 年《刑法》</td><td>《刑法修正案(八)》</td><td>《刑法修正案(九)》</td></tr>
<tr><td>减少死刑</td><td colspan="2">死刑罪名</td><td>68 个</td><td>55 个</td><td>46 个</td></tr>
<tr><td rowspan="6">加重生刑</td><td rowspan="3">死缓</td><td>减为无期</td><td></td><td>限制减刑的不少于 25 年</td><td>贪污、受贿可终身监禁</td></tr>
<tr><td rowspan="2">减为有期</td><td rowspan="2">15 年以上 20 年以下</td><td>25 年</td><td rowspan="2"></td></tr>
<tr><td>限制减刑的实际不少于 20 年</td></tr>
<tr><td colspan="2">无期徒刑</td><td>实际不少于 10 年</td><td>实际不少于 13 年</td><td></td></tr>
<tr><td colspan="2" rowspan="2">有期徒刑数罪并罚</td><td rowspan="2">不超过 20 年</td><td>总和 35 年以上,不超过 25 年</td><td rowspan="2"></td></tr>
<tr><td>总和 35 年以下,不超过 20 年</td></tr>
</table>

从以上近年来我国刑罚调整的总结可以看出,对于较为严重的罪行,我国刑法正在做死刑"去中心化"的努力,目前这部分刑罚结

构调整的方向是向以监禁刑为主的刑罚结构转变。但从调整的效果来看,事实上导致我国三年自由刑分界线以上的刑罚不轻反重。一方面,死刑的废除对实践影响有限。我国《刑法修正案(八)》《刑法修正案(九)》大幅减少死刑罪名,体现了刑罚的人道主义精神,顺应了死刑“去中心化”的发展趋势,其积极意义值得肯定。但我们也要看到,我国《刑法修正案(八)》废除的死刑罪名基本是备而不用的罪名,《刑法修正案(九)》废除的死刑罪名也是在实践中极少适用的,这种废除宣示意义大于实际意义,虽对实践存在实质性的影响,但毕竟十分有限。另一方面,监禁刑上限加重影响较大。我国是在“加重生刑”、寻找死刑替代措施理念的基础上逐步废除死刑罪名的,《刑法修正案(八)》和《刑法修正案(九)》为了达到“生刑”和“死刑”的衔接,采取了一系列措施提升了监禁刑的上限,事实上是加重了监禁刑的严厉程度,与废除的死刑罪名极少适用不同,无期徒刑、十年以上有期徒刑等长期监禁刑依然在实践中大范围适用,笔者认为,提高长期监禁刑的上限,对实践的影响程度比废除死刑来的更加实际,整体上加重了刑罚的投入。

(二)分界线以下:以监禁为主,监禁替代为辅

三年自由刑分界线以下的刑事制裁,从配置来看,自由刑的配置也为100%,其中除了危险驾驶罪仅配置拘役以外,其余所有配置均包括有期徒刑。监禁替代措施是缓刑,缓刑的后果包括缓刑监督、禁止令和社区矫正中的社区培训等制裁措施。可独立适用的非监禁制裁包括管制、罚金、剥夺政治权利、免刑和非刑罚处罚方法。但管制在《刑法》中的配置比例仅有26.4%,可以单处附加刑的罪名比例也不高,免刑和非刑罚处罚方法的适用条件也较窄,总体来看,分界线以下的刑事制裁中,监禁和缓刑是最常用的制裁措施。

对这部分制裁措施,我国近年来《刑法》修正的主要方向是向着

制裁多样化和社会化的方向努力,促进非监禁制裁措施的增加和完善。社区矫正制度和禁止令的增加,改变了缓刑、管制等非监禁自由刑的实质内容。2009 年 9 月,最高人民法院、最高人民检察院、公安部、司法部联合下发了《关于在全国试行社区矫正工作的意见》(已失效),在全国铺开了社区矫正试点工作。2011 年《刑法修正案(八)》将“社区矫正”写入了刑法,分别在管制、缓刑、假释的法条之下,加入了“依法实行社区矫正”的条款,并且在管制和缓刑条款下增设了禁止令制度。2012 年 1 月,最高人民法院、最高人民检察院、公安部、司法部联合下发了《社区矫正实施办法》(已失效),对社区矫正工作进行了详细的规范,禁止令的执行也实际上纳入社区矫正的过程中。2020 年 7 月,《社区矫正法》正式施行,对社区矫正进行了法律上的规范。社区矫正的性质是非监禁自由刑的执行制度,针对的是判处管制、宣告缓刑、假释、暂予监外执行的罪犯。社区矫正制度虽然并不是一个制裁措施,但它的创设改变了非监禁自由刑的实质内容。在增设社区矫正之前,我国的缓刑和管制虽然都规定有一定的监督措施,但执行主体是公安机关。对于缓刑考验期内和管制期间内的一般性义务规定,公安机关对犯罪人的限制力是很弱的,加之基层公安机关警力有限,导致缓刑监督和管制监督往往流于形式。在社会上形成了管制就是“不管不制”,缓刑监督也失之于软,惩罚和预防功能双双弱化的现象。2011 年的刑法修正,将管制和缓刑条款下的“由公安机关执行”修改为了“依法实行社区矫正”,一方面,更改了缓刑和管制的执行主体,由公安机关变为司法行政机关。另一方面,通过订立规范细化和强化了缓刑、管制期间内社区矫正的具体内容,通过新增设的禁止令,以及加入矫正性质的教育培训等具体措施强化了缓刑、管制的惩罚性和预防性功能,还细化了定期报告、违反规定予以警告、撤销缓刑的具体情形和程序等,将监督的实体内容通过程序性的细化规定予以落实。因此,社区矫正和禁止令的增设,使缓刑和管制由原来的仅规定了原则性的义务条款、实际监督流于形式的制裁,变为了具有实质的惩罚性和预防性的制裁内容,并且通过程序性的规定将这些监督落到实处,很大程度上改变了缓刑和管制的面貌。

但我国三年自由刑分界线以下的刑事制裁措施作出上述调整后,依然存在以下问题:

一是缓刑的"监禁替代"功能发挥依旧受限。缓刑作为我国目前刑事制裁中典型的"监禁替代"措施,发挥着调节刑罚力度,促进行刑社会化、开放化、轻缓化的重要功能。并且缓刑是监禁替代的总出口,在其他国家发挥重要监禁替代作用的社区性制裁措施,在我国主要是通过缓刑予以适用的。因此缓刑的适用比例,特别是在三年自由刑分界线以下犯罪中的适用比例,反映了我国监禁替代的实际情况。从2016年全国法院判决生效数据统计可以看出(见表2.4),缓刑的适用基本占到分界线以下犯罪的34.83%,而这部分犯罪中,监禁(有期徒刑+拘役)的比例依然高达60.11%,监禁率依然是缓刑适用率的近2倍。相比之下,德国在2000年前后所有适用自由刑的判决中有69%被宣告缓刑。[①] 以高监禁率著称的美国,在1997年有罪判决中的缓刑适用率占到58%。[②] 而中国三年以下自由刑中缓刑的适用率也才只有34.83%,明显偏低。其背后的原因是复杂的,但笔者认为主要原因有以下两个方面:

一方面与我国的刑罚理念和本土的刑法文化有一定的关联。虽然从上述社区矫正、禁止令等制度和措施的增设,可以看出中国进

① 参见[德]汉斯·海因里希·耶赛克:《为德意志联邦共和国刑法典序》,载《德国刑法典》,徐久生、庄敬华译,中国方正出版社2004年版,第1~32页。

② 参见张旭主编:《英美刑法论要》,清华大学出版社2006年版,第186页。

入21世纪后，无论是从立法实践、行刑探索，还是从理论研究等方面都体现出上层决策人士以及国民的刑罚观念正在由传统重刑化向现代轻缓化方向转变，由报应性正义观向恢复性正义观转变，但传统强调报应和惩罚的刑罚观依旧占据主流。[①] 刑罚观念是文化的一部分，本土文化决定着刑法的价值取向，对犯罪配置及适用多重的刑罚，表面上取决于立法机关，实则很大程度上受制于当地的文化。[②] 在中国判刑就是要"坐牢"的观念依然根深蒂固，对于刑罚的惩罚性的强调依然存在于公众的观念中。而缓刑虽然经过社区矫正制度和禁止令的增设，一定程度上强化了惩罚性，但依然缺乏灵活性和多样性的监督措施，缓刑制度的正义性内容或惩罚力度仍然尚未做到与监禁刑良好衔接。因此导致在中国目前的刑罚文化和理念中，缓刑仅适用于较为轻微的案件，大范围地替代监禁尚难以实现。

另一方面，我国缺乏对再犯危险性或人身危险性的科学评估，限制了对于缓刑适用条件的科学判断。人身或再犯危险性评估在我国起步较晚，目前仍然更多地处于理论层面，实践中的应用十分薄弱。缓刑的适用条件包括"（1）犯罪情节较轻；（2）有悔罪表现；（3）没有再犯罪的危险；（4）宣告缓刑对所居住社区没有重大不良影响"，其中"犯罪情节较轻"是原则性的规定，本身可以适用三年以下自由刑的案件，绝大部分均不属于情节严重的案件。而后三个条件，均涉及犯罪人危险性，具体为人身危险性、再犯危险性和社会危险性。但对犯罪人危险性的评估，长期以来基本上是由法官依据案件事实证据情况，凭借自身的专业素养和办案经验自行评估。随着近年来社区矫正制度的建立，也增设了法院可以委托社区矫正机构或者有关社会组织对犯罪人的社会危险性和对所居住社区的影响，

① 参见王耀忠：《非监禁刑研究》，法律出版社2016年版，第93页。
② 参见魏汉涛：《罪刑关系的反思与重构》，载《政治与法律》2019年第4期。

进行调查评估的相关规定，但实践中，这种调查评估更多地由司法行政机关完成，工作人员专业性不强，且尚未形成一套完备、科学的评估工具和方法，依然处于起步的初始阶段。由于犯罪人危险性是个不确定的因素，缺乏可靠的评估工具和规范性的标准时，便难以准确地判断缓刑的条件，一定程度上导致了我国缓刑的适用率偏低，在批捕、假释的适用中均存在类似问题。

表 2.4 2016 年三年自由刑分界线以下刑罚适用分析

		罪犯人数/人	占分界线以下比例/%
2016 年分界线以下判决情况	三年以下有期徒刑(监禁)	467074	44.41
	拘役(监禁)	165161	15.70
	缓刑	366321	34.83
	管制	9463	0.90
	单处附加刑	23859	2.27
	免予刑事处罚	19966	1.90
	总数	1051844	100

数据来源：《2017 年中国法律年鉴》。

二是管制作为非监禁自由刑，并未起到监禁替代作用。管制是我国唯一在刑罚主刑中明确设置的非监禁自由刑，符合上述总结的“监禁替代”的特征，首先，管制作为主刑不能与监禁刑并科，因此具有替代性；其次，管制的的执行方式具有开放性；最后，管制在我国《刑法》中的配置均是与监禁刑选科适用，具有监禁相当性。因此，管制本应发挥替代和限缩监禁适用的作用。但事实上，管制的适用比例极低。从表 2.4 可以看出，三年自由刑分界线以下的制裁适用中，管制作为主刑的一种，仅有 0.90%，比例不仅低于单处附加刑，甚至低于免刑。究其原因：一方面是惩罚力度和配置比例均不够。

如前所述，当前在我国的制裁体系中，缓刑与管制的制裁内容极其相近，管制与缓刑应当遵守的义务性规定差别不大，从管制与缓刑的执行过程来看，均要依法实行社区矫正。而由于缓刑可以撤销后执行监禁，使管制的惩罚性甚至还不如缓刑。管制的惩罚性低，极大地破坏了管制刑的严肃性，使管制既起不到惩罚的作用，也达不到教育的目的，从而不但不具有报应的功能，甚至连刑罚的特殊预防和一般预防功能都无法实现。[①] 加之管制的配置比例太低，在我国刑法中的配置比例仅有 26.4%，导致管制的适用比例远远小于缓刑，几乎未起到应有的监禁替代作用，甚至是作为一个刑事制裁的作用也难以发挥。另一方面，管制适用原则存在偏差。管制作为限制自由刑，适用于犯罪较轻又不必关押的犯罪分子。如果按照这一标准，管制应是作为拘役的替代措施而适用的，即就犯罪危害性而言，两者适用范围应相同，只是从罪犯人身危险性看而有需关押与不需关押之别。故对前者可适用拘役，对后者则适用管制。若按这一理解，现行管制的适用对象范围应根据罪犯的人身危险性来确定。可我国刑法分则是根据犯罪性质来确定管制适用范围的，这与管制的本质特征有矛盾，[②]导致管制几乎未起到应有的监禁替代功能。

总体来看，我国三年自由刑分界线以下罪犯的惩处，仍然是以实际收监的自由刑为主，监禁替代为辅，单处附加刑为极少数的实际现状。

二、我国自由刑下限的界分现状

我国是否适用剥夺自由的制裁措施的分界线并不在刑事制裁

---

① 参见胡学相、李崧源：《论我国管制刑存在的必要性及其完善》，载《湖北社会科学》2009 年第 11 期。

② 参见马克昌主编：《刑罚通论》，武汉大学出版社 2002 年第 2 版，第 186 页。

中。根据特有的历史文化传统，我国设置了独特的“行政违法—犯罪”二元立法模式，在这一模式中，国家根据违法行为的轻重程度，构建了梯度有序的“治安处罚—刑罚”二元惩治体系。在这个惩罚体系中，剥夺自由的制裁措施并不仅存在于刑事制裁之内，在《治安管理处罚法》中亦有剥夺自由的行政拘留，最长期限为 20 日。而目前世界上主要国家多数都将剥夺自由的惩罚措施限于刑事制裁之内，如之前提到的法国，是否可以适用剥夺自由的制裁是轻罪和违警罪的划分界限。《德国刑法典》中犯罪分为重罪和轻罪两层，自由刑最低适用于轻罪，而《违反秩序法》中的惩罚没有剥夺自由，仅有罚款。美国的《模范刑法典》中，犯罪采取重罪、轻罪、微罪和违警罪的四分法，而剥夺自由的刑事制裁最低适用于微罪，严重程度相当于我国的治安处罚的违警罪，仅适用罚款和其他不具有剥夺自由性质的制裁。在这些国家，剥夺自由的制裁措施承担了一项“界分”功能，作为两类轻重不同的违法犯罪行为的分界线。而我国，剥夺自由的制裁下限下沉到了行政违法中，并未起到这种界分功能。在我国当前二元化惩罚体系下，不仅大量与犯罪行为性质同一的行为被纳入行政处罚的范围作为行政违法行为来处理，而且限制人身自由的拘留也被作为行政处罚的手段，其目的在于利用积极、主动、高效的行政程序代替被动、中立、耗时的司法程序，从快、从严惩治破坏社会秩序的违法行为，维护社会的长治久安，其实质是行政权对司法权的篡夺，[①]导致犯罪人人权无法得到有效保护。

总结以上，我国刑事制裁体系的纵向结构如图 2.3 所示：

① 参见欧爱民：《我国犯罪概念的宪法学透视》，载《法商研究》2006 年第 4 期。

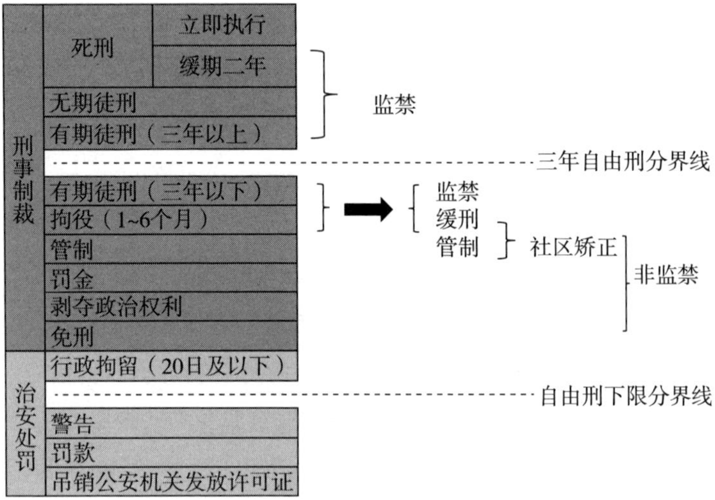

图2.3　我国刑罚的纵向分层现状

总结以上,我国刑事制裁体系的纵向结构有以下问题:一是自由刑没能很好地发挥界分作用。行政制裁与刑事制裁之间的界限模糊。二是不同层级的制裁均偏重。虽说有一定的刑事政策的区分,但是总体上都是依赖监禁的重刑。早在20世纪90年代,储槐植教授就曾对刑罚结构的类型作过如下划分,从过去到未来,刑罚结构可能有五种类型:死刑在诸刑罚方法中占主导地位;死刑和监禁共同在诸刑罚方法中为主导;监禁在诸刑罚方法中为主导;监禁和罚金共同在诸刑罚方法中为主导;监禁替代措施占主导地位。第一种已成历史的过去,第五种尚未到来。中间三种在当今世界中仍存在。死刑和监禁占主导的可称重刑刑罚结构,监禁和罚金占主导的可称轻刑刑罚结构。[①] 由此分类可以看出,目前西方发达国家监禁

① 参见储槐植:《论刑法学若干重大问题》,载《北京大学学报(哲学社会科学版)》1993年第3期。

替代的中间制裁措施发展较快，正处于向以监禁替代措施占主导的结构转变的历史进程中。而在我国的刑事制裁中，死刑正在去中心化，也正在做完善和发展替代监禁措施的努力，其他非监禁措施，如罚金刑，也在增大配置乃至适用的力度，但总体来看，在我国刑事制裁中，无论三年自由刑分界线以上还是以下，均仍然是以监禁为主导的偏重的刑事制裁体系结构。

第三章　刑事制裁体系结构调整之时代缘由

第一节　立法层面：与犯罪化进程之悖

一、我国犯罪化的趋势及其特征

立法上的犯罪化进程，其实质就是犯罪圈不断更新和完善的过程。犯罪化意味着犯罪圈的扩张和刑事法网的严密；而相反，非犯罪化则会带来犯罪圈的限缩。放眼当今世界，虽然刑法谦抑的观念几乎成为主流思想，提倡“非犯罪化”的声音不绝于耳，但在刑事立法层面，出于对极速变化的社会政治、经济形势的积极应对，不论是西方发达国家，还是第三世界的发展中国家，刑事立法几乎均以犯罪化为主要趋势。曾经在20世纪50年代与60年代最先主张和实行非犯罪化的英国，到了70年代后，刑事立法也明显由非犯罪化转向犯罪化。日本立法机关以往“像金字塔一样的沉默”，这种沉默根源于日本相对稳定的社会背景。可是，随着社会的变化，从20世纪80年代末开始，日本立法机关频繁修改刑法典与相关法律，实行大量的犯罪化。[①] 而新中国成立后的刑事立法进程，也无疑是一个刑事法网不断严密的犯罪化过程。可见，犯罪化并不仅仅是某一个国家、某一种政体或某一个经济模式下的个别选择，而是在当代全球政治、经济、科技发展等多重因素的影响下，具有一定历史必然性的选择。而中国的犯罪化趋势既符合这样的犯罪化潮流，又具有中国独有的特征。通过对犯罪化历程的梳理，可以总结出中国犯罪化的特征，对其背后的深层次原因进行深入解读。

（一）中国1979年以来犯罪化历程

经过近代以来长期的列强掠夺和旷日持久的战争，新中国可以说是在积贫、积弱的基础上建立起来的。新中国成立初期废除了以“六法全书”为代表的国民党政权的全部法律，在很长一段时间内，新中国并没有一部完整的刑法，刑事立法主要是通过颁布单行刑法的方式进行，且立法的重点集中在反革命犯罪的惩处上，具有鲜明的时代特征。由于没有完整的刑事立法，因此犯罪圈并不完善，犯罪化的边界较为模糊，是一段为刑法的制定积累经验、摸索过渡的特殊时期。经过17年的立法尝试和实践摸索，新中国第一部完整的《刑法》于1979年7月1日一致通过，并于1980年1月1日起全面实行。1979年《刑法》的颁布，意味着在立法上划定了一个明确的犯罪圈，使得犯罪化和非犯罪化均有了一个相对稳定的参照系。总体来看，从1979年至今，可以将我国的犯罪化进程分为两个阶段：

第一阶段是1979年《刑法》颁布后至1997年《刑法》颁布之前，

---

① 参见张明楷：《网络时代的刑法理念——以刑法的谦抑性为中心》，载《人民检察》2014年第9期。

也就是1979年《刑法》周期。这段时间几乎对应中国改革开放的前20年,是我国经济从原有的计划经济向市场经济转型的关键时期。1979年《刑法》分则包含有8章103条,共设置罪名128个。[①] 但随着中国经济体制改革的启动和不断深入,新的市场行为不断涌现,新的社会冲突不断发生,涉经济和涉财产类犯罪不断翻新;同时经济模式的发展催生了最初的较大规模人口流动,传统犯罪也不断高发。1979年《刑法》在运行中难以全面应对,自1981年开始,至1997年《刑法》颁布之前,我国先后出台了26部单行刑法,以应对快速发展变化的犯罪情势。当时通过这26部单行刑法进行了"大刀阔斧"的犯罪化立法,共新增了58个罪名,[②]针对生产销售伪劣商品,虚开、伪造增值税专用发票,破坏金融秩序,劫持航空器,偷税,抗税,走私,拐卖妇女、儿童,运送他人偷越国边境等大量具有社会危害性的行为增设或补充了相关的规定。这种"刑法典+单行刑法"的犯罪化立法模式,在当时服务改革开放、保障经济发展和社会稳定方面,起到了一定的积极作用。但由于受到1979年《刑法》制定时的立法技术和经验所限,加之我国改革开放后经济社会的发展变化速度之快、形势之复杂确实难以在立法时进行准确的前瞻,虽然之后通过单行刑法不断补充,却难以改变当时我国犯罪圈结构稀

---

① 关于1979年《刑法》罪名数量存在争议,最高人民法院1981年起草的"关于适用刑法分则罪名的初步意见"中认定罪名数为128个,但该意见最终未出台;由于当时没有官方统一的司法解释对1979年《刑法》的罪名进行规范,其后多个教科书中对1979年《刑法》的罪名总结均不尽相同,如1981年司法部统编教材将罪名认定为111个,1989年高铭暄教授等编写的《中国刑法词典》,将罪名归纳为124个,1992年全国法院干部业余法律大学编写的《中国刑法教学大纲》将1979年《刑法》罪名认定为139个。参见《中国刑法词典》编委会编著:《中国刑法词典》,学林出版社1989年版,第480~801页。全国法院干部业余法律大学编写:《中国刑法教学大纲》(试用本),1992年印行,第79~199页。

② 1992年全国法院干部业余法律大学编写的《中国刑法教学大纲》归纳的新增罪名数。

疏、漏洞较多、整体缺乏体系性、局部缺乏合理性等诸多问题。

第二阶段是1997年《刑法》颁布以来,即1997年《刑法》周期。上述"刑法典+单行刑法"共同划定的犯罪圈所存在的问题,在20世纪90年代前后暴露得愈加明显。经过长达10年的酝酿和准备,1997年,我国颁布了一部新的《刑法》。1997年《刑法》分则包括10章共350条,条文数量是1979年《刑法》分则的3倍多。将经济社会发展中大量具有社会危害性的行为均规定为犯罪,罪名增至413个,是1979年《刑法》和其后的单行刑法规定的罪名数的2倍多,①可以说是新中国成立后规模最大的一次犯罪化立法。虽然与1979年《刑法》相比,1997年《刑法》也将一些犯罪行为"非犯罪化",如聚众打砸抢罪、伪造倒卖计划供应票证罪等,但取消的罪名均是与特定国情或计划经济制度相对应的,在改革开放之后随着经济体制改革和社会发展已经明显"不合时宜"的罪名,与大规模的犯罪化相比,实难成为主流。

1997年《刑法》颁布实施之后的20多年来,特别是2001年中国加入世贸组织之后,深化改革扩大开放的步伐加大,经济社会进入了跨越式甚至是飞跃式发展时期。虽然1997年《刑法》颁布时包含计算机犯罪等新型犯罪,加大经济犯罪比重等,已经被认为是较为超前的刑事立法,但面对高速发展的社会形势,除了1998年颁布了一部单行刑法之外,从1999年到2017年,基本是以平均两年一部修正案的速度共颁布了十部刑法修正案,如图3.1所示,每一次修正案的颁布都是一次犯罪化立法的过程,这个阶段采用的就是这种"刑法典+修正案"的犯罪化模式。从图3.2中可以看出,不仅犯罪化趋势十分明显,犯罪化的规模也在逐步递增。截至《刑法修正案

① 1997年《刑法》颁布之前,1979年《刑法》与其后的单行刑法规定的罪名已经共有190余个。

(十)》,我国刑法的罪名总数已经达到469个。这个数字约是1979年《刑法》颁布之初128个罪名的3.7倍。从1979年至2017年,几乎以平均每年新增9个罪名的速度在推进犯罪化进程。

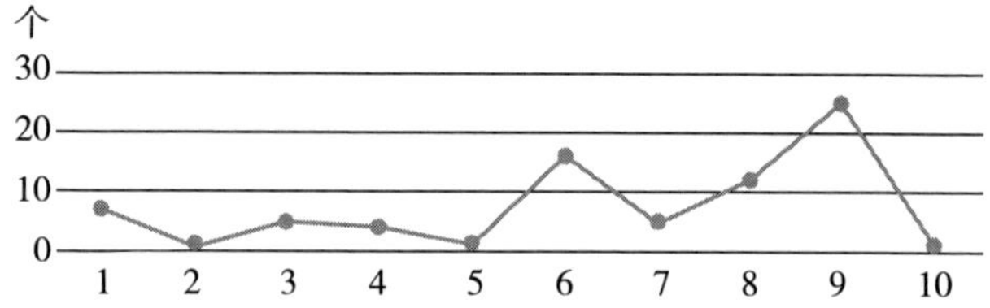

图3.1 历次刑法修正案修改罪名数量

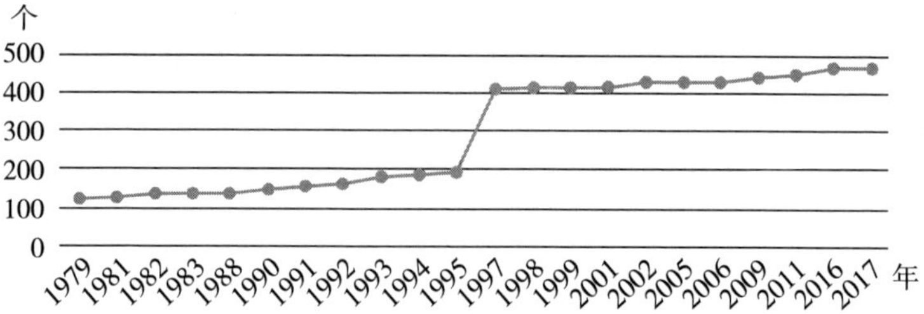

图3.2 1979~2017年中国刑法罪名数量变化

从犯罪化的方式来看,既可以体现为上述的新增罪名犯罪化,也可以体现为修改和扩充犯罪构成要件加以犯罪化。大致可以归类为以下几种情形:一是增设客观行为类型,如增加盗窃、敲诈勒索等犯罪的行为类型,将多次犯、扒窃等入罪,这种犯罪化的方式不胜枚举,包括危险驾驶罪,扰乱法庭秩序罪,伪造、变造、买卖身份证件罪,扰乱无线电通讯管理秩序罪等诸多犯罪。二是增加行为对象,如将强制猥亵犯罪的对象由“妇女”改为“他人”,从而将强制猥亵妇女罪也更名为强制猥亵罪,极大地扩张了该罪名保护的对象范围。三是扩张行为主体范围,如将非法提供、获取公民个人信息罪的主体从特殊主体变更为一般主体;将拒不执行判决、裁定罪的主体由自然人扩展到包括单位犯罪;将强迫职工劳动罪的主体从单位扩展到包括自然人等。四是修改行为的主观要件,如将非法收购、运输盗伐、滥伐林木罪的"以牟利为目的"的主观构成要件要素取消。五是其他降低入罪门槛的方式,如删除一些归责阻却事由,将收买被拐卖的妇女、儿童罪中,"按照被买妇女的意愿,不阻碍其返回原居住地"从免责事由修改为从宽处罚的情节等。从表3.1中可以看出,采用扩充方式修改的罪名达到76个,占到总罪名数的16.2%。

表3.1　刑法修正案扩充罪名方式统计

扩充方式	修改罪名数/个	总罪名中占比/%
增设客观行为	29	6.2
增加行为对象	18	3.8
扩张行为主体	15	3.2
修改主观要件	3	0.6
其他方式扩充	11	2.3
合计	76	16.2

表3.2　刑法修正案扩充罪名数统计

单位:个

名称	刑法修正案	刑法修正案(二)	刑法修正案(三)	刑法修正案(四)	刑法修正案(五)	刑法修正案(六)	刑法修正案(七)	刑法修正案(八)	刑法修正案(九)	刑法修正案(十)
涉及罪名	7	1	5	4	1	16	5	12	25	1

从犯罪化的主体上看,除了制定刑法、发布单行刑法和修正案的立法行为之外,最高司法机关的司法解释也在犯罪化过程中起到重要作用。司法解释对于法条的扩张或者限缩解释,可直接对犯罪

圈的大小进行调节。而司法解释虽然是最高司法机关作出的,但在司法实务工作者的眼中,其效力几乎与法条等同。我国许多行为的犯罪化都是通过司法解释的方式完成的。例如贪污、受贿罪,最高人民法院、最高人民检察院针对《刑法修正案(九)》中的"数额+情节"量刑模式进行了司法解释,不仅明确了数额,而且对入罪"情节"进行了列举规定,其中的"多次索贿"等行为,在此前如达不到数额标准是不构成犯罪的,但司法解释却将此种行为类型结合较低的数额标准入罪。以侵犯公民个人信息罪为例,最高人民法院、最高人民检察院于2017年5月8日发布《关于办理侵犯公民个人信息刑事案件适用法律若干问题的解释》(以下简称《侵犯个人信息刑事解释》),对侵犯公民个人信息犯罪的定罪量刑标准作了具体的规定,并对长期存在争议的"公民个人信息""违反国家有关规定""提供公民个人信息"等范畴作出了界定,为司法适用提供了明确的依据。从该司法解释的内容来看,依然体现出最高人民法院、最高人民检察院从严打击侵犯公民个人信息罪的意图。一是《侵犯个人信息刑事解释》扩大"个人信息"的范围。《侵犯个人信息刑事解释》规定,公民个人信息,"是指以电子或者其他方式记录的能够单独或者与其他信息结合识别特定自然人身份或者反映特定自然人活动情况的各种信息,包括姓名、身份证件号码、通信通讯联系方式、住址、账号密码、财产状况、行踪轨迹等"。这个定义将2016年出台的《网络安全法》关于"个人信息"的定义的外延范围进一步扩大。① 二是将"非法收集"等同于"非法获取",降低了入罪门槛。《网络安全法》将非法收集和非法获取两个概念进行了区分,而《侵犯个人信息刑事解释》第4条将非法收集行为解释为非法获取,进而将非法收集

① 参见陈璐:《论〈网络安全法〉对个人信息刑法保护的新启示——以两高最新司法解释为视角》,载《法治研究》2017年第4期。

信息行为进行了入罪化处理。有学者认为,“《侵犯个人信息刑事解释》将非法收集个人信息行为进行入罪化处理的步伐大大超前了”。[①]

(二)中国犯罪化的显著趋势

从上述1979年以来中国犯罪化历程总结可以看出,我国的犯罪圈经历了一个从建立到逐渐严密的过程,总体上是与中国的经济社会发展相对应的。

1. 经济犯罪在较长时期内成为犯罪化的主流。改革开放之初适应计划经济模式而制定的1979年《刑法》中,“破坏社会主义经济秩序罪”一章的罪名仅有15个,约占到当时罪名总数的11.72%,这个罪名数量在分则8章中仅排名第五。其后的单行刑法在司法实践中经济犯罪罪名“捉襟见肘”的情况下,对大量危害经济秩序的行为进行补充的犯罪化处理。1997年《刑法》的第三章将章名中加入了“市场”,改为“破坏社会主义市场经济罪”,条文罪名达到93个,占罪名总数的22.52%,数量仅次于罪名数最多的第六章“妨害社会管理秩序罪”,通过表3.3的对比也可以看出,分则各章中,经济犯罪的增长比达到了526.67%,扩张幅度之大是各章所不能及。进入1997年《刑法》运行周期后,《刑法修正案(八)》以前,我国行政违法行为犯罪化主要集中在市场经济秩序领域,数量约占入罪条文总数的36.1%。[②] 这与我国国内市场行为不断发展完善,新的经济犯罪类型不断涌现,危害经济秩序行为亟须规范等原因息息相关。

---

① 陈璐:《论〈网络安全法〉对个人信息刑法保护的新启示——以两高最新司法解释为视角》,载《法治研究》2017年第4期。

② 参见罗华:《行政违法行为犯罪化的完善——兼评我国刑法几次修正案的有关规定》,载《河北法学》2018年第2期。

表 3.3　1979 年《刑法》与 1997 年《刑法》分则罪名数量对比

1979 年《刑法》		1997 年《刑法》		罪名增减幅度	增减比（增加罪名数/原有罪名数）/%
分则章名	罪名数/个	分则章名	罪名数/个		
反革命罪	20	危害国家安全罪	12	-8	-40
危害公共安全罪	20	危害公共安全罪	42	22	110
破坏社会主义经济秩序罪	15	破坏社会主义经济秩序罪	93	79	526.67
侵犯公民人身权利、民主权利罪	23	侵犯公民人身权利、民主权利罪	37	8	27.59
妨害婚姻、家庭罪	6				
侵犯财产罪	9	侵犯财产罪	12	3	33.33
妨害社会管理秩序罪	26	妨害社会管理秩序罪	119	93	357.69
		危害国防利益罪	21	21	
渎职罪	9	贪污贿赂罪	12	36	411.11
		渎职罪	34		
		军人违反职责罪	31	31	
合计	128		413	285	222.66

2. 社会管理秩序方面的犯罪增加。《刑法修正案（八）》以后，我国犯罪化的重点开始转变，行政违法行为犯罪化的领域从原来的主要集中于经济犯罪领域转变为社会管理秩序领域，数量约占入罪条文总数的27.9%。[①] 新增罪名包括使用虚假身份证件、盗用身份证

① 参见罗华：《行政违法行为犯罪化的完善——兼评我国刑法几次修正案的有关规定》，载《河北法学》2018 年第 2 期。

件罪，组织考试作弊、非法出售、提供试题、答案罪，替考罪，拒不履行网络安全义务罪，扰乱国家机关工作秩序罪，故意传播虚假信息罪，虚假诉讼罪，侮辱国歌罪等。这其中值得一提的是环境犯罪的治理早期化修改。《刑法修正案（八）》将1997年《刑法》增设的重大环境污染事故罪修改为污染环境罪。将该罪由过失犯，修改成了主观方面兼容故意和过失两种罪过形式。修改后的客观方面也不要求必须具有实害结果，而是将违反国家规定排放、倾倒或者处置有放射性的废物、含传染病病原体的废物、有毒物质或者其他有害物质，严重污染环境的行为，直接入罪。这实质上是从实害犯变为了危险犯。而随后2013年最高人民法院、最高人民检察院对于环境污染犯罪适用问题发布了《关于办理环境污染刑事案件适用法律若干问题的解释》（已失效），将"严重污染环境"解释成为14项行为。为了更加有效治理环境污染犯罪，最高人民法院、最高人民检察院于2016年又发布了《关于办理环境污染刑事案件适用法律若干问题的解释》，废止了2013年的司法解释，把污染环境罪的入罪标准由原来的14项增加至18项，其中行为犯由原来的5项增加至7项，刑法干预的早期化和前置化趋势明显。

3.涉信息网络新型犯罪增加。随着中国工业化进程的深入，特别是互联网和信息科技的普及，一些利用网络、针对网络实施的犯罪行为不断增多。这其中包括许多传统的犯罪行为以互联网为场域或者工具而实施的犯罪，但也有新增的危害社会的行为类型，将这些行为犯罪化成为新近的趋势。以侵犯公民个人信息犯罪为例，2009年2月28日出台的《刑法修正案（七）》在《刑法》第四章"侵犯公民人身权利、民主权利罪"中增设了"出售、非法提供公民个人信息罪"和"非法获取公民个人信息罪"，是互联网大数据时代针对侵犯公民个人信息行为入刑的最初尝试，《刑法修正案（九）》对该罪名进行了修改,扩大了侵犯公民个人信息犯罪的惩处范围,体现在:一是扩大了犯罪主体。将出售、非法提供公民个人信息的主体由之前的特殊主体,修改为一般主体。二是客观方面扩大了行为范围。由于主体的变化,首先对于出售和提供信息的获得途径不再做限制,不再要求信息的获得与职务和职权相关;其次将“违反国家规定”修改为“违反国家有关规定”。除此之外,在《刑法修正案(九)》中,还增设规定了拒不履行信息网络安全管理义务罪、非法利用信息网络罪、帮助信息网络犯罪活动罪、故意传播造假信息罪等多个与信息网络安全相关的罪名。这些都是在信息网络技术不断发展过程中,刑法作为打击和控制犯罪的重要武器而积极应对的具体尝试,相信随着信息化革命的深入,将会愈加成为我国犯罪化的趋势和潮流。

4.恐怖主义等极端安全威胁回应增强。恐怖主义活动已对全球安全造成严重威胁,给各国的刑事立法均带来了回应公众对社会安全保障的需求。世界范围内近两年平均每月发生100多起暴恐事件,造成了巨大的人员伤亡和财产损害,恐怖主义已成为不可预测的常态化新型威胁。[①] 通过近年发生的新疆“7·5”事件、广州火车站事件、昆明火车站事件等恐怖主义活动,我们也能够明显看出恐怖主义犯罪在我国较为猖獗。[②] 这种形势之下,恐怖活动的刑事立法扩张已是迫切需求。事实上,与欧美主要国家相比,我国的恐怖主义活动立法还是起步较晚,相对审慎的。在1997年之前,由于我国恐怖主义活动较少,我国刑法没有对恐怖主义犯罪的规定。随着恐怖袭击发生的次数越来越多,对此类行为进行规制的必要性凸

---

① 参见康均心、李迎春:《我国恐怖主义犯罪立法扩张及其边界——兼议“安全刑法观”之提倡》,载《刑法论丛》2018年第1期。

② 参见梅传强、张永强:《我国恐怖活动犯罪的现状、特征及防控对策》,载《北京师范大学学报(社会科学版)》2015年第6期。

显,1997年《刑法》首次设置了“组织、领导、参加恐怖组织罪”,由此开始,我国刑法对恐怖主义犯罪的立法研究开始逐渐增多。美国的“9·11”事件在全世界范围内强化了对恐怖活动的本质和危害性的认识,我国也随即在2001年颁布了以反恐怖主义为主要内容的《刑法修正案(三)》,吹响了恐怖主义犯罪化扩张的号角。我国恐怖主义行为犯罪化体现在以下方面:首先是增设新的恐怖主义犯罪罪名。《刑法修正案(三)》增设了资助恐怖活动组织罪。《刑法修正案(九)》更是增设了7个涉恐罪名,根据恐怖主义组织中存在许多不同的分工,将与恐怖主义相关联的组织和参与、帮助行为,都进行了入罪处理。其次是对原有罪名进行了修改和扩充。如《刑法修正案(三)》将恐怖主义犯罪行为规定为洗钱犯罪的上游犯罪行为,目的在于切断恐怖主义犯罪的经济链条,限制涉恐资金的往来。《刑法修正案(九)》又修改扩充了《刑法》第120条的涉恐罪名,将资助恐怖活动培训的行为规定为犯罪,将招募、运送恐怖组织成员的帮助行为入罪。经对《刑法》第120条的大幅修改,该条罪名由资助恐怖活动罪变更为涵盖更广的帮助恐怖活动罪。《刑法》第311条拒证罪并没有关于恐怖主义的内容,在修改后把拒绝向司法机关提供恐怖主义、极端主义犯罪证据,情节较为严重的行为,直接规定为犯罪。从以上的立法梳理可以看出,我国恐怖主义犯罪法网经历了从无到有、从粗疏到严密的发展轨迹,体现出刑事处罚前置化、预备行为、帮助行为正犯化等鲜明特征,这与国际反恐立法的主流趋势是相吻合的,正如德国学者乌尔里希·齐白指出,恐怖活动作为新型风险,致使民众对安全保障有了更高的诉求。这一事实促进了新的刑事立法,使得对自由的保障基于对安全的需求而有所弱化。[①] 从社会安全与风险

---

① 参见[德]乌尔里希·齐白:《全球风险社会与信息社会中的刑法:二十一世纪刑法模式的转换》,周遵友、江溯等译,中国法制出版社2012年版,第197~198页。

分担的角度考察,刑法的防线无疑是不断地向前推进。

从以上我国刑法犯罪化历程和趋势可以总结出,我国的犯罪化存在以下特征:

1. 轻微犯罪行为入刑渐成趋势。随着中国社会主义市场经济制度逐渐完善和稳定,我国多年以经济犯罪为重点的犯罪化立法开始呈现出新的特征。并且从近几次刑法修正看,法定最高刑在3年以下有期徒刑的轻罪入刑的趋势较为明显。《刑法修正案(八)》增设了危险驾驶罪,将原本仅受到行政处罚的行为犯罪化处理。除了增设新罪名,还将原有传统犯罪的规制范围进行了扩张,如将属于盗窃罪中具体行为方式的入户盗窃、携带凶器盗窃和扒窃单列出来,取消了数额和次数的要求,仅以特定行为类型入罪,这意味着原本按照《治安管理处罚法》处罚的盗窃行为现在会作为犯罪来定罪处罚,但是刑罚并没有调整。相类似的还有敲诈勒索罪增加了"多次实施"的入罪规定。由此开启了我国轻微罪入刑的立法尝试。①

《刑法修正案(九)》则在轻微犯罪行为入刑这个方向上走得更远,在其新增的20个罪名中,法定刑在3年以下自由刑的有11个,占总数的一半多,法定刑最高刑超过3年在7年以下的有5个,法定最高刑达到10年以上的仅有4个。《刑法修正案(九)》新增罪名中轻罪的占比,也是历次刑法修正中最高的。一方面,此次修法再次增加轻微犯罪罪名,将使用虚假身份证件、盗用身份证件罪,组织考试作弊、代替考试罪等原有的行政违法行为入罪。另一方面,将一部分犯罪降低入罪标准或扩充入罪行为类型,包括危险驾驶罪,伪造、变造、买卖身份证件罪,非法生产、销售专用间谍器材、窃听、窃照专用器材罪,扰乱无线电通讯管理秩序罪,扰乱法庭秩序罪等犯

---

① 参见唐煜枫、王明辉:《行政违法与刑事犯罪界分的立法选择》,载《辽宁大学学报(哲学社会科学版)》2017年第4期。

罪等。轻微犯罪行为入刑的趋势,无疑是将刑法与行政法的边界下移,也使得行政处罚和刑罚的边界变得较为模糊。

2. 法定犯比例明显上升。转型时期的中国,社会形势复杂多变,国家对社会管理的内容和范围也在不断地扩张,导致犯罪化的罪名中,自然犯的增加和扩张占据少数,多数都是基于经济社会管理需要而增设的法定犯。这是一个世界性的趋势,而中国自然也不例外。在我国《刑法》中,法定犯较为集中地遍布于危害公共安全罪(第二章)、破坏社会主义市场经济秩序罪(第三章)、妨害社会管理秩序罪(第六章)、渎职罪(第九章)等各章中,从表3.4中可以看出,1997年《刑法》颁布以来,经过历次修正案的犯罪化扩张,增加罪名比例和数量最多的依次是第六章、第三章和第二章,这三章净增加罪名数量占比达到增加罪名总数的78.18%,而这三章都是侧重于对经济、社会秩序进行管理和维护的法定犯罪章节。对此,早在2007年有中国学者断言"法定犯的时代已经到来"①。

表3.4 1997年、2011年、2017年刑法分则罪名数量变化

单位:个

章名	1997年年底罪名数	增加罪名数	变更罪名数	废止、减少罪名数	2011年年底罪名数	增加罪名数	变更罪名数	废止、减少罪名数	2017年年底罪名数	净增加罪名数
第一章	12	0	0	0	12	0	0	0	12	0
第二章	42	5	5	0	47	5	1	0	52	10
第三章	94	16	17	2	108	0	0	0	108	14
第四章	37	6	0	1	42	0	3	0	41	4

① 李运平:《储槐植:要正视法定犯时代的到来》,载《检察日报》2007年6月1日,第3版。

续表

章名	1997 年年底罪名数	增加罪名数	变更罪名数	废止、减少罪名数	2011 年年底罪名数	增加罪名数	变更罪名数	废止、减少罪名数	2017 年年底罪名数	净增加罪名数
第五章	12	1	0	0	13	0	0	0	13	1
第六章	119	6	6	0	125	14	6	1	138	19
第七章	21	2	1	0	23	0	1	0	23	2
第八章	12	1	0	0	13	1	0	0	14	2
第九章	34	4	3	1	37	0	0	0	37	3
第十章	31	0	0	0	31	0	1	0	31	0
总计	414	41	33	4	451	21	12	1	469	55

法定犯弱化了犯罪的道德色彩，带来了对违法性认识、法益理论的巨大挑战，学者们发现，在法定犯爆发性立法的年代，很难找出类似于自然犯明确的入罪标准。甚至有学者批评法定犯和行政犯的存在似乎在刻意回避犯罪的实质根据。正如法定犯没有与英美法系犯罪化的实质标准——伤害原则联系起来，围绕行政犯的讨论，似乎也在刻意回避作为德国刑法犯罪化的实质标准——法益。甚至，法定犯和行政犯在某种程度上被刻意用来“庇护”那些无法通过犯罪化实质标准的犯罪，为单纯满足某些形式要件的实定刑法提供存在的空间。① 显然，法定犯的增加给犯罪论带来了较大的挑战，同时法定犯的犯罪人与自然犯的犯罪人特征也不尽相同，对刑事制裁适用的目的、方法、处遇和改造方案等也相应提出不同的要求。

3. 危险犯有增多的趋势。我国对污染环境犯罪、危险驾驶犯罪

① 参见陈金林：《法定犯与行政犯的源流、体系地位与行刑界分》，载《中国刑事法杂志》2018 年第 5 期。

以及产品责任领域犯罪的修改和增设,使得危险犯增多并进入了犯罪化的讨论视野。这种危险犯的犯罪化进程有两种形式:[①]一种是从结果犯变为具体危险犯,如前面提到的将重大环境污染事故罪修改为污染环境罪,事实上就是将该罪由实害犯修改为具体危险犯,另一种是将具体危险犯修改为抽象危险犯,如生产、销售假药罪原规定要求"足以严重危害人体健康"才能构罪。但《刑法修正案(八)》将该要件废除,即只要实施了生产、销售假药的行为就构成犯罪。对于危险驾驶罪一般也认为属于抽象危险犯的范畴。危险犯的增多带来了主观罪过、归责原则等各方面的理论争论,甚至是流变。一般认为危险犯特别是抽象危险犯使得主观的认识内容由结果本位转向行为本位,也就是说将指向结果的故意和过失拓展为可以包括指向行为本身的行为故意、行为过失。[②] 而这与传统犯罪差别十分明显,传统故意犯的本质在于对法规范的敌对意思,具有对法益侵害的决意,但行为人从事行为的意欲(行为决定或行为决意)并不等同于侵害法益的意欲。[③] 而危险犯恰恰是要将主观罪过更多的引向对行为本身的认识。这也导致了以心理因素为基础的、主观的、个体的罪责论,在危险犯的语境下,有为规范导向的、客观的、社会的罪责论所取代的趋势。[④] 在这样的趋势下,针对危险犯强调的刑罚的报应和特别威慑似乎都难以达到刑罚的目的,处遇方案中的矫正、改造的重点也将异于传统自然犯,显然给我国原有的主要建

---

① 参见梁根林:《刑法修正:维度、策略、评价与反思》,载《法学研究》2017年第1期。

② 参见焦旭鹏:《风险刑法的基本立场》,法律出版社2014年版,第157页。

③ 参见劳东燕:《风险社会中的刑法:社会转型与刑法理论的变迁》,北京大学出版社2015年版,第190页。

④ 参见劳东燕:《风险社会中的刑法:社会转型与刑法理论的变迁》,北京大学出版社2015年版,第372页。

立在报应观念基础上的重刑结构带来了巨大挑战。

(三)推动犯罪化进程的深层次原因

1. 经济社会高速发展中严密法网的客观需要

犯罪化跟经济社会的高速发展存在密不可分的关系。法国社会学家迪尔凯姆认为,犯罪同社会生活的基本条件联系在一起。随着社会从低级类型向高级类型发展,犯罪行为不是呈下降趋势,相反到处都有增无减。① 工业革命的到来表示与旧的社会秩序的决裂,代之以新的生活方式,结果就出现了各种不同的犯罪类型。以工业化和城市化为重要成果的现代化,从犯罪严重程度、犯罪的方式、犯罪地区分布和犯罪分子性质等各个方面影响着犯罪,使得犯罪已经成为现代化最明显和最重要的代价之一。② 中国改革开放以来,社会生活发生了彻底变化,在经济上,由计划经济转向市场经济;在社会类型上,由传统的农业社会转向现代农业及工业化社会;在构成社会的基础上,由以伦理道德为基础的"人治"社会转向民主法制社会。③ 中国用40年的时间,实现了人类历史上规模最大、速度最快、行业领域最广的一次工业化进程。城市化水平也高速增长,进入21世纪以来,我国城市化率每年增加一个百分点,比改革开放之前增加了2.6倍,随之而来的就是刑事犯罪立案数增长了10.4倍。④ 除了已有罪名犯罪率的增加,出于对社会治理的需要,不断扩大犯罪

---

① 参见[法]E. 迪尔凯姆:《社会学方法的准则》,狄玉明译,商务印书馆1995年版,第82~86页。

② 参见[美]路易斯·谢利:《犯罪与现代化》,何秉松译,中信出版社2002年版,第3~39页。

③ 参见刘燕、万欣荣:《中国社会转型的独特性分析》,载《中国经济问题》2011年第5期。

④ 参见吴鹏森:《改革开放以来的中国城市化与犯罪变化——基于一种比较的视角》,载吴鹏森、章友德主编:《城市化、犯罪与社会管理》,社会科学文献出版社2013年版,第1~14页。

圈，严密刑事法网，就成了必然需求。正如美国学者吉本斯指出，“刑法具有历史性”。[①] 中国的犯罪化进程可以说与工业化和城市化的进程基本吻合。在向市场经济转型的建设时期，出现大量的扰乱经济的不规范市场行为，且在城市化进程中，侵财犯罪也在大量的增加，因此在1979年《刑法》的整个周期及1997年《刑法》颁布后的一些年，增加规范市场行为的经济类犯罪和对于侵犯财产类犯罪的扩充、解释、细化成为主要的犯罪化内容。当市场经济相对稳定发展之后，传统犯罪和暴力犯罪出现放缓的趋势，但随之而来的是各种新型犯罪行为的出现，如经济多年高速增长带来的环境犯罪的附随“恶果”，随着通信网络技术发展而带来的新型网络犯罪、智能犯罪等，刑法犯罪化的方向随即转向新类型犯罪。成熟的市场体制需要成熟的法律体系作为保障，随着经济社会的发展也需要刑法不断严密法网，为发展提供越来越成熟的法治保障。正如黑格尔所言，每一部刑法都属于特定的时代，属于该时代市民社会的状况。因此，在当前的犯罪形势和刑法立法状况下，犯罪化将是今后相当长一段时期内我国刑法立法的必然趋势，这也是符合时代精神的必然选择。

2. 风险社会下刑事立法的积极回应

随着现代化科技和信息网络技术的迅猛发展、经济全球化进程带来的风险全球化、跨国有组织犯罪和恐怖活动的猖獗滋生，风险社会悄然来临，当人们纷纷开始讨论它时，就发现已经置身于风险社会之中。“个体化”与“自反性”现代化的特征在现实社会中越来越多的体现，[②]民众对安全的期待不断增强，这就要求刑法在调整传

---

① Don C. Gibbons, *Society Crime and Crimeinal Behavior*, prentice-hall, inc., 1987, p. 52 - 53.

② 参见刘涛：《刑罚研究中的社会理论：历史演进与运用前景》，载《法制与社会发展》2018年第5期。

统社会关系的同时,必须不断延伸自己的触角,使法益保护扩大化、提前化,基于国民安全的需要,刑法的任务在不知不觉中开始从保护法益向保护国民的安全感与信赖感过渡。① 刑法体系向预防目的的调整,乃至安全刑法的日益崛起,其本质在于用自由换安全,即社会成员用牺牲部分权利与自由为代价,来换取安全的社会生活。② 我国近年来对危险驾驶行为、环境污染行为和恐怖犯罪行为的刑法罪名调整,多多少少都体现着对于风险社会需要的回应,将预备行为、帮助行为单独定罪的做法也体现了法益保护的提前化和刑法预防功能的被倚重。这种情况下,刑法出现了行政化的倾向,对于一些轻微的违法行为,如危险驾驶、替考等行为,均纳入了犯罪圈,这种倾向必然导致更多的轻微刑事犯罪的出现。环境犯罪和环境刑法的观念也是社会变动的结果,农业社会转为工业社会的过程中,环境破坏的代价在所难免。从工业化起步较早的英、美来看,老牌工业霸主英国从 1855 年《地下水利用法》就开始了环境方面的立法,之后不断完善相关法律体系。美国在 1948 年颁布《水污染法》,后来通过不断修订形成许多的环境立法。而当代世界各国关于环境犯罪的罪名均在不断增加,而且范围也更加精细,从以前水污染延伸到大气、废物、噪声等干扰。而且环境犯罪也并非都局限于发生在一国之内,跨国的环境犯罪问题正引起国际法学者的关注。③ 而我国对于环境犯罪的立法和扩张可以说是与改革发展的进程相伴随的,环境污染带来的损害以及可能带来的巨大风险,使得立法者从战略选择的立场上对污染环境犯罪进行了治理早期化的立法。新的安全需要势必增加法定犯的数量,进而导致犯罪形态的结构性

① 参见魏汉涛:《风险社会的刑法风险及其防范》,载《北方法学》2016 年第 6 期。
② 参见劳东燕:《风险社会与变动中的刑法理论》,载《中外法学》2014 年第 1 期。
③ 参见孙战国:《犯罪化基本问题研究》,中国法制出版社 2013 年版,第 184 页。

变化，这对犯罪构成理论既带来了新的挑战又提供了变革的机遇。[①]刑法，也从一种保障公民基本生活秩序的规范体系扩张为一种预防性的规制体系，从一种压制性与自治性法转变为回应性法。尽管刑法的任务依然是保护法益，但刑法已经变成一件工具，正在成为全新的综合性安全框架的一部分。[②] 在这种情况下，刑事立法者更多地会秉持功能主义的积极立法观，犯罪化也就成为了不二选择。危险犯和法定犯的增加是风险社会刑法的必然要求，因此要警惕和防止刑事制裁和刑事政策上的“过重”倾向。

3. 劳教废除需刑法“接管”部分违法行为

劳教的废止使我国原有的惩治违法犯罪的“治安处罚—劳教—刑罚”三元体系变为了“治安处罚—刑罚”二元体系。后劳教时代，对于原由劳动教养制度规制的违法行为进行分流，部分由治安处罚接管，部分由刑法来接管，也必然导致一些轻微的违法犯罪行为入刑。《刑法修正案（八）》增设三种盗窃罪行为类型，特别是将扒窃入罪，《刑法修正案（九）》增设多个妨害社会管理与司法秩序的犯罪，都是应劳动教养被废止后社会治理和社会控制的需要，而在刑事立法上作出的特别安排。[③] 由于我国犯罪“定罪 + 定量”的规定模式，我国的犯罪圈本就较为狭窄且偏重罪，国家权力配置又向来是行政权强司法权弱。与世界上绝大多数国家盛行的“大刑法、小行政法”的立法模式不同，我国规范犯罪与行政违法行为的立法模式呈现出“小刑法、大行政法”的特征，具体表现为刑法中规定的犯罪数量比

---

① 参见李运平：《储槐植：要正视法定犯时代的到来》，载《检察日报》2007 年 6 月 1 日，第 3 版。

② 参见［德］汉斯·约格·阿尔布莱希特：《安全、犯罪预防与刑法》，赵书鸿译，载《人民检察》2014 年第 16 期。

③ 参见梁根林：《刑法修正：维度、策略、评价与反思》，载《法学研究》2017 年第 1 期。

较少，刑法调控的范围较窄，行政违法行为的数量多、处罚范围广。[①] 而随着劳教的废除和法治的发展，必然会使得权力得到分离，方向将是司法权加强、行政权受到限制，而将大量由行政权限制人身自由的行为通过轻微犯罪的形式纳入刑事犯罪的范围，契合法治发展的时代主题和国际趋势。我国在构建"严而不厉"的刑法结构的过程中，将逐渐把部分严重的行政违法行为入罪处理，形成刑法中的轻罪体系，随着限制和剥夺公民人身权利的行政性处罚刑事化，犯罪范围必然逐渐扩张，这是一个不可避免的趋势。[②]

二、犯罪化之下刑事制裁体系结构的不适应性

1997年《刑法》颁布之后，14年的时间内，经过多次刑法的修正，我国的刑事制裁体系结构基本保持不变。一直到《刑法修正案（八）》和《刑法修正案（九）》才涉及刑事制裁调整的修改内容，但总体上并未大幅度地改变我国刑事制裁以监禁刑为主的偏重结构。刑事制裁制度几十年缺乏发展的这种状况，不仅与国际社会这些年来刑事制裁方面的蓬勃发展不相吻合，更难满足通过科学适用刑事制裁来打击犯罪、保护社会、保障秩序的需要，使得刑法的任务的完成受到了很大制约。

犯罪圈的变化导致了我国犯罪罪名结构的变化，这种变化对刑事制裁体系的影响，特别是对刑罚体系的影响，本质上关乎立法上的罪刑关系问题。但对比考察中国的犯罪化趋势和刑事制裁体系结构调整，发现立法上的罪刑制约关系并未得到良好的体现。

---

①　参见罗华：《行政违法行为犯罪化的完善——兼评我国刑法几次修正案的有关规定》，载《河北法学》2018年第2期。

②　参见陈兴良：《犯罪范围的扩张与刑罚结构的调整——〈刑法修正案（九）〉述评》，载《法律科学（西北政法大学学报）》2016年第4期。

(一)以罪制刑未予合理体现

在罪刑关系中,以罪制刑作为一个传统的基本命题,是罪刑关系的支柱所在,是罪刑关系的逻辑呈现,也是罪刑关系暨刑法学体系的首要命题。[①] 贝卡里亚就曾经论述,“犯罪因为所侵犯的社会利益不同而存在由重到轻的次序排列阶梯,因此,立法者应该将刑罚也按由重到轻的次序排列阶梯,并将重刑分配于重罪,轻刑分配于轻罪,使刑序与罪序相结合”。[②] 这也成为“以罪制刑”的经典论述,其提出的背景正是为了防止同时代西方封建社会产生的罪行擅断,因此罪刑法定和罪刑对称原则得到了极力提倡。这种观点得到了近代刑法的普遍接受,我国刑法中随着罪刑法定和罪刑均衡原则的确立,可以说以罪制刑也得到了确认。而以罪制刑的核心在于犯罪与刑罚应是一种对应关系,相应的立法上犯罪结构的改变,也会影响到刑罚结构的改变。综观我国的犯罪化进程,在立法上我国犯罪罪名的结构正在发生改变,表现为轻罪增多、法定犯增多、危险犯增多等,总体上是一种犯罪圈趋严的立法趋势,而从犯罪比例结构上看,新增的法定犯、危险犯等多为较轻的犯罪,三年有期徒刑以下的轻罪占比正在逐渐增加。而我国以刑罚为主的刑事制裁体系结构仍属于以自由刑为主的重刑结构,且调整的目光仍集中在“加重生刑”和“死刑替代”之上,虽有社区矫正、禁止令等非监禁制裁措施的增设,但缓刑作为监禁替代的统一入口,适用率过低,整体上限制了监禁替代的效果,未能为非监禁措施功能的发挥充分助力,对于轻罪相对应的管制、拘役这样的轻刑更是较少调整。导致与行政处罚

---

① 参见赵运峰:《刑罚反制罪名——罪刑关系的发展与反思》,载《河北法学》2013 年第 2 期。

② [意]贝卡里亚:《论犯罪与刑罚》,黄风译,中国大百科全书出版社 1993 年版,第 66 页。

措施灵活多样相比较，刑事制裁的手段较为单一，似无法有效应对刑法行政化扩张引入的轻罪。而保安处分更是尚未在刑事法律框架下进行体系化的构建，刑事制裁体系结构的调整呈明显滞后状态。

（二）以刑制罪功能难以发挥

犯罪和刑事制裁作为刑法的两个基石范畴，二者的关系应进行辩证地考察。近年来，作为刑事制裁主体的刑罚制约和影响犯罪的“以刑制罪”理论越来越受到重视。从两者（犯罪与刑罚）之间的对应关系看，若仅仅停留于刑罚是犯罪发生后必然引起的法律后果这一认识上，除了对简单表象能作直观描述外（有罪应罚、有罪必罚），并不能在基础理论构造方面获得任何有价值的信息。[①] 在犯罪与刑罚的静态联系上，正是立法者以刑罚的制裁手段去评价危害行为，才从危害行为中分离出了法律上的犯罪概念。[②] 而刑事可罚性是立法者将一个行为入罪的重要考量标准，现有刑事制裁的轻重及配置，将影响立法者对一行为是否“当罚”作出判断。美国学者胡萨克在论证犯罪化的内部限制时，认为“当且仅当行为人的行为使其被置于国家惩罚的限制下，该行为才是犯罪行为”，他将这一限制原则称之为该当性原则，即“当且仅当行为人应受惩罚时，刑罚才具有正当性”；[③]将一个行为犯罪化的传统思考路径，更多地从“社会危害性—犯罪—刑事制裁”的顺序来考量，刑事制裁手段是以犯罪化为前提来讨论的。而反过来，是不是可以用刑事制裁的改革和配置，以及刑事制裁的功能、理念的转变，来回应甚至是影响犯罪化的进

---

① 参见冯亚东：《罪刑关系的反思与重构——兼谈罚金刑在中国现阶段之适用》，载《中国社会科学》2006 年第 5 期。

② 参见冯亚东：《理性主义与刑法模式》，中国政法大学出版社 1999 年版，第 138 页。

③ ［美］道格拉斯·胡萨克：《过罪化及刑法的限制》，姜敏译，中国法制出版社 2015 年版，第 120 页。

程。对于犯罪化的衡量,是不是可以考虑该行为由刑事制裁措施来管控的必要性。使得刑事制裁圈的配置成为检验犯罪圈大小的有力根据与标准之一,同时刑事制裁体系结构也能够影响和制约犯罪化的合理进程。犯罪化导致犯罪圈的扩张、犯罪结构的变化,肯定是要求刑事制裁体系结构也要相应调整。而刑事制裁体系结构的调整,又能够有条件使得刑法合理地容纳更多的犯罪——特别是轻罪——不存在罪行不相当的压力。另外,我国还有学者认为,以刑制罪的优势,在于犯罪是多种多样的,难以捉摸,但是刑事制裁的种类和轻重基本是稳定的,种类再多也是比犯罪更容易把握的,因此也应该成为犯罪化的重要标尺。所以犯罪化和刑事制裁体系结构调整是一个互相制约的互动概念,二者是"一体两面"的关系。从这个意义上来看,由于我国的刑事制裁体系结构本身是重刑结构,本来是对应着我国偏重的犯罪结构,《刑法》第 13 条"但书"已经将大量相对轻微的违法行为排除在犯罪圈之外。基于此,日本学者西原春夫曾评价"中国目前的刑法真是完美的非犯罪化"①。但由于前述的种种原因,我国犯罪化进程不断加快成为历史的必然,特别是诸如醉驾、考试作弊、扒窃等较为轻微的违法行为入刑,使得轻罪的占比不断上升。但从刑事制裁调整来看,趋重的刑事制裁体系结构并不能够为积极扩张轻罪的犯罪圈提供很好地入罪标准,可以说由于我国刑事制裁体系结构的重刑化,这方面的功能事实上是缺失的。较轻的犯罪取消或大大降低了量化标准,有些仅以行为类型入罪,这都意味着行政违法与刑事犯罪的边界在向行政法方向移动,更多的行政违法行为进入到刑法评价的范围。针对轻罪的刑事制裁依然主要以自由刑为主,而我国的刑事制裁和治安处罚都有剥夺自由

① [日]西原春夫:《我的刑法研究》,曹菲译,北京大学出版社 2016 年版,第 193 页。

的惩罚措施,难以发挥“剥夺自由”的界分功能,也未能为犯罪化留下合理的空间。

第二节　司法层面:与刑事制裁的适用主流之悖

一、轻罪轻刑在司法适用中占据主流

立法上的犯罪化进程对司法影响重大,立法是对社会发展变化的切实反映,而司法作为维系社会稳定的重要机制,其变化将体现得更加直接。近年来,随着立法的犯罪化进程和犯罪罪名结构的变化,我国犯罪案件结构也在发生变化:

一是三年有期徒刑以下的轻罪占据绝对比重。2012 年,多年以来至少占刑事案件 1/3 的放火、爆炸、杀人、抢劫、绑架、强奸等严重暴力案件首跌至三成以下,占全部刑事案件的 29.33%;而随着危险驾驶这个典型的轻罪入刑,涉及机动车犯罪的交通肇事、危险驾驶案件跃居各类犯罪案件的第三位和第四位,占全部刑事案件的 15.20%;盗窃和轻伤害案件居各类案件的第一位和第二位,占全部刑事案件的 30.78%,同比分别上升 16.67% 和 2.11%。[①] 根据 2016 年的数据,所有适用刑罚的生效判决中,判处三年以下有期徒刑、拘役、管制、缓刑以及单处附加刑的案件占比达到 86.02%,这表明,轻罪的数量已经占据了绝对比例。

二是严重暴力犯罪发案数持续下降。改革开放以后,严重暴力犯罪渐渐退出我国的犯罪化立法关注的核心范围,而这种合理性也得到了司法实践的印证。从我国 2000 年至 2015 年犯罪发案态势来

① 参见宋伟卫、韩玫:《“整体趋轻、单极发展”:我国刑罚结构改革的基本方向》,载《河北法学》2014 年第 3 期。

看,严重暴力犯罪案件不仅占比下降,且绝对案件数也持续下降,暴力恐怖犯罪、个人极端犯罪得到控制。如图 3.3 所示,2010 年以后,杀人、伤害、抢劫、强奸四类主要严重暴力犯罪呈持续下降趋势,2015 年法院受理暴力犯罪案件数量均较 2014 年有所下降(见表 3.5),下降最多的绑架罪幅度达24.54%。这符合现代化进程中犯罪现象发展变化的特点,世界各主要发达国家的现代化进程都伴随着暴力犯罪持续下降。而这其中唯一例外的是涉恐暴力犯罪,这也是立法上犯罪化重点关注的犯罪类型,自 20 世纪 90 年代以来,我国涉恐严重暴力犯罪出现抬头趋势,危害公共安全的爆炸、冲击、绑架等恐怖主义犯罪时有发生,特别是边疆地区的"三种势力"进行有组织的恐怖活动,对社会治安和人民群众的财产安全构成严重威胁。①

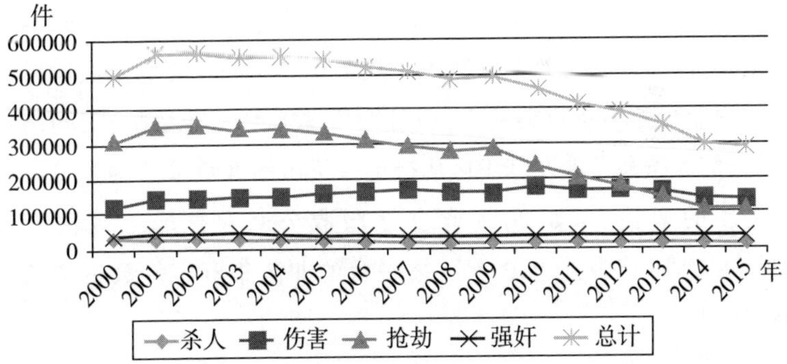

图 3.3　2000～2015 年集中主要暴力犯罪案件数量变化

---

① 参见吴鹏森:《改革开放以来的中国城市化与犯罪变化——基于一种比较的视角》,载吴鹏森、章友德主编:《城市化、犯罪与社会管理》,社会科学文献出版社 2013 年版,第 1～14 页。

表 3.5　2015 年全国法院新收暴力犯罪案件数量及其变化

	新收案件数/件	增减比例(比 2014 年)
故意杀人罪	10187	-5.81%
故意伤害罪	122209	-3.04%
强奸罪	21252	-9.39%
绑架罪	787	-24.54%
抢劫罪	26588	-16.27%
爆炸罪	131	-18.13%

数据来源:最高人民法院研究室《2015 年全国法院审判执行情况》。

三是我国的经济、金融领域犯罪呈上升态势(见表 3.6)。随着经济的快速发展和结构转型,经济、金融领域形势复杂,大案、要案频发,特别是信息网络等新技术的迅猛发展,使得金融和互联网快速结合,网络金融犯罪十分突出。随着犯罪圈的扩充和司法解释将新型犯罪行为不断归类纳入,通过网络 P2P 平台非法集资、网络传销、电信诈骗甚至涉及基于区块链虚拟货币的 ICO 非法融资等案件成为新的增长点,如 2015 年非法吸收公众存款罪上升幅度达 127.38%,而其中涉 P2P 等网络平台的非法集资案件数量增长了 48.8%①。

① 参见靳高风、白朋辉:《2015 年中国犯罪形势分析及 2016 年预测》,载《中国人民公安大学学报(社会科学版)》2016 年第 3 期。

表 3.6　2015 年全国法院新收金融犯罪、传销犯罪案件数量及其变化

	新收案件数/件	增减比例(比 2014 年)
非法吸收公众存款罪	4825	+127.38%
妨害信用卡管理罪	844	+50.45%
集资诈骗罪	1018	+48.83%
骗取贷款、票据承兑、金融票证罪	1284	+44.43%
保险诈骗罪	422	+33.54%
信用卡诈骗罪	11782	+12.28%
组织、领导传销活动罪	1493	+30.74

数据来源:最高人民法院研究室《2015 年全国法院审判执行情况》。

四是计算机网络犯罪发展迅猛。随着越来越普遍的互联网和信息网络的应用,以及无处不在的电脑、手机等电子终端的普及,使得以互联网为目标、为场域的犯罪行为急剧增长。为了防范和治理新型网络犯罪,我国基本采取了"刑法先行,以刑为主"的积极立法模式,也导致了实践中相关案件数量的猛增,如前文提到的侵犯公民个人信息犯罪,笔者从中国裁判文书网上搜索并统计了出售、非法提供公民个人信息罪、非法获取公民个人信息罪和非法侵犯公民个人信息罪的裁判数量,由于《刑法修正案(九)》出台前后,罪名存在变化,因此笔者将上述三个罪名的裁判数进行了相加,得出了图 3.4 中的案件总数,非法侵犯公民个人信息罪的判决是从 2015 年《刑法修正案(九)》实施后开始的。而从图 3.4 中可以看出,除了 2015 年由于修正案即将出台,实务中存在等待、适应的过程,案件数相对较少外,总体上,侵犯公民个人信息的案件都是呈上升趋势,特别是修正案将此类犯罪进行扩充后,上升态势较为迅猛。案件量的上升,与犯罪化存在密不可分的关系。

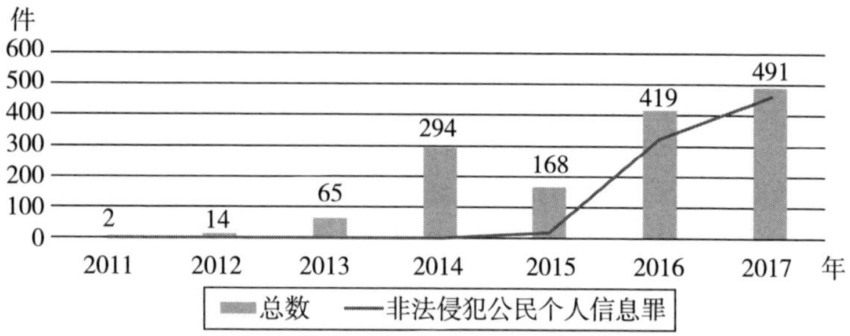

图 3.4　2011～2017 年侵犯公民个人信息案件数量

五是环境犯罪等新型犯罪增加。近年来我国环境污染犯罪案件呈现出大幅增长态势。2013 年 6 月施行的最高人民法院、最高人民检察院《关于办理环境污染刑事案件适用法律若干问题的解释》对污染环境罪的定罪量刑标准作了明确规定，降低了污染环境行为的入罪门槛，打击此类犯罪更具可操作性。以该司法解释为分界点，之前污染环境刑事案件年均仅 20～30 件，而之后的年均案件量达到 1300 余件。据统计，2014 年全国法院新收污染环境罪案件 1188 件，而到 2017 年、2018 年人民法院新收污染环境刑事案件已经翻倍，分别达到 2344 件、2409 件，①显然呈逐年上升态势。也可以看出，在规范层面上对于相关犯罪行为的细化和归类，对于实践的影响是立竿见影的。

二、轻刑需求之下刑事制裁体系结构之不适应性

面对总体上严重暴力犯罪发案比例的减少，非暴力犯罪、新类型犯罪、法定犯为主的犯罪案件增多的结构变化，相应的在以刑罚为主的刑事制裁适用上，也体现出轻刑比例上升的趋势。从 2014 年全国法院判决数据来看，判处五年以下自由刑、管制、拘役、缓刑乃

① 《环境污染犯罪案近年大幅增长，两高三部联合明确 15 个办案难题》，载界面新闻 2019 年 2 月 22 日，https://baijiahao.baidu.com/s?id=1626121896352717181&wfr=spider&for=pc。

至单处附加刑的比例为88.88%，[①]但到了2016年三年以下自由刑、管制、拘役、缓刑乃至单处附加刑就达到了86.02%，对应较轻刑事犯罪的轻刑的适用比例不断上升。如前所述，我国缓刑适用率较小，几乎只占到三年自由刑分界线以下案件的1/3。对于判处三年以下自由刑、短期自由刑的犯罪分子来说，短期关押带来的易交叉感染的弊端自不必说，而短时间的关押其威慑效果和矫正效果都难以达到。由于目前在我国的刑事制裁中，监禁刑和非监禁措施的惩罚性相差悬殊，对于轻微犯罪分子的惩处来说，司法机关面对着一边是"重而无用"的刑罚，另一边却是"惩罚不足"的尴尬。从以上案件结构变化和实际刑罚运用的现状可以看出，面对轻罪发案比例的上升，我国为曾经偏重的犯罪结构而设计的以死刑和自由刑为中心的刑事制裁结构，其对应性明显错位，对于轻刑所对应的监禁替代、罚金刑和资格刑等缺乏关注和调整更显不合时宜。现有刑事制裁设置并不适应目前实务适用的主旋律，将适用最多的短期自由刑、拘役、管制和附加刑"边缘化"和"非中心化"。在目前轻刑适用占绝大多数的情况下，我国以监禁为主的偏重的刑事制裁体系结构显得缺乏灵活性和对应性，亟待作出调整。

第三节　政策层面：与宽严相济的刑事政策之悖

一、刑事政策的轻缓化发展

李斯特给刑事政策下定义为，"国家借助于刑罚以及与之相关的机构（教育和矫正机构、劳动教养所以及类似机构），同犯罪作斗

---

① 参见袁春湘：《依法惩治刑事犯罪　守护国家法治生态——2014年全国法院审理刑事案件情况分析》，载《人民法院报》2015年5月7日，第5版。

争的基本原则的整体"[①]。"刑事政策作为刑事法制的灵魂,它既超乎于刑事法律之上,又直接体现于刑事法律之中。近现代各国刑法中罪与刑的变化,实际上就是各国立法者自觉运用刑事政策调整罪刑关系的结果。因此,不论是犯罪化还是非犯罪化,是崇尚重刑主义还是崇尚轻刑主义,都是各国立法者追求不同的刑事政策的目的的结果。"[②]新中国成立后,我国长期坚持惩办与宽大相结合的刑事政策,但由于改革开放后中国社会转型加剧,矛盾凸显,20 世纪 80 年代到 2001 年近 20 年的时间里,我国实行"严打"的刑事政策,虽然在一定时期内起到了压制犯罪发展态势的作用,但是其手段的合法性和效果的持久性一直受到学者的质疑。2004 年,在对严打的刑事政策进行反思的基础上,我国提出了"宽严相济"的刑事政策,其基本内涵被学者解读为"该严则严,当宽则宽;严中有宽,宽中有严;宽严有度,宽严审时"[③]。但历经长达 20 年的严打,从对"从严从快"的强调转为"宽严相济",自然就突出了一个"宽"字。这也符合当今国际社会"重重轻轻"的刑事政策趋势。

二、宽严相济政策下刑事制裁体系结构之不适应性

对于犯罪圈和刑事制裁体系的关系,储槐植教授曾提出,我国刑法现代化应当从"厉而不严"走向"严而不厉"。其中"厉而不严"是指我国刑罚总体上很厉害,但是刑事法网不严密,刑事责任规定不到位。"严而不厉"则是指刑事法网很严密,但是所处的刑罚不

---

① [德]冯·李斯特:《论犯罪、刑罚与刑事政策》,徐久生译,北京大学出版社 2016 年版,第 212 页。

② 谢望原、卢建平等:《中国刑事政策研究》,中国人民大学出版社 2006 年版,第 5 页。

③ 马克昌:《宽严相济刑事政策研究》,清华大学出版社 2012 年版,第 75 页。

重、不厉害。[1] 因此,“严而不厉”的刑法结构要求扩大犯罪圈的同时降低刑罚的严厉程度。“我国刑事法网的进一步严密以及轻微犯罪在刑事案件中比例的上升,正是我国刑法结构从厉而不严到严而不厉发展、转变过程中呈现的具体现象。”[2]显然严而不厉的刑法结构更加符合我国宽严相济的刑事政策。但我国目前的刑事制裁体系结构却不能很好地体现宽严相济的特点,并未贯彻向“不厉”的调整方向,甚至一定程度上是不断趋“厉”的。主要表现在“重重有余,轻轻不足”。一方面,虽然废除了部分死刑罪名,但我国是在“加重生刑”的基础上逐步废除死刑罪名的,事实上是加重了自由刑的严厉程度,总体上贯彻了刑罚“严”的一面,充分体现了“重重”。另一方面,如前所述我国刑事制裁体系调整在“轻轻”的方面效果并不明显。三年自由刑分界线以下的监禁替代效果并不理想,仍以监禁为主,缓刑、管制适用比例低,罚金刑虽有扩张,但罚金的增加事实上仍是对刑罚的加重,而不是对短期自由刑的限缩。这导致在犯罪化和刑事制裁调整的双重作用下,我国的刑法结构事实上是向着“又严又厉”的方向在前进。我国刑事制裁的“轻轻不足”,一方面体现在监禁替代不够,另一方面体现在相关制度设计不足,如犯罪记录封存、前科消灭等。在我国这样一个素有耻刑、耻讼文化传统,常常一提犯罪不论罪行轻重便机械地认为“罪犯 = 恶人”的国度里,违法行为犯罪化不仅会使行为人受到刑罚处罚,还会使行为人的工作、生活受到刑罚以外的诸多不利影响,甚至终身影响。这种影响一方面远远超出了轻微犯罪行为人应承受的后果,另一方面也不利于其

① 参见储槐植:《论刑法学若干重大问题》,载《北京大学学报(哲学社会科学版)》1993 年第 3 期。

② 储槐植、何群:《刑法谦抑性实践理性辨析》,载《苏州大学学报(哲学社会科学版)》2016 年第 3 期。

复归社会,与社会建立较为融洽的关系,由此可能引发新的社会问题。这也是在确定违法行为是否入刑时和入刑后必须要考虑的一个问题。为此,在违法行为入刑已成为晚近我国刑法修改一种现象甚至趋势的背景下,相应地针对轻微刑事犯罪"去标签化"的配套制度尚未建立,也是"轻轻不足"的重要体现。

第四章　刑事制裁体系结构调整之理念基础

刑事制裁体系是社会治理和社会控制的重要组成部分。每个国家的国情不同、社会制度不同、民族文化不同,导致了世界各国的刑事制裁体系无法完全照搬照抄,每个国家均有其独有的特征。中国作为当今世界上唯一文化没有中断的文明古国,厚重的历史积淀成就了独具特色的文化和社会观念。改革开放以来经济社会快速发展变化,将西方几百年的工业化进程浓缩于40年之内,使得中国的发展阶段交错、问题叠加,作为社会治理重要组成部分的刑法及其制裁体系,不可能以不变应万变,但作出调整应立足中国的社会发展和文化观念,解决中国的问题,因此,对于刑事制裁体系结构的调整,应在考察中外刑事制裁理念演进与社会发展阶段关系的基础上,立足中国实际确定调整的基本原则和方向。

第一节　刑事制裁理念及价值的演进

一、刑事制裁理念的种类及范式考察

刑事制裁理念是刑事制裁的理论基础，是从刑事制裁目的中延伸出的包括刑事制裁的性质、功能和所要达到的效果等问题的观点和看法。用历史的眼光来看，传统的刑事制裁理念是以刑罚理论为基础的，分别建立在报应刑和目的刑基础之上的报应性制裁理念和预防性制裁理念。二者虽然理论基础不同，但都是采取犯罪人本位的立场，探讨的是刑事制裁对犯罪人的惩罚、威慑或者矫正，体现的是刑事制裁与犯罪人之间的作用和沟通。随着刑事实证学派理论的兴起，促进了预防性制裁理念深入发展，刑罚的报应目的已然无法涵盖所有刑事制裁，犯罪预防成为刑事制裁目的的"统领"。晚近随着人类社会的发展，从犯罪预防的目的出发，又衍生出了刑事制裁理念的新面向。随着西方国家被害人运动的兴起，出现了主张刑事制裁不应仅以犯罪人为重心，而应兼顾被害人利益以及社区对法律和平感受需求的恢复性司法理念。与传统的报应性和预防性制裁理念相比，恢复性司法理念明显从犯罪人本位转为"犯罪人—被害人—社区"本位。几乎在相同的时期，因对以惩罚和矫正犯罪人为主的刑事制裁效果不佳的反思，出现了以风险控制为基础的制裁理念，这种制裁理念并不以犯罪人、被害人或社区为重心，而是将刑事制裁作为整个社会犯罪风险控制的手段，可以认为是"社会"本位的。以下则对上述刑事制裁理念进行的详细梳理。

（一）报应性制裁理念

报应性制裁理念强调犯罪人承担责任的方式就要承受痛苦，以

实现公平和正义。报应思想落脚于惩恶即善的观念,因为人要对自己的行为负责,就应该得到应得的公正结果。① 虽然一般认为报应思想最早体现在原始社会的“以牙还牙、以眼还眼”的同态复仇理念,但事实上随着西方启蒙运动的影响,赋予了报应主义更深刻的内涵,所谓刑事制裁的报应理念并非朴素地为了报复犯罪人或复仇,而是建立在理性主义的基础之上的,认为犯罪是理性人经过理性选择的行为,强调意志自由。康德在哲学上支持报应,认为惩罚本身就证明犯罪是一种罪恶,不当行为应该受到惩罚。刑事制裁被用来公正地报应犯罪,以衡平犯罪引起的恶害结果,从而抚平因犯罪所带来的冲突、破坏,重新建立和平与秩序。因此,在报应性制裁理念下,对于犯罪所赋予的制裁措施往往是带有痛苦性的惩罚手段,否则无从发挥报应犯罪、衡平恶害的效用。在这样的理念下,刑罚的本质就是施加痛苦,是惩罚性最为严厉的制裁措施,但报应性制裁理念并不是一味强调无节制地严厉,而是强调公正的报应,报应主义所隐含的正义原则意味着社会本身就是公正的,否则惩罚就不能完全恢复被犯罪打破的所谓均衡,因此只能在罪行轻重的范围内给予相当的惩罚,才能实现正义和公平的报应目的。

总体来看,报应性制裁理念具有以下特征:一是关注个人的行为和实害,犯罪人必须因他所犯下的罪行而受到惩罚,刑事司法的反应是被动的,惩罚是回溯性的;二是报应性司法强调国家与犯罪人之间的对抗关系,要求犯罪人消极地接受惩罚;三是惩罚性是报应性制裁理念的突出特征,以向犯罪人传递痛苦的方式实现正义的衡平;四是报应性制裁理念是犯罪人本位的,将责任的重心归于个人,而非社会。

---

①　参见[美]哈伯特 L. 帕克:《刑事制裁的界限》,梁根林等译,法律出版社 2008 年版,第 36 页。

在古典刑法立法观的前提下，基于刑罚正义以及报应刑的考虑，监禁刑为立法者所青睐。按照传统刑法观，刑罚的正当性论证必须考虑其能够带来的利益，即通过防止引起危害后果的行为来增进社会的总体幸福以及实现社会正义。而监禁能够迫使罪犯反思、忏悔，能够提供一种尺度以利于司法统一，实现对犯罪的报应。在监禁过程中，司法机关对罪犯进行持久、多方位的考察，使其受到规范化训练，更好地与社会合作，司法力量得到全方位展示。① 因此，监禁的制裁方式在报应性制裁理念之下成为了一种优先选择。

（二）预防性制裁理念

随着人类对自己的行为模式以及犯罪行为原因的理解，逐渐影响对刑法形象的期待，因而对于刑事制裁措施的要求也有所转变。随着刑事实证学派的兴起，人类开始认识到刑事制裁的作用并非只是为了实现正义之自我目的而公正地报应犯罪。刑事制裁措施的功能应该在于阻止人类从事犯罪行为或者改变人类犯罪的因素，至此预防性制裁理念兴起，根据预防思想的属性不同，分别有一般预防理论与特别预防理论的提出。

1. 一般预防的制裁理念

一般预防理论分为消极的一般预防和积极的一般预防。消极的一般预防思想的基础是心理强制说，亦即人类的行为来自心理层次的作用，而人类具有追求快乐，逃避痛苦的本能。正是追求犯罪时获得快乐的感性冲动促使人犯罪的，为了防止犯罪，就要防止、抑制人的这种感性冲动。所以如果对于犯罪者施以害恶的刑罚，凡人均会衡量犯罪可得之利益与犯罪可能面临的痛苦程度，在权衡利害后

---

① 参见周光权：《积极刑法立法观在中国的确立》，载《法学研究》2016年第4期。

即在心理的强制作用下选择不进行犯罪，以免受到更大的痛苦后果。[①] 基于此，一般预防理论认为借由刑事制裁措施的痛苦性，可以威吓一般大众，从而产生吓阻犯罪之预防功能。所谓积极的一般预防，认为刑罚具有象征性功能，是对违反规范的声明作出的一种认可规范的回答。借由对犯罪之公开审判与刑罚的适用，可对全体人民呈现刑法正义的实践，以赢得社会大众对刑法的认同与信赖，从而树立刑法的威信并且遵循刑法彰显的法律秩序。刑罚通过三个方面实现一般预防：(1)刑罚对规范信赖的训练；(2)对忠诚的训练；(3)承受刑罚后果的训练。积极的一般预防通过向公民展示哪些行为是刑法禁止的，来增强公民的规范意识。[②]

事实上，无论是刑事制裁的威慑还是法律威信的建立，其前提依然还是人的理性和意志自由，刑事制裁依然是通过痛苦的施加企图与潜在犯罪人或公众进行沟通，作用于人自由意志之下的选择。而一般预防理念与报应性制裁理念最大的区别可能在于，报应理念的着眼点是与既有犯罪人的沟通，而一般预防理念的着眼点是以对既有犯罪人的惩罚为手段，与潜在的犯罪人或者社会公众进行沟通。基于此，一般预防理论从产生以来一直受到将犯罪人“工具化”的质疑和批评。

2. 特别预防的制裁理念（矫正性制裁理念）

19 世纪后半叶，随着西方资本主义国家的社会发展与犯罪率上升，古典理论对于遏制犯罪似乎力不从心，以“刑罚是以预防犯罪、

---

① 参见马克昌主编：《近代西方刑法学说史》，中国人民公安大学出版社 2008 年版，第98～99 页。

② 参见郝艳兵：《风险刑法——以危险犯为中心的展开》，中国政法大学出版社 2012 年版，第 141 页。

防卫社会为目的”作为基本主张的实证学派产生并不断发展起来。[①]对于犯罪原因的理解已不限于是一个理性的人在利害衡量后的选择而已。事实上,实证学派直接将矛头指向了意志自由理论,指出从抽象和一般的意义上,人具有自由意识没有争议,但是在具体的行为上,是不是能够每次都在脑海中出现绝对清晰和和强烈的意思,让人们意识到自己有其他的选择,并且认识到两种选择的后果,反思之后作出决定?恐怕这是不确定的。行为的类型有许多种,特别是在激情犯罪中,人们认为犯罪人有意识,但他往往是除了激情什么也没有。[②] 当这种自由选择的另一种可能性都没有在意识中出现时,我们却认为是意志自由下的选择,事实上是强加到行为人身上的选择。[③] 并且对于职业罪犯和惯犯来说,犯罪已经成为一种习惯,其头脑中对犯罪的“反对力量”几乎不存在,那么对于他们来说自由的程度相对较小,如果责任的程度取决于自由的程度,那么对于惯犯来说,责任的程度也将更小,依据意志自由得出的这种结论明显是荒谬的。[④] 因此,建立在意志决定论基础上的特殊预防理论发展起来,以此理论为基础的制裁理念主要考虑犯罪人的心理层面,焦点集中在寻找个人缺陷,探寻改善的方法,有缺陷就意味着需要辅导和治疗,行为不良被认为是内心躁动和缺陷的表现,没有治疗介入,就无法表现理性的行为。[⑤] 因此,实证学派认为,犯罪行为

---

① 马克昌主编:《近代西方刑法学说史》,中国人民公安大学出版社2008年版,第162~165页。

② Ottenhof Reynald, *L' individualisation de la peine, De Saleilles à aujourd'* hui, Toulouse, ERES, 2001, p. 57 – 75.

③ Ottenhof Reynald, *L' individualisation de la peine, De Saleilles à aujourd'* hui, Toulouse, ERES, 2001, p. 57 – 75.

④ Paul Novel, « Individualisation de la Peine, a Propos du Livre de M. R. Saleilles », *Critique Legis. & Juris.* (n. s.), 27 Rev, p. 553.

⑤ 参见陈晓明:《修复性司法的理论与实践》,法律出版社2006年版,第37页。

的成因往往是来自个人生理结构或心理运作,或者是社会层面的影响因素,也就是说,由于个人某项生理因素、心理问题或者社会因素才导致其做出犯罪行为。因此,若能够对每个人驱除造成其犯罪行为的生理、心理因素,消除社会诱因,人类将不再有犯罪行为发生。影响所及,特别预防理论产生,认为刑事制裁措施的意义及目的在于矫治行为人,希望借此除去个人的犯罪因子,使其能够调节社会生活而不再犯罪。基于此理论而进行制裁的理念也被称为矫正性制裁理念。由于不再与报应性制裁理念在意志自由这个理论起点上保持一致,与一般预防理论相比,矫正性制裁理念对于传统报应刑制裁理念的颠覆更加彻底,在矫正性制裁理念影响下,刑事制裁措施由带给人痛苦性质的手段(诸如自由的剥夺),改变为连接各种医学、心理学的治疗措施的手段,所以在刑事矫治史上有所谓医疗模式的产生。基于此刑事制裁体系发展出有别于刑罚属性的其他措施,产生了大陆法系刑事制裁体系的双轨制度,即刑罚与保安处分。

总体来看,矫正性制裁理念依旧是个人本位的,关注犯罪人的危险性,以此作为对其施加制裁措施的依据和量度。对犯罪人的制裁是前瞻性的,着眼于未然之罪。在刑事制裁上并不强调痛苦性和惩罚性,而是强调对人身危险性的矫正效果。

(三)恢复性制裁理念

20 世纪 70 年代后期以来,西方国家兴起了一场新的刑事司法改革运动,这一运动目前仍方兴未艾,并深刻地影响了西方国家的刑事司法走向和犯罪预防模式。这场运动就是恢复性司法(restorative justice)。[①] 恢复性司法源于西方在 20 世纪后半叶兴起

---

① 参见王平主编:《恢复性司法论坛》,群众出版社 2005 年版,第 1 页。

的被害人运动,是在人们反思传统报应性司法和矫正性司法对被害人和社区的价值相对漠视的基础上而发展起来的。惩罚、报应是传统的刑事司法所追求的最为主要的目的,在报应正义的影响下,人们为了争取诉讼的胜利将刑事司法系统逐渐变为一个战场。对于犯罪人来说,为了逃避刑事制裁想方设法,并不在意是否应积极地承担责任。在这一司法模式下,即便肯定预防犯罪也是刑法的目的之一,但由于过分关注行为是否构成犯罪,行为人是否具有责任、是否应当判处刑罚,除惩罚犯罪以外的预防、教育、恢复、救济等目的被有意无意地忽略了。[①] 恢复性司法的支持者还认为传统以犯罪人为本位的制裁理念,造成被害人挫败感强烈和远离司法,刑事司法制度漠视被害人需求,损害被害人权利,致使被害人日益感到迷惘和疏远。虽然刑事司法制度的存在正是因为个人受到犯罪行为的损害,但是,被害个人在刑事司法制度中却没有法律位置。这就往往导致被害人感到无力和易受伤害,从而二次受害。[②] 德国犯罪学家施奈德就指出,出于保护被害人的目的,刑事司法制度的任务是平息犯罪人和被害人之间的怨恨,确立社会生活的准则和价值。但是,时至今日,依据犯罪行为和罪犯制定的刑法和刑事诉讼法都没有能够出色完成这一任务。[③]

因此,1977 年美国学者巴内特在其论文《赔偿:刑事司法中的一种新范式》中,[④]率先提出了“恢复性司法”,论述了早期在美国进行

---

① 参见刘蕊:《刑法中的赔偿制度研究》,中国政法大学出版社 2018 年版,第 77 页。

② 参见陈晓明:《修复性司法的理论与实践》,法律出版社 2006 年版,第 2 页。

③ 参见[德]汉斯·约阿希姆·施奈德:《犯罪学》,吴鑫涛等译,中国人民公安大学出版社 1990 年版,第 845 ~ 846 页。

④ Barnett R. ,*Restitution*:*A New Paradigm of Criminal Justice*, Ethics, Vol. 87:4, 1977, p. 279 – 301.

的被害人与加害人调解试验中产生的一些原则。[1] 随后这一概念迅速得到扩充和发展，它重新定义犯罪，大大提高了被害人和社区的地位。恢复性司法认为，犯罪首先是一种侵害社会关系的行为，其次才是触犯国家法律的行为。因此，对犯罪的处理，并不仅仅是国家的事情，国家也不起主导作用，犯罪所影响的人和社区才是关键。社区是司法的根基或者说司法获得道德力量的来源。在恢复性司法中，犯罪既是一个关系破碎或弱化的原因，也是一个关系破碎或弱化的结果。所以，失败的社区既是犯罪的原因，也是犯罪的结果。[2]

与惩罚性和矫正性司法相对，恢复性司法并不主要关注犯罪人所要承受的制裁后果，而是代表了一种新的范式，在将恢复作为首要考虑的前提下，可以同时考虑矫治和康复，因此恢复和康复只是侧重不同，并无内部冲突，但恢复与惩罚则不然。因此恢复性理念和传统制裁理念的冲突，主要体现在与报应性制裁理念的冲突中。但随着恢复性司法理念趋于成熟，西方学者也并不是将恢复性司法与报应性司法或称正义司法完全割裂，而是提出“前期的恢复性和报应性理论家具有同样的错误，都认为必须在恢复和报应之间选择一个作为我们的首要目标，这种假设是错误的”。继而主张并不需要在“惩罚范式”和“恢复范式”之间作出选择，恢复与报应和惩罚能够相互契合，提出了正义司法和恢复性司法理念结合的新范式，认为恢复性司法需要恢复的，以及在原则上可以恢复的是犯罪人与作为其同胞的被害人之间的，以及与其他同胞之间的规范性关系。[3]

---

① 参见陈晓明：《修复性司法的理论与实践》，法律出版社2006年版，第10页。

② 参见陈晓明：《修复性司法的理论与实践》，法律出版社2006年版，第10～41页。

③ 参见[英]安东尼·达夫：《恢复性惩罚和惩罚性恢复》，载[比利时]洛德·沃尔格雷夫编：《法与恢复性司法》，郝方昉等译，中国人民公安大学出版社2011年版，第97～121页。

一方面,倾向于认为恢复性司法的核心观念和基本原则是“通过修复因犯罪所造成的伤害而实现正义”。① 另一方面,在非正式的、超法律的情境中无法对加害行为进行恢复,因此恢复乃是通过报应性惩罚而得以实现。应当把刑事调解以及作为其结果的补偿措施视为惩罚,将其解读为“惩罚应当是什么”的新范式。②

由此,恢复性司法理念不断试图融入刑事制裁的目的,认为刑事司法所要达到的终极目标是通过修复损害,使被害人恢复正常生活,加害人重回社区,社区得以恢复和谐和安宁,平等的社会关系得以重建。③ 该目标丰富了刑事制裁的内涵和外延,20 世纪后半叶社区矫正在国际社会中的发展,与恢复性司法理念的兴起有密切关系,“恢复性司法核心内容包含有社区矫正的诸多基础理念”,这在一定程度上冲击了传统的以报应论为基础的刑事法治模式,促进刑罚结构走向轻缓化,对于缩减监狱行刑规模,拓展社区矫正的运用,起到了重要的作用。④ 同时,由于恢复性司法的目的是修复、赔偿犯罪所造成的损害,因此推动了赔偿制度在刑事制裁中的发展,而刑事和解、刑事调解等制度在各国刑事立法中的纷纷确立就是恢复性制裁理念的典型体现。可见,恢复性司法理念和实践的兴起,带来了刑事制裁内容的进一步多元化,社区性制裁的产生和发展壮大,以及刑事损害赔偿刑事制裁地位的走强,其背后都能看到恢复性司法理念的推动作用。

---

① Barnett R. , *Restitution*:*A New Paradigm of Criminal Justice*, Ethics, Vol. 87:4, 1977, p. 279 – 301.

② [英]安东尼·达夫:《恢复性惩罚和惩罚性恢复》,载[比利时]洛德·沃尔格雷夫编:《法与恢复性司法》,郝方昉等译,中国人民公安大学出版社 2011 年版,第 97 ~ 121 页。

③ 参见陈晓明:《修复性司法的理论与实践》,法律出版社 2006 年版,第 26 页。

④ 参见周国强:《社区矫正制度研究》,中国检察出版社 2006 年版,第 43 页。

（四）风险管控的制裁理念

从19世纪末刑事实证学派发端到20世纪70年代，随着实证学派对犯罪人危险性的关注、刑罚个别化原则的提出和发展，以及战后的新社会防卫论的影响，西方国家现代刑事制裁制度的运作重心都在对个别犯罪人危险性评估的基础上，对其进行矫治。国家建立并完善各种策略与制度，运用犯罪学、心理学、神经病学、社会科学等相关领域知识，致力于犯罪人的“治愈”与复归。此时主政者乃至社会大众对于科学以及代表科学的专家抱持高度的信心，相信只要通过合适的制度安排，就能够矫治行为偏差的犯罪者。倘若制度无法达成此目标，则需要改进的是资源配置与制度设计的方式或是矫治人员的素质，而不是这个矫治犯罪者的目标。然而在1975年左右，信任专家、对矫正抱持希望的想法，却逐渐受到侵蚀，世界各国普遍对矫正抱悲观的态度，[1]西方面临着第二次世界大战之后严重的经济萧条，财富分配不均、贫富差距过大、社会不平等问题突出，失业率增加、犯罪率不断上升导致治安形势恶化。基于实证学派的特别预防，着重于行为人的矫治却成效不佳，出现了“矫治无效论”的呼声，矫治无效论促使了对抗犯罪的刑事政策产生了转变。此外，刑事司法体系在实际运作上亦因客观资源的不足，刑事司法效率低下，因而产生了强调效率及经济原则应落实于刑事司法的论调。1992年，美国学者菲利和西蒙（Feeley & Simon）发表论文《新刑罚学：矫治策略的出现及其启示》，[2]正式论证了新刑罚学理论（the new penology），标志着以犯罪风险评估为基础、以风险管理主义为

---

① 参见［日］森下忠：《犯罪者处遇》，白绿铉等译，中国纺织出版社1994年版，第5页。

② See Feeley M.，Simon J.，*The new penology: notes on the emerging strategy of corrections and its implications*，Criminology Vol. 30:4，1992，p. 449－474.

导向的新的制裁理念的产生。该理论是在西方国家(以英、美为主)刑事司法系统发生的真实转变进行归纳的基础上,总结出的刑罚学的发展趋势和导向。新刑罚学理论提出后,对美国、英国、加拿大乃至欧洲的犯罪风险评估和刑事司法实践均有较大的影响。“新刑罚学不是一个观点,也不是一个实践的集成系统,而是一套解释结构,我们作为观察者投射在一套复杂的意识形态和实践之上,以帮助识别和解释它们之间正在出现的关系。”①因此,新刑罚学最早就是通过观察刑事制裁领域出现的新现象、新变化、新策略,并通过对其进行系统性的总结和论述形成的理念总结。这里需要强调,由于英、美的刑事制裁体系结构是刑罚单轨制的,各种性质的制裁措施均纳入“刑罚”体系之内,其刑罚体系几乎等同于刑事制裁体系,因此,英、美学者提出的“新刑罚学”,事实上总结的对象包括全部刑事制裁措施。新刑罚学的制裁理念主张将刑事制裁体系的目标放得更加实际,将犯罪视为一种社会正常的风险,制裁的目标不再“好高骛远”,试图消除这种风险或者改变犯罪人,而是给予这种风险一定的容忍度,将其限制在可接受的安全范围内,即控制和管理犯罪风险。② 在犯罪控制技术中纳入有效群估风险与降低风险的概念,本着“大多数的犯罪是由少数人实施”的理念,通过“大数法则”的社会学精算统计进行评估,辨认何为高危险的犯罪者与被害者类型、何为经常发生犯罪的时间与地点、何为会制造犯罪机会的风险行为,以及何为可能会被利用的犯罪工具。而刑事制裁体系的功能即转变成对这些高危险类型的犯罪与犯罪人进行监控与干预,使风险降

① Feeley M. and Simon J., *The Form and Limits of the New Penology*, in Thomas G. Blomberg ed., Punishment and Social Control, Aldine De Gruyter, 2003, p. 75 – 120.

② Mary Philippe, « Pénalité et gestion des risques: vers une justice actuarielle en Europe ? », *Déviance et Société*, Vol. 25, No. 1, 2001, p. 33 – 51.

低或将风险重新分配,通过各种风险管理的措施,增加社会大众的安全感,因此这是一种强调风险控制管理的制裁理念。

风险管控的制裁理念与传统报应性和矫正性制裁理念,以及同时期兴起的恢复性制裁理念都有根本的不同,上述三种制裁理念,不论是以犯罪人本位,还是以“犯罪人—被害人—社区”为本位,都是个人视角的,主张制裁是个人与国家、个人与社会、个人与被害人、个人与社群之间的关系。但风险管控的制裁理念采用精算方法使用群体犯罪的统计估算来确定刑事司法适用于这些群体中的特定个人,①采取的是群体视角而非个人视角。之前的制裁理念本质上还是在关注个人的行为和选择。而新刑罚学虽然也不排斥理性人的立场,但却是由于同一类别的群体在理性人的前提下是有相似的共同特征,目的在于更好地了解其理性特征,预测和管理风险。新刑罚学中提倡的以精算风险评估为基础的选择性失能,即是根据不同群体的不同风险程度,或通过剥夺资格,或通过监禁等不同的措施使其在一定时间内失去再次犯罪的能力。与传统的特殊预防不同,选择性失能的目标并非改变犯罪人或是其所处的社会环境,而是重新安排犯罪人在社会中的分布,②将犯罪人配置在比较安全或易受监管的社会位置中。比如,限制犯罪人从事特定行业资格或者进入公职,这种措施显然不在于矫正犯罪人的灵魂,而在于排除其进入再犯危险场域之可能性,当受剥夺资格人数够多时,该场所自然能达到显著的安全改善效果。③ 而对于高风险的犯罪人来说,

---

① Harcourt Bernard E., « Surveiller et punir à l'âge actuariel. Généalogie et critique ». *Déviance et Société*, Vol. 35, No. 1, 2011, p. 5 – 33.

② See Feeley M., Simon J., *The new penology: notes on the emerging strategy of corrections and its implications*, Criminology Vol. 30:4, 1992, p. 449 – 474.

③ 参见周愫娴:《以风险评估为基础之新刑罚学:新远道与旧乡愁》,载《月旦法学教室》2013 年第 2 期。

对其实施监禁，将其与社会隔离足够长的时间，就可以排除其继续实施危害社会行为的可能性。而这个理论模型中，犯罪个体是否有所改变并没有多大的意义，制裁并不试图影响个人的决定，而是认为个体具有惰性和惯性，只想识别和控制高风险人群。[①] 精算司法更少考虑到个人的意愿（或不同），而是将个人看作是人口中的单位。

在矫正性制裁中举足轻重的犯罪人危险性评估，在风险管控的制裁理念下，继续得到了"重用"，但其背后的目的却完全不同，前者评估危险性的目的是要对犯罪人进行康复和矫治，而后者的目的是根据危险性的不同将个体归类入不同的群体，而对其危险性采取不同的手段予以管控。因此，危险性评估在这种理念的主导下，也发生了显著的变化。从其发展历史来看，基本经历了四代风险评估工具，第一代是在20世纪70年代，主要是由临床医生进行非结构化或半结构化访谈以提取相关信息，基于专业人员的经验和知识形成对累犯风险的判断，主观性较强，虽然形成了现代风险评估实践的基础，但很快被取代；第二代工具产生于20世纪70年代至80年代，是使用静态的预测因子进行风险评估的精算风险测量表，如年龄、婚姻状况、犯罪史和精神病史等，只是静态地反映罪犯被捕时的危险性；第三代工具产生于20世纪90年代，将评估罪犯静态风险因素和动态风险因素相结合，动态因素包括就业、伙伴、社会交往、个性、情感倾向和态度等，动态因素涉及犯罪基因需求，本质上是可变的，因此服务于康复计划的目标；第四代工具发展于2000年以后，是以风险管理和风险评估相结合为特征的，通常是使用算法评分的技术应用程序。它不仅关注危险评估，而且与个案管理相连接，首先将个

① Feeley M., Simon J., *Actuarial Justice: the Emerging New Criminal Law*, in David Nelken ed., The futures of Criminology, Sage, 1994, p. 173 - 201.

案分类至特定的风险群组中，在评估的基础上向管理人员提供干预的结构性计划。[①] 这种模式奉行"风险原则"，即把注意力放在风险程度较高的罪犯身上，风险低的罪犯"被识别并排除在惩教计划之外"。[②] 可见通过第三、第四代评估工具的发展，精神病学家和临床心理学家的诊断能力被认为过于武断，进而被精算评估的统计方法所代替。风险评估越来越借助在犯罪者身上收集信息的程序应用工具。风险评估通过"大数法则"的社会学精算统计进行评估，需评估的风险实际上具备社会学宏观属性和行为认知心理学微观属性的双重意义。风险评估除了从个体视角考虑基于恶性人格的人身危险之外，还要从社会管制难易程度、管制成本和管制重点等社会学视角客观评定宏观意义上的社会风险程度。[③] 正如西蒙指出的，现代风险评估已经将"人身危险性"的问题转化成一个更普遍性的风险。[④] 风险评估正在从关注个人危险性向对分类过后的群体风险性转移，从服务于个体制裁适用和矫正目的向分类管理犯罪人转移，体现的是一种管理主义的倾向，也导致"刑罚制度代理人的工作成为工具的应用工作，而不再是对情况的解释"。[⑤] 最初风险评估只

---

① See Hamilton Melissa, *Risk-Needs Assessment: Constitutional and Ethical Challenges*, American Criminal Law Review, Vol. 52:2, 2015, p. 231 – 292；参见文姬：《人身危险性评估方法研究》，中国政法大学出版社 2014 年版，第 16 ~ 26 页。

② Edward J. Latessa, Brian Lovins, *The Role of Offender Risk Assessment: A Policy Maker Guide*, Victims & Offenders, 2010, p. 203 – 219.

③ 参见李川：《修复、矫治与分控：社区矫正机能三重性辩证及其展开》，载《中国法学》2015 年第 5 期。

④ Jonathan Simon, *Reversal of Fortune: The Resurgence of Individual Risk Assessment in Criminal Justice*, Annual Review of Law and Social Science, 2005, p. 397 – 421.

⑤ Gourmelon Nathalie, « La prise en charge pénitentiaire des délinquants sexuels sous le sceau de la gestion des risques et de la lutte contre la ré cidive », *Déviance et Société*, Vol. 36, No. 4, 2012, p. 363 – 387.

是用于假释的判断，但逐渐风险评估扩大到服务于矫正和管理，甚至近年来在美国风险评估进入了量刑环节，成为影响法官决策的因素之一，①其适用范围越来越广的背后，是风险应对和管理需求的不断增加。

这种风险管控的制裁理念总体上是预防导向的，只是其主张的途径、方式与强调与个人进行沟通的传统预防性制裁理念有所区别，更具群体性、客观性与现实性。在风险管控的制裁理念的影响下，刑事制裁体系也出现了明显的变化，制裁致力于通过减少社会对于犯罪人的犯罪机会供给，从而重新分配成本，制造抑制因素。危险性较小的犯罪分子，制裁采取的是情景防控的理念，即是指通过干预犯罪的直接原因来降低犯罪事件发生风险和严重程度的策略。② 情景预防将犯罪人和潜在的犯罪人视为“情景人”，他们强调犯罪者会计算他们的行为，大多数犯罪者都是机会主义者，预防犯罪最好的措施就是通过增加情境控制让犯罪对于犯罪人来说变得更加困难。③ 例如给犯罪人或者嫌疑人佩戴电子手镯以替代监禁就是情景防控的例子，体现了制裁以风险控制为内容。④ 通过控制其犯罪情境、现场中的直接因素，限制和控制情景人的行为。通过尽可能系统和永久的微观物理环境和社会环境的设计、管理和改造，以增加犯罪的难度和风险，减少犯罪收益和犯罪借口，从而达到防控犯罪的目的。再如前文提到的一些资格刑的运用，重新安排犯罪

① Collins Erin, *Punishing Risk*, Georgetown Law Journal, Vol. 107:1, 2018, p. 57 - 108.

② Devresse Marie-Sophie, « Être placé sous surveillance électronique. Une forme originale de peine situationnelle? », *Déviance et Société*, Vol. 37, No. 3, 2013, p. 375 - 388.

③ See David Garland, *The Punitive Society: Penology, Criminology and the History of the Present*, The Edinburgh L, Vol. 1, 1997, p. 180 - 199.

④ Devresse Marie-Sophie, « Être placé sous surveillance électronique. Une forme originale de peine situationnelle? », *Déviance et Société*, Vol. 37, No. 3, 2013, p. 375 - 388.

人在人群中的分布,使其丧失再犯的机会。而对于危险性较大的犯罪分子,如恐怖活动的极端分子,风险管控的制裁理念则会主张对其进行长期的隔离,以控制犯罪风险。近年来建立在风险评估基础上的预防性监禁(保安监禁)的走强趋势就是这方面的体现。以德国为例,最早发端于纳粹德国时期的预防性拘留,即是对于高风险犯罪人在刑罚执行完毕后,以危险性为理由继续羁押的措施。在第二次世界大战后的1969年,此举一度受到比例原则的限制而被宣告收紧,但从1998年开始,在社会公众和舆论对风险集体恐惧的困扰下,完全建立在危险评估基础上的预防性拘留经历了一种复兴,且其体系不断强化。这种预防性监禁措施针对的都是标志性的高风险人群,如性犯罪者、恐怖主义分子和严重暴力犯罪人等。虽然理论上协助再社会化是监禁期间必要的处遇措施,但有学者研究指出这在实践中却往往遭到忽视,①导致这种预防性的监禁,只是起到了风险隔离作用,而这种情况在法国、比利时等国家也基本类似,体现了以风险控制为主要内容的预防趋势。由此可以看出,近年来电子监禁的不断发展,资格刑愈加丰富以及西方国家针对暴力和极端犯罪监禁率的回升,其背后均或多或少体现了风险管控的制裁理念。

当然,在风险管控的制裁理念旗帜鲜明地提出了刑事制裁用以"识别、管理和控制风险"的观点后,由于其对传统制裁理念的诸多颠覆性的论述,一直争议不断。一是认为可能会危及责任主义,导致刑罚有失公平。批评者认为,新刑罚学的精算司法颠倒了社会科学和法律规范之间的传统关系,风险预测工具由社会学和犯罪学创建和发起,因为来自社会科学,故而对法律制度完全是外生的,既没

① Herrmann Jenny,« Chapitre Ⅱ. Le doute profite à la sécurité. Dangerosité et droit pénal en Allemagne », Geneviève Giudicelli-Delage éd. , *La dangerosité saisie par le droit pénal.* Presses Universitaires de France,2011,p. 143 – 166.

有传统法学理论根源，也缺乏与刑罚的哲学基础争论之间的关联。然而，精算和风险评估却从根本上改变了对最佳和最公平的刑法管理方式的基本理解。① 而“危险性”“群体风险”等概念是预测性的、可变的，刑罚的适用和执行越来越倚重这样的概念，会有破坏刑罚的公正性导致刑罚失衡的隐忧。② 二是会导致社会控制的不当增强。这种差别化的对待采用一种风险和资源管理的方法，导致了一种更原始、更严厉的刑罚，③会造成一个更加排他和分离的社会。甚至有学者认为，不断强化的犯罪控制，遍布各处的监视器、摄像头，可能最终会导致进入福柯所描述的全景敞视型的社会，每一个人都生存在监视之下。④ “当代社会的主要危险不是那些犯罪，而是世界借由打击犯罪的方式，引导社会往集权主义的方向发展。”⑤由于存在上述争议，也有学者指出，这种管理主义的风险管控的制裁理念服务于一种对越轨人口的管理和控制的逻辑，它只是对传统制裁理念的补充，而不是替代。⑥ 可以说，风险管控的制裁理念，与传统的报应性制裁理念、预防性制裁理念和新兴的恢复性制裁理念，均同时存在于当今绝大多数国家的刑事制裁领域中。

从以上对刑事制裁理念的类型及发展的梳理可以看出，刑事制

---

① Harcourt Bernard E., « Surveiller et punir à l'âge actuariel. Généalogie et critique », *Déviance et Société*, Vol. 35, No. 1, 2011, p. 5 – 33.

② Collins Erin, *Punishing Risk*, Georgetown Law Journal, Vol. 107:1, 2018, p. 57 – 108.

③ David Garland, *The Punitive Society: Penology, Criminology and the History of the Present*, The Edinburgh L, Vol. 1, 1997, p. 180 – 199.

④ 参见许华孚：《录影监视系统在犯罪控制运用的省思》，载《犯罪学期刊》2009年第1期。

⑤ Nils Christie, *Crime Control as Industry*, 3rd ed, routledge, 2000.

⑥ Cartuyvels Yves, « La justice pénale, entre pluralisme justiciel et hégémonie managé riale », BOY, J. J. Racine, J. B. SUEUR (dir.), *Pluralisme juridique et effectivité du droit économique*, Larcier: Bruxelles, 2011, p. 455 – 499.

裁体系是随着刑事制裁理念的演变而逐渐扩充的,在不同的历史时期,对刑事制裁理念的侧重不同,刑事制裁体系便随着刑事制裁理念的变化而逐渐变得多元,报应性制裁理念稳固了监禁措施的地位,预防性制裁理念影响了以危险性预防为内容的保安处分制度的确立,恢复性制裁理念带来了社区性制裁的蓬勃发展和刑事损害赔偿地位的提升,风险管控的制裁理念促进了电子监禁的普及和资格刑的丰富。因此,不论是刑事制裁理念还是用以践行这些理念的刑事制裁体系,均是历史的产物,经历着随时代的发展变迁而不断变化的动态过程。

二、"法治国—福利国—安全保障国"之刑事制裁价值流变

刑法是一种社会治理和社会控制的机制,它就只能谋求社会的目标。[①] 上述刑事制裁理念的先后产生,与一定的历史背景和社会发展形态息息相关。是不同的社会发展形态作用于刑事制裁领域的产物。西方随着工业化的发展进程,先后经历了法治国、福利国和安全保障国的国家形态,在刑法特别是刑事制裁领域分别引申出了不同的核心价值。

近代的法治国是在自由资本主义时期,随着强调"自由放任"的市场走向而产生的,国家在其中扮演着"守夜人"的消极角色。基于对公权力的高度不信任,法治国的核心在于通过法律的确定性来塑造和制约国家公权力,保证国家权力对公民自由的干预符合正义原理。行政法领域法律保留原则、比例原则以及刑法上罪刑法定原则的确立,都是避免国家滥用权力侵犯公民权利的基本原则与制度。[②] 因此,与传统的报应性制裁理念相伴的,保障人权、避免刑罚权的滥

① 参见[德]克劳斯·罗克辛:《刑事政策与刑法体系》(第2版),蔡桂生译,中国人民大学出版社2011年版,第76页。

② 参见何荣功:《预防刑法的扩张及其限度》,载《法学研究》2017年第4期。

用,是近代以来法治国刑法的价值支撑。在传统古典刑法看来,受理性支配的刑法立法必须尽可能针对可观察的现实侵害确定处罚规范。刑法的明确性、处罚范围的谦抑和节制(刑法的补充性、最后手段性)、处罚与社会正义及报应挂钩等,成为传统刑法的核心内容,从而使古典刑法呈现出保守性。① 这一时期,刑事制裁领域以强调人的尊严和人权保障的人道主义为价值基石。"人道主义"一词从拉丁文 *humanists*(人道精神)引申而来,其根本性的宗旨是以人为本,②强调关怀人、爱护人、尊重人。人道主义与人权保障、法治政府思想的融合,最终促成了现代社会的形成。关于现代社会的结构大体包括以下几点:第一,人与人平等。第二,人民主权。第三,推行法治,政府接受人民的监督。第四,国家保障人民的权利。由现代社会的结构决定,在现代社会中,罪犯不仅是在道义上需要关心的人群(这是人道主义"关怀人"内涵的必然要求),而且是法律上保护的人群。这是由人权保障的现代社会属性所决定的。③ 因此人道主义进入到以刑罚为主的刑事制裁领域后,自然产生了刑事制裁的人本化要求,强调人权保障和刑事制裁的人性化、轻缓化。犯罪人的人权被认为是"底线人权",所以刑事法治是最低限度的法治标准。④

19 世纪末,在自由法治国家中尽管人们享有了空前的自由空间,但是随着社会财富的分化和急剧集中,有一部分人发现所谓的"自由"仅仅是"贫困的自由",于是人们试图放弃部分甚至全部"自由权"而主张"生存权"的最低保障。正是在此背景下,"自由放任"

---

① 参见周光权:《积极刑法立法观在中国的确立》,载《法学研究》2016 年第 4 期。

② 参见孙万怀:《刑事法治的人道主义路径》,北京大学出版社 2006 年版,第 5 页。

③ 参见翟中东:《矫正的变迁》,中国人民公安大学出版社 2013 年版,第 96 页。

④ 参见文池主编:《在北大听讲座 · 第十七辑——思想的灵光》,新世界出版社 2001 年版,第 68 页。

的市场走向了"规制市场","法治国"过渡到了"福利国"。[①] 在自由法治国向20世纪的社会福利国过渡的过程中,刑法的基本思想也从事后的镇压控制转向了事前的预防控制模式。[②] 预防性制裁理念,特别是特殊预防开始受到关注。在刑法福利主义的框架中,犯罪被视为一种社会异常问题。既然是社会问题,对犯罪问题的处理就要求助于社会政策改革、预防犯罪措施的导入与革新,而刑罚的目的就在于矫正犯罪人,使其复归社会,重新实现社会整合与团结。[③] 从19世纪末刑事实证学派发端到20世纪70年代之前,随着实证学派对犯罪人危险性的关注、刑罚个别化原则的提出和发展,以及战后的新社会防卫论的影响,西方国家现代刑事制裁制度的运作重心都在于对个别犯罪人危险性评估的基础上,对其进行矫治。这段时期被美国法社会学家大卫·加兰德(David Garland)称为"刑罚—福利主义"时期。在福利社会理论的影响下,基本上国家对于矫治犯罪人行为偏差的态度是积极且充满信心的。在刑事制裁领域,犯罪人的人身危险性是被特别关注的核心概念,刑事实证学派早期主张意志决定论,据犯罪人的危险性来适用刑罚,犯罪本身只具有症状价值(类似于犯罪人格外化的症状),仅表明了个人的犯罪率和个人犯罪水平。惩罚不再是对犯罪的制裁,而是针对个人犯罪采取的预防措施之一。在这种理论的影响下,强调危险性预防和犯罪人矫正的保安处分措施应运而生,成为与刑罚并存的刑事制裁体系中重要的另一"轨"。但实证学派的理论抛弃了责任的理念,将刑罚的个别化完全建立在犯罪人的危险性之上,走向了极端主义,这种完全建立

---

① 参见倪洪涛、刘丽:《走出福利法治国的困境》,载《法律科学(西北政法学院学报)》2006年第4期。

② 参见[德]埃里克·希尔根多夫:《德国刑法学:从传统到现代》,江溯等译,北京大学出版社2015年版,第246页。

③ 参见何荣功:《预防刑法的扩张及其限度》,载《法学研究》2017年第4期。

在危险性上的刑事制裁就使刑罚丧失了必要的限制和边界。19世纪法国学者萨莱耶在调和古典学派的责任主义和实证学派的对危险性考量的基础上,提出了一种在责任的基础上根据犯罪性进行刑罚个别化裁量的折中观点,认为改造犯罪人让其重新适应社会,才是社会动用刑罚对犯罪进行干预的理由,同时也是刑罚的目的。因此,刑罚以古典学派的自由和责任原则为基础,但应考虑到个体的心理价值,也就是实证学派的原则。犯罪的客观方面决定了对其进行追诉,但其主观方面决定了惩罚。① 萨莱耶的观点被认为是系统化、理论化的刑罚个别化的开端。② 第二次世界大战以后,在战争中被忽视的对人的尊严的保护和对个人的尊重,引起人们普遍关注,新社会防卫理论则应运而生。③ 法国法官、刑法学家马克·安赛尔就是最重要的代表人物,他认为古典学派和实证学派均只试图保护社会,在适当情况下牺牲罪犯。而社会防卫论认为罪犯是一个可以被理解的人,是可以被纠正的,适当的情况下可以被治愈,无论如何要进行再社会化。因此,新社会防卫论对于与刑罚适用的主旨思想就是通过对犯罪人的再社会化,从而改善和保护社会。新的社会防卫论考虑到了无限的人类多样性,并毫不犹豫地呼吁科学地理解和对待它。安赛尔认为,刑事政策必须朝着这个方向发展,通过推广预防手段和改善治疗机构,对个人进行系统的再社会化。新社会防卫的思想提出后,马上得到了欧洲大陆国家的确认,拉丁美洲国家也很快接受,苏联和东欧社会主义国家也从批判到研究并接受,新

---

① Ottenhof Reynald, *L' individualisation de la peine*, *De Saleilles à aujourd'* hui, Toulouse, ERES, 2001, p. 97 – 140.

② Ottenhof Reynald, *L' individualisation de la peine*, *De Saleilles à aujourd'* hui, Toulouse, ERES, 2001, p. 97 – 140.

③ 参见马克昌主编:《近代西方刑法学说史》,中国人民公安大学出版社2008年版,第467页。

社会防卫思想在日本也受到了欢迎,[1]这一运动促进了刑罚的重新社会化的功能,是福利国以刑罚为中心的刑事制裁主要以犯罪人的矫正、复归为核心特征的典型体现。

自20世纪70年代末到80年代,西方面临着第二次世界大战之后严重的经济萧条,财富分配不均、贫富差距过大、社会不平等问题突出,失业率增加、犯罪率不断上升导致治安形势恶化。西方国家陷入了对传统的报应性刑事制裁和矫正性刑事制裁的反思,这导致出现了两种刑事制裁的新理念——恢复性制裁理念和风险管控型制裁理念。

恢复性制裁理念源于西方社会在20世纪中叶逐渐兴起的被害人运动,特别是20世纪70年代之后,以保护和帮助刑事被害人为目标的法律改革在世界范围内出现,出现了“被害者导向”的刑事政策思想,由此进入了所谓的“被害人时代”。[2] 保护被害人的刑事理念产生的原因是复杂的,但有西方学者认为,这与社会风险不断加大造成公众对风险的恐惧有关,公众会越来越多地“将自己想象为受害者”的立场,而为了迎合公众的期待和舆论的导向,“犯罪受害者”的形象越来越提升为“我们这个时代的代表主体”,[3]政府倾向于以受害者的代表人自居,这转变成了政府活动合法化的基本前提,并为治理创造了新的机会。[4] 在1970年之后,被害人的利益和感受逐渐成为各式刑事立法的基础,不少重刑措施都是以保护社会法中的

---

① 参见[法]马克·安赛尔:《新刑法理论》,卢建平译,香港天地图书有限公司1990年版,“中文版序”第1页。

② 参见陈晓明:《修复性司法的理论与实践》,法律出版社2006年版,第56~57页。

③ Jonathan Simon, *Governing Through Crime: How the War on Crime Transformed American Democracy and Created a Culture of Fear*, Oxford University press, 2007, p. 75.

④ Baker Estella, *Governing through Crime-The Case of the European Union*, *European*, Journal of Criminology. Vol. 7:3, 2010, p. 187 – 213.

安全为名，而大众的被害恐惧指数，被当作是国家刑事政策是否有效的衡量标准。① 可见，恢复性制裁理念的出现，与风险加剧、安全保障存在密切关系。

而同时代出现的风险管控型制裁理念则与风险和安全保障存在更为紧密的联系。随着社会学家罗伯特·马丁森(Robert Martinson)的论文《有什么是管用的？关于监狱改革的问题与回答》在1973年的发表，推动西方社会上逐渐形成了一股“矫治无用”(nothing works)的思潮，对于监狱和犯罪人抱着不信任与悲观的看法，政治上反对福利主义的新自由主义被提出，认为国家无须为个人的行为负责。社会环境的变化导致西方国家资本积累、人权观念和战后的社会运动等均对刑罚理论产生影响。社会出现了“一种新的、紧迫的对安全需求的强调，即遏制、识别和管理风险”，“保护公民免受国家侵害的理念越来越多地被要求国家保护公民的呼吁所取代”，②社会舆论普遍要求政府对法律及社会秩序的维护更加强化，福利国家的矫治模式逐渐式微，取而代之的是更趋于保守的犯罪控制模式，在刑罚的理论和实践中体现出管理主义(managerialism)的倾向，刑事政策和刑事制裁的适用存在强调镇压与严厉的趋势。③ 随着工业化和现代化的继续深入发展，现代性内部出现了断裂，既作为主体也作为客体，学者吉登斯和拉什将其论证为“自反性现代化”。④ 这

---

① 参见李佳玟：《在地的刑罚·全球的秩序》，台北，元照出版有限公司2009年版，第75页。

② David Garland, *The Culture of Control: Crime and Social Order in Contemporary Society*, The University of Chicago press, 2001, p. 12.

③ 法国学者Jean-Louis Senon认为，这种当代社会由法规对风险管理活动的倾向，美国开始在1960年，英国显现在1980年，法国及其他欧洲国家显现于2005年左右。

④ 参见[德]乌尔里希·贝克：《风险社会：新的现代性之路》，张文杰等译，译林出版社2018年版，第4~5页。

个时期的到来,“国家的角色和任务已经发生了根本性转变。如何防范政治、经济、社会等领域的潜在风险,有效应对危机,为公民提供安全的生活条件,成为国家的核心任务,行政的任务也从福利行政向风险行政转变”。[①] 现代各国的刑法立法不约而同地开启了刑法观的转向:从形而上学的理性思考适度转向更为现实的具体考量、经验判断;从结果导向转向行为导向;从惩罚传统犯罪转向特殊领域(打击恐怖主义、有组织经济犯罪、网络犯罪);从报应转向积极的一般预防,不再死守用法益概念约束立法者这一立场。因此,现代的刑法立法明显具有功能性,从消极立法变为积极立法。[②] 以启蒙运动为思想起点的传统刑法奉行自由意志与风险自担,不主张刑法对社会秩序过分干预。然而,相较于启蒙哲学时代的政治经济氛围,现实风险社会的规范议题不再是强调国家统治权力的过度集中,或是自由应如何分配等,而是聚焦在社会持续处于一种高度依赖社会控制机制的氛围,亦即要求国家积极采取行动排除危险,实现安全保证的需求。社会需要国家提供一套担保仪式,此一担保仪式便成为刑罚的正当性所在。[③] 在这种社会情势之下,制裁的对象及其罪责也与传统的社会存在区别。安全保障国的安全刑法中,刑法体现出更强的预防性,但这种预防却体现出越来越趋于客观化的特征。刑法承担事前预防性机能,并且机能前置化和缓和法益的保护,将犯罪行为的非法性立足于行为规范的不履行上。[④] 进而犯罪

---

① [德]汉斯·J.沃尔夫等:《行政法》(第3卷),高家伟译,商务印书馆2007年版,“中文版前言”第3页。

② 参见周光权:《积极刑法立法观在中国的确立》,载《法学研究》2016年第4期。

③ 参见古承宗:《风险社会与现代刑法的象征性》,载《科技法学评论》2013年第1期。

④ 参见[韩]许一泰:《在危险社会之刑法的任务》,载中国人民大学刑事法律科学研究中心组织编写:《现代刑事法治问题探索》(第1卷),法律出版社2004年版,第256页。

人的罪责正变得越来越趋于客观化。相应地,刑事制裁的核心价值也变成了应对风险、保障安全,风险管控的制裁理念因此产生。一方面制裁更加现实化,将刑事制裁目标放得更加实际,从消除犯罪、改变犯罪人转变为防控犯罪风险,遵循大数法则来判断风险等级,对犯罪人采取不同风险等级的选择性失能的制裁策略。另一方面将制裁变得越来越群体化、客观化。刑事制裁越来越少针对犯罪人个人及其主观决定,而越来越多地针对群体风险,及如何通过客观地改变其行为条件、环境(情景预防),改变犯罪人在社会人口中的群体分布(选择性失能),来控制犯罪风险。

安全刑法的趋势不可避免的遭到了许多学者基于法治国立场的批评,法治国传统的坚强捍卫者,面对不断加大的社会风险需要应对的现状,出现了两种分野,一种是固守法治国的理念和底线,对安全刑法中有可能损害法治国的变化予以强烈批评。如认为"在这种新型危险出现、民众对于安全保障的需求日益提升,为了取悦选民就必须满足其对安全保障之期许的背景下,立法者在制定旨在维护安全的法律法规时也必须避免犯下——尽管是出于最良善的目的——导致对法治国的损害更甚于从维护安全中所获之益处的错误。"①"刑法突破了自由主义思考下的狭隘范围,在这个范围内,刑法仅仅用来确保'道德底线'。它日渐成为控制严重扰乱社会国家秩序行为的工具","刑法的目的不再是抗制犯罪",而在于"为援助政策、环境政策、健康政策及外交政策提供辅助性的支持,逐项对具体法益侵害的报应促使了大面积对问题情境的预防"②。安全刑法

① [德]乌尔里希·齐白:《全球风险社会与信息社会中的刑法:二十一世纪刑法模式的转换》,周遵友、江溯等译,中国法制出版社2012年版,第198页。

② [德]埃里克·希尔根多夫:《德国刑法学:从传统到现代》,江溯等译,北京大学出版社2015年版,第248~249页。

在“消除或削弱传统法治国刑法所设置的、用来阻碍政策目标实现的各种障碍”。[①] 但“水至清则无鱼”，在现有社会风险加大的情势下，一味固守法治国的体系不变多少显得有些苍白无力，是一种回避解决现实问题的做法。甚至有学者直接批判道，“纯粹法治国传统在现实中从来没有存在过”。“古典核心刑法”早前是真实存在还是仅为臆想，却是仍然存疑的问题。[②] 而另一种做法则是在法治国体系之外，另辟蹊径，建立另一套与法治国体系并列的体系以应对不断增强的社会风险，同时保留法治国体系的逻辑和底线不变。典型的范例是德国学者雅各布斯提出的“敌人刑法”理论。雅各布斯把与规范的沟通能力和沟通意愿视为人的属性，把那些不愿意或者不能够满足规范期待的人视为法律上的非人格体，排除他们作为人的资格，因此主张对之采取防卫性的刑事制裁，大大限缩其程序权利，将其隔离于社会之外，以达到风险防御的目的。[③] 雅各布斯总结出的“敌人刑法”理论，貌似是与法治国的自由刑法完全颠覆的离经叛道之举，而实际上，雅各布斯正是为了捍卫法治国自由州法的纯洁性，他认为恐怖主义、严重经济犯罪等具有极大破坏性的行为直接威胁到法治国的生死存亡，只有用敌人刑法的手段去迎战他们，才可保全法治国，以敌人刑法的手段，去发动一场保卫法治国刑法的战争。因此，雅各布斯的法治国“无法包容任何一点杂质，无法容忍任何形式的妥协。因而他要把哪怕是一丁点儿与法治国不符的

① [德]埃里克·希尔根多夫：《德国刑法学：从传统到现代》，江溯等译，北京大学出版社2015年版，第249页。

② 参见[德]埃里克·希尔根多夫：《德国刑法学：从传统到现代》，江溯等译，北京大学出版社2015年版，第221页。

③ 参见王莹：《法治国的洁癖 对话Jakobs“敌人刑法”理论》，载《中外法学》2011年第1期。

成分，都剔除出法治国市民刑法之外，可以称之为一种体系的洁癖”①。

可见，现有情势下，刑法需要对新涌现出来的危险行为给予适当回应，但对传统法治国理念限制的变通，可能对自由构成的威胁，也是不容忽视的。西方学者无论是主张有限度地接受安全刑法的积极回应，还是保留法治国立场上的另辟蹊径，均是对后现代风险社会下，刑法和刑事制裁要对风险作出回应以及有可能会侵害法治国的原则和理念之间，寻求一个妥当的解决方案。这也正体现出，西方国家沿着“法治国—福利国—安全保障国”的轨迹发展至今，传统的报应性制裁理念、预防性制裁理念与新兴的恢复性制裁理念和风险管控的制裁理念，既存在冲突又不断融合并存的现状。

第二节　中国刑事制裁理念的传统与现在

一、以报应为主的传统刑事制裁理念

法社会学家大卫·加兰德认为，由社会所建构的心理与情感所代表的文化对我们惩罚犯罪人的方式有着重要影响。② 法律奠基、生长于社会文化肌体之中，社会文化所提供的思维模式、价值模式和审美模式对该社会的法律具有深刻、潜在的影响。③ 中国的传统重刑观念和浓厚的报应思想，不得不说是与中国历史悠久的传统文化息息相关。中国传统法律文化主要呈一种工具性理念，法律更多

---

① 王莹：《法治国的洁癖　对话 Jakobs“敌人刑法”理论》，载《中外法学》2011 年第 1 期。

② Garland D., Sparks R., *Criminology and social theory and the challenge of our times*, British Journal of Crimimology, Vol. 40, 2000, p. 189 –204.

③ 参见许发民：《刑法的社会文化分析》，武汉大学出版社 2004 年版，第 266 页。

的是作为维护统治秩序的工具而存在。在这种文化定势及政制下,用以维护统治的刑罚权注定不会是平缓的手段,“法即刑”且“刑起于甲兵”——中国的刑罚体系随着社会基本形态的长期不变而始终保持着重刑的格局。皇权刑威与世俗社会同构之下,民众亦长期对“犯罪”抱有强烈的憎恶心理,对重刑迷恋有加(死刑在中国难以废除与此直接相关),重刑主义思想弥漫于整个民族思维之中。[①] 而在如何看待犯罪和犯罪人方面,中西方存在较大差别。西方社会根植于基督教文化中的“原罪”思想,认为人人生来都是罪人,因此对于罪犯的看待更加平和与宽容。在中国传统文化中,对犯罪的认识和评价是以“礼”为核心的——犯罪是对国家整体礼法的破坏,被视为具有极大危害性、需要严惩的行为。[②] 因此,罪犯历来在东方被视为“穷凶极恶”之徒,至少是道德存在缺陷的人,正所谓“恶有恶报”,等待他的必须是严刑峻法。这也解释了为什么中国这样一个刑法谦抑传统并不盛行的国家,犯罪圈却明显小于其他国家。很大程度上是因为我国传统世俗文化一直将犯罪看作是“十分严重”的恶行,相应的刑罚就是十分严重的惩罚。一些相对轻微的恶行,宁可依靠家族、祠堂和宗族来消化解决,真正上升为犯罪的都是世俗社会公认的罪恶之徒。我国的传统文化决定了我国犯罪圈和刑事制裁呈现“小而重”的特征。这种传统一定程度上沿袭到当代,一方面,公众的观念还停留在重刑依赖的思想中,特别是通过“药家鑫案件严惩”“人贩子一律判死”等网络舆情就可以看出,对于自由刑乃至死刑的社会文化依赖在很大程度上依然存在。另一方面,在司法实践中,

① 参见冯亚东:《罪刑关系的反思与重构——兼谈罚金刑在中国现阶段之适用》,载《中国社会科学》2006 年第 5 期。

② 参见冯亚东:《罪刑关系的反思与重构——兼谈罚金刑在中国现阶段之适用》,载《中国社会科学》2006 年第 5 期。

有些实务工作者“重打击、轻保护”的理念根深蒂固。对犯罪嫌疑人、犯罪分子“杀、关、管”的思想观念在很多司法工作人员心中仍然占据着主导地位,对于如何针对不同犯罪行为人进行不同教育、矫正的观念,尊重犯罪行为人以及如何使其顺利回归社会的观念仍然比较淡薄。① 这也反映在我国监狱内矫正和社区矫正个别化处遇程度不高,除了制度设计和完善外,还需要进一步加强观念方面的工作。

(一)将法治国刑事制裁价值内化的过程尚未完成

具体到刑事制裁领域,我国虽具有重刑观念和长期“重打击、轻保护”理念传统,但“尊重和保障人权”的价值理念也越来越多地内化于我国的刑事立法和司法当中。第二次世界大战后,国际社会从人道主义理念出发,越来越多的国家将罪犯人权保障纳入法律中,联合国也积极制定国际公约和国际司法规则,来推动对罪犯的人权保障,推动刑事制裁的人性化和轻缓化。其中最具代表性的是1966年12月16日由联合国大会第2200A(XXI)号决议通过的《公民权利和政治权利国际公约》,明确将国家的人道化的道德义务上升为法律义务。规定公民的刑事权利包括不得任意剥夺生命权,免受非法逮捕,拘禁的权利,行刑的人道主义,刑事诉讼的正当程序原则,罪刑法定原则等。除此之外,还有一系列保障犯罪人人权和刑事制裁人性化的公约和规则,包括1955年通过的《囚犯待遇最低限度标准规则》、1984年通过的《禁止酷刑和其他残忍、不人道或有辱人格的待遇或处罚公约》、1988年通过的《保护所有遭受任何形式拘留或监禁的人的原则》等。特别是1990年12月14日第45/110号决议通过的《非拘禁措施最低限度标准规则》,旨在促进非监禁性的刑事

① 参见王耀忠:《非监禁刑研究》,法律出版社2016年版,第115页。

制裁的运用、监禁的减少和替代、替代和处遇措施的多样化等。我国仅在1986年签署了《禁止酷刑和其他残忍、不人道或有辱人格的待遇或处罚公约》,1988年9月5日立法机关批准。在1998年签署了《公民权利和政治权利国际公约》,但到目前为止国内尚未批准。虽然罪刑法定原则已经在我国《刑法》中确立,“尊重和保障人权”也于2012年写入了《刑事诉讼法》,但在刑事制裁领域,用人道主义理念和在这些公约里具化的贯彻人道主义理念的具体规则来考察我国的刑事制裁体系结构,发现我国刑事制裁的人权保障和轻缓化的基调尚存在较大的发展空间。人权保障的制度设计依然需要不断完善,一方面,保安处分、刑事没收、刑事损害赔偿缺乏体系化和协调性不利于人权保障。另一方面,非监禁刑和监禁替代措施需进一步增加,在国际化越来越深入的今天,中国与国际社会的联系日益紧密,不论是从刑事制裁的人道主义理念,还是顺应趋势切实履行国际义务或者为开展国际刑事司法合作提供便利的角度,都要求我国的刑事制裁体系尽可能与国际理念和规则看齐。我国尚未完成法治国刑法理念的确立和相关制度的完善,正处于刑事制裁理念和制裁制度的转型过程中。

(二)将福利国刑事制裁价值内化亦存在过程

我国刑事制裁的状况体现出福利国的价值要求亦存在需进一步内化的过程。存在的问题一是围绕矫正和复归的制度设计薄弱。矫正和复归是要建立在对犯罪人人身危险性的考察和评估基础上的,而我国现有的以刑罚为主的刑事制裁,主要考量的依然是已然之罪,“人身危险性”及其相关概念“再犯危险性”“社会危险性”等,在刑事制裁的设置和适用中较“罪行轻重”明显处于边缘和从属地位。特别是缺乏对于人身危险性的科学评估,导致类似缓刑这样明确以人身危险性作为适用标准的制裁措施,一方面因没有科学的评估机制，一定程度上适用率偏低；另一方面缓刑适用中危险性的判断随意性较强，缺乏规范性。在社区矫正这种非监禁执行措施中，危险性的程度更应该成为相关社区性制裁措施适用的重要参考，而目前仅有社区矫正实施之前委托司法行政机关对社区矫正会给社区造成的影响进行调查评估的规定。二是矫正和复归的实际效果欠佳。我国监禁刑中的"劳动改造"进行矫正和复归的效果不尽如人意，根据1992年国务院办公室发布的《中国改造罪犯状况》白皮书，我国当时的重新犯罪率为6%～8%。1996年之后收集不到全国的数据，但有学者对全国各地一些监狱数据进行分别统计，发现全国监禁后再犯率呈增长态势，如根据甘肃省某监狱于2007年对3年以下短刑犯的调查，该监狱服刑二次以上的罪犯占被调查罪犯的23.8%。根据上海市监狱管理局的统计，截至2008年年底，上海监狱系统中曾经被判过刑的罪犯占在押犯的23.3%。[①] 从数字对比来看，我国的监禁罪犯的再犯率较20世纪末增长近3倍。可见，我国刑事制裁制度的构建并未有效围绕矫正和复归的价值展开，其实际效果自然也不能令人满意。

我国刑事制裁在法治国要求和福利国要求的价值构建依然还并不完善的基础上，又不可避免的迎来了建设安全国、遏制风险、保障安全的后现代压力。如本书第三章论述，风险社会下刑法的积极回应导致了轻微刑事犯罪入刑的进程，而这对刑事制裁多样化、轻缓化、监禁替代和非监禁刑的完善都提出了新的挑战和要求。

二、刑事制裁理念的新发展

（一）恢复性制裁理念的初步发展

恢复性司法理念由于具有合理内核，因此也深刻地影响了我国

---

① 参见翟中东：《矫正的变迁》，中国人民公安大学出版社2013年版，第347页。

的刑事立法和实践,近年来社区矫正制度的建立以及刑事和解程序确立的背后均体现着恢复性司法理念的影响。但考察我国刑事制裁体系的实际情况,与恢复性司法提出的目标仍然存在差距。

一是被害人和社区的价值并未得到充分重视。首先,由于缓刑和管制的适用比例过低,造成社区矫正的适用和功能发挥均受限。使得所谓的社区秩序恢复和加害人的矫正,特别是针对实际执行短期自由刑的加害人及其身份所系的社会关系的恢复,社区矫正无从介入,起不到作用,而传统监禁的恢复性功能则明显较弱。其次,赔偿制度存在问题,被害人权益尚未得到有效保障。由于我国刑法中的赔偿制度依据导致损失的行为性质,进行了程序性的分类,因犯罪行为人非法占有、处置而遭受的物质损失,并不在刑事附带民事诉讼的受理范围之内,也就是说,对于这部分损失,不适用依被害人请求而赔偿,而是采取依职权的责令退赔。前文已论述,责令退赔在实践中是否能够申请强制执行存在争议,实务中各地法院做法不一。有实务工作者进行统计,实践中责令退赔判决总量巨大,但立案执行的却寥若晨星,约占判决书的4.6%,而其中执行成功的则更少,仅占1.3%。[①] 可见,大量的责令退赔都成为“一纸空判”,其后缺乏有效的强制机制,被害人的利益未获得有效保障。

二是恢复性制裁措施和传统刑事制裁的融合度依然不够。与西方国家围绕被害人和社区,将刑事惩罚都通过恢复性措施来重新定义的新范式相比,我国典型具有恢复性功能的赔偿制度,如前文所述,并未明确其刑事制裁的地位。不论理论界还是实务界,均习惯性地倾向于将赔偿看作民事措施,而将刑罚看作刑事措施,二者之间泾渭分明。即便量刑时要考虑犯罪人是否赔偿,也是作为一个犯

---

① 参见袁辉:《责令退赔空判现象实证研究——以L市两级法院刑事判决为中心的考察》,载《法律适用》2015年第1期。

罪后的表现而考虑的情节，并未将赔偿整体上作为一个刑事制裁体系的组成部分，并未看作与刑罚一样是刑事正义实现的重要举措，导致相应地赔偿措施也就缺乏与自由刑之间制度性的互相衔接。

（二）风险管控制裁理念初现端倪

以群体风险管控为基本内容的制裁理念，强调“社会控制”，从社会群体着眼而非从个人着眼，这些都与中国刑事制裁传统有一定的契合度。面对西方的这股犯罪“控制论”的风潮，我国有学者指出，对于“控制论”要警惕，我国国家治理体系中“控制论”思维本就占据重要地位。[①] 但风险管控制裁理念产生的历史背景，即随着工业化的深入发展带来的社会风险加剧的情况，在我国也已经出现，改革开放40年经济发展和科技进步所带来的各种变化，对犯罪领域产生了深刻影响，在网络犯罪、腐败犯罪、妨害社会管理犯罪、暴恐犯罪等方面都有其突出的表现。面对这样一个极速发展的社会，根据本书第三章分析可知，刑法作为社会控制体系最后甚至是最重要的一环，近年来一直进行着犯罪圈的扩张，刑事罪名从1997年《刑法》颁布之初的413个，增加到目前的469个。随着犯罪圈的扩张，刑事案件的数量也不断飙升，根据最高法历年工作报告中的数据，全国各级法院全年一审判处罪犯，2013年为115.8万人，2018年增至142.9万人，[②]5年的增幅达到了23.4%。刑事立法和案件数量双双扩张的形势，导致中国的刑事司法面临的是以下一番景象：不论是法院、检察院均被堆积如山的案卷所折磨，专业的法官和检察官在“案多人少”的压力下，每天犹如无法停下的陀螺，被起诉、判决期限追赶向前。司法资源的不足总是在提示着司法效率需要提升。

---

① 参见刘涛：《刑罚研究中的社会理论：历史演进与运用前景》，载《法制与社会发展》2018年第5期。

② 参见2013年、2018年《最高人民法院工作报告》。

如此大幅度的犯罪数字飙升，也导致监禁人口及社区矫正人口均在增加。同时，自媒体时代的今天，刑事司法从来没有像现在这样受到人民群众的关注，一些热点案件在承受网民显微镜式的探究的同时，由于社会风险的加剧，群众对于刑法介入社会生活的呼声也从未像今天这样清晰，其背后隐藏的是公众天然站在被害人的立场上，基于渴求安全的心理而对刑事制裁不断抱有更高期望的现实。事实上，上述问题可以归结为，从立法到舆论均寻求让刑事制裁手段更多介入社会治理的今天，如何识别和管控犯罪风险，寻求刑事制裁适用、执行成本和效益的平衡，达到效率和效果的最大化。20世纪后半叶，基本上西方世界各国均面临着监狱拥挤、司法资源不足、民众对刑罚有效性的信心危机和对社会治安的忧虑等问题。[①]刑罚制度为了应对犯罪风险，在西方国家催生出了刑罚的管理主义模式、成本效益以及识别、分类和管理罪犯的刑事制裁的风险管控理念，而这些在我国的刑事制裁领域中的局部出现了端倪。

最典型的体现在《反恐怖主义法》中创设的安置教育。对于具有极端危险性的恐怖主义犯罪分子，采取在刑罚执行完毕后，继续予以关押的制裁措施。其目的就是将恐怖活动分子与社会隔离，将其犯罪风险控制起来，这与欧洲的预防性监禁的抬头趋势是基本同步的。在管控技术方面，我国也开始在部分区域试水电子手铐，早在2010年的全国两会上，全国人大代表、上海市人民检察院检察长就提交了《关于建立对高危人员采用"电子手铐"监控维稳司法制度的建议》，在建议中他提出，通过给"高危人员"戴上自己摘不下来，也不能被重新编程的"电子手铐"实施监控，来减少国内监狱、看守所等羁押场所的压力。上海检察系统已经开始在电子监管手段上

① 参见周懔娴：《以风险评估为基础之新刑罚学：新远道与旧乡愁》，载《月旦法学教室》2013年第2期。

进行有益探索。[①] 除了审前羁押程序中,我国也已经开始将电子监管引入刑事制裁领域,于 2019 年 12 月 28 日通过的《社区矫正法》,明确规定了对五类违反规定的矫正对象,经县级司法行政部门负责人批准,可以使用电子定位装置,加强监督管理。虽然上述规定只是将电子监控运用于社区矫正的监管过程中,并不是一个独立的制裁手段,但依然可以看出我国对于犯罪人的处理有出现情景防控的趋势。但从总体上来看,由于人身危险性在我国刑事制裁领域始终并不处于中心化的地位,我国并未在刑事制裁领域大范围出现根据危险性将犯罪人进行群体划分,分别采取风险管控的制裁手段的制裁模式。

第三节　刑事制裁体系结构调整的基本原则

一、符合发展阶段的价值衡平

当代中国社会治理与社会控制的语境特殊性与问题复杂性在于,我们不得不“超越近代—现代—后现代的时间单维性,而在一个时间点上,要同时地完成法治国、福利国和安全保障国的构建”[②]。从近代到现代再到后现代,从法治国到福利国再到安全国,欧美主要国家基本上是在自 18 世纪中后期至 20 世纪末、21 世纪初的 200 多年间完成的。而这三个时代的问题与任务却共时性地出现在当

---

① 参见储国樑等:《电子手铐在检察实践中的应用探讨》,载《犯罪研究》2012 年第 1 期。

② 李学尧:《转型社会与道德真空:司法改革中的法律职业蓝图》,载《中国法学》2012 年第 3 期。转引自梁根林:《刑法修正:维度、策略、评价与反思》,载《法学研究》2017 年第 1 期。

代中国社会治理与社会控制的过程中。[①] 中国改革开放以来经济社会迅速发展,将西方二三百年完成的三次工业革命浓缩到 40 年以内,加之中国城乡差距、地域差距较大,欠发达、发展中和发达的地区同时存在,农业社会、工业社会、风险社会特征相互交叉和叠加,贝克谈到中国时也坦率承认:因为在中国,它所具有的一个特征也导致了其与西方社会的一大区别,这就是“压缩的现代化”(compressed modemization)。[②] 中国一方面尚未完成某种意义上的“古典现代化”过程,另一方面“自反性现代化”过程在某些社会侧面已然发生。这就使中国社会的刑法角色呈现出不同类型刑法(前现代刑法、现代刑法、风险刑法)角色功能间的配合,交织、冲突或疏离、断裂等多种复杂情形并存的局面。[③]

在西方国家法治国建设相对较为成熟的基础上,迎来安全刑法的挑战,尚且存在损害法治国价值的担忧,而中国在平衡刑事制裁的保护功能和保障功能时,局面会更加复杂。既不能一味地强调人权保障、刑法谦抑等法治国理念,否定对于目前社会风险的积极回应,也不能以管控风险、增加安全感为目的,在运用刑法介入公民生活的道路上走得太远,忘却了我们尚未完成的法治国价值要求的重要任务。“当代中国刑法不得不统筹兼顾、审慎回应重大挑战,并且迫使当代中国刑法在尚未完全成型的自由刑法的基本面向之外,内生出民生刑法与安全刑法的新面向。”[④]法治国的正义要求对人权保障存在益处,特别是中国这样一个没有刑事权利保障传统的国家来说,绝不能放弃。福利国偏向的是复归和矫正的制裁观,更加偏向

---

① 参见梁根林:《刑法修正:维度、策略、评价与反思》,载《法学研究》2017 年第 1 期。

② 参见焦旭鹏:《风险刑法的基本立场》,法律出版社 2014 年版,第 64 页。

③ 参见焦旭鹏:《风险刑法的基本立场》,法律出版社 2014 年版,第 77 页。

④ 梁根林:《刑法修正:维度、策略、评价与反思》,载《法学研究》2017 年第 1 期。

于特殊预防。这也是我国在刑事制裁调整中特别需要的,尤其是犯罪化进程会导致犯罪人口的大量增加,如果复归和矫正做的不好,导致这些人口被排斥出主流的社会,难以再次融入,会更增加社会的不稳定因素,不但预防犯罪的效果大打折扣,反而还可能增加犯罪风险。矫正和复归在我国的刑事制裁中可以说一直是比较欠缺,需要加强。轻微犯罪方面,要通过个性化、多样化的制裁措施设定,避免短期自由刑造成的难以复归的问题;严重犯罪方面,要通过完善重刑非监禁制度,鼓励改造,促进复归。这些就都要建立在科学的危险评估机制的基础上。安全刑法的风险管控制裁理念,在刑罚配置、适用和执行方面,基于安全导向更多的是管理和控制风险。通过放开犯罪化的口子将行为纳入犯罪来管理,之后刑事制裁的适用更加偏向于管理主义,通过刑事制裁措施在人群中重新分布犯罪人的位置,针对犯罪人不同的风险等级采取选择性失能的策略,剥夺其再犯新罪的可能性。这种风险管控的制裁观念达到的是管控犯罪风险的目的,同样具有现阶段我国刑事制裁改革需要借鉴的有益方面。上述三种面向如何在对立中求共存、求平衡才是问题的关键,笔者认为以下两点是平衡过程中必须坚守的原则:

（一）坚持刑事制裁轻缓化的调整方向

安全刑法发展导致犯罪圈不断扩张,刑事制裁措施被越来越多地运用介入社会生活,则我们必须追问:如何保证国家刑事制裁权不会发生异化从而过度威胁公民自由?笔者认为,这样的追问的必要答案之一应该是制裁的轻缓化,正是因为大规模的犯罪化,特别是预防性的犯罪化进程,轻微犯罪、危险犯罪被纳入了刑事制裁的范围,就更需要刑事制裁的本身变得人本化,而这必然引申出刑事制裁的轻缓化。只有轻缓化,面向管理、预防而不是惩罚,才能够使公民特别是犯罪人的权利更加有保障。如果自由刑的适用在较轻的犯罪中不再是绝对主力,判处自由刑的执行方式也可以多样化,如果刑罚前科消灭制度已经成熟,刑事制裁根据改造情况和危险性情况会有更灵活的执行方式等,那么刑事制裁异化为威胁公民自由的担忧是不是就可以减轻一些?因此,在犯罪化的预防性进程无可避免的情况下,轻缓绝对是刑事制裁措施的应然面向。这是平衡法治国的理念和现代安全理念的最好方式。更多轻缓的、开放性的刑事制裁,也能够兼顾福利国价值观之下矫正和复归的需求。

(二)刑事制裁体系的谦抑性方向

刑法谦抑性原则最早提出于日本,大谷实教授概括刑法谦抑性原则为"刑法不应将所有的违法行为都作为其对象,而应将不得已适用刑罚的场合作为其对象的原则"[①]。可见,谦抑性原则的传统核心内涵在于刑法的最后手段性,即针对"入罪""入刑"的谦抑,而对刑事制裁本身程度和力度的谦抑却似乎并不包含在谦抑性原则的论述中。在中国,对于刑法谦抑性原则的理解也基本集中于"强调非犯罪化,强调凡是可以用民事方法处理的都不能用刑事方法处理,强调不能像西方国家那样扩大刑法的处罚范围,强调刑法的处罚范围越窄越好"[②]。而随着全球风险社会和信息社会的到来,刑法对于风险的积极回应、犯罪圈的扩张是个全球性的现象,中国也不例外。近年来,中国的学者也看到了刑法积极应对风险背后存在其必然性和合理性,不能一味以谦抑性原则对"入罪""入刑"予以指摘。如张明楷教授认为,在网络时代之下,刑法谦抑性的具体内容要随时代的变化而变化,刑法学就是要对刑罚的效果与刑罚的弊害

---

① [日]大谷实:《刑法讲义总论》(新版第2版),黎宏译,中国人民大学出版社2008年版,第8页。

② 张明楷:《网络时代的刑法理念——以刑法的谦抑性为中心》,载《人民检察》2014年第9期。

进行衡量，从“限定的处罚”转向“妥当的处罚”。[①] 周光权教授认为，学界对于积极立法观的相关批评在很大程度上仍然受制于传统刑法观，即古典理念型刑法观。但是，这种刑法观念所面对的社会情势、其所针对的行为危害，都与今天有很大不同，其关于刑法谦抑性原则如何约束立法权的假定，未必符合实际。并且认为当前社会，谦抑性原则对于犯罪化立法的制约是有限的。[②] 青年学者敦宁认为，刑法谦抑性应从牵制犯罪化转向牵制刑罚、刑事制裁措施的设置和运用，将重心从“入罪谦抑”转为“刑罚谦抑”。[③] 可见，我国学者主张谦抑性原则的与时俱进，赋予谦抑性原则新的内涵和重点，不得不说也是平衡法治国的理念和现代安全理念的重要体现。在“罪”的扩张一定程度上无可避免的情况下，以刑罚为主的刑事制裁的设置合理性、轻重适当则应当成为谦抑性原则关注的重点，即能够用较为轻缓的制裁措施达到制裁目的的，就避免使用较重的制裁措施。在进行刑事制裁体系结构调整时，应注重对制裁措施设置、裁量、执行的动态过程进行轻刑化、轻缓化的改造，避免出现“过剩的制裁”，这应是刑法谦抑性原则在当今社会的应有之义。

二、多元制裁理念的有机融合

不论是传统的报应性和矫正性制裁理念，还是新兴的恢复性制裁理念以及风险管控的制裁理念，在理论基础上，均存在一定的片面性。陈兴良教授就曾指出刑事古典学派、刑事人类学派与刑事社会学派都是“片面的深刻”，因此，以这些刑罚理论为根基而发展出来的制裁理念，难以避免这种“深刻的片面”。“现代刑法理论，无不

---

① 参见张明楷：《网络时代的刑法理念——以刑法的谦抑性为中心》，载《人民检察》2014 年第 9 期。

② 参见周光权：《积极刑法立法观在中国的确立》，载《法学研究》2016 年第 4 期。

③ 参见敦宁：《刑事制裁体系变革论》，法律出版社 2018 年版，第 127～129 页。

以一种折中与调和的形式出现,吸取古典学派和实证学派之长。”①且放眼各国的司法实践中,很难说是纯粹采用哪一种制裁理念来构建自身的刑事制裁体系结构,各种制裁理念的侧重也是不同历史时期,不同社会背景和当权者定位下的产物。而在构建和调整我国的刑事制裁体系结构时,需要做的就是对业已存在的多元制裁理念的合理内核进行吸收,通过有机融合形成具有全面性和完整性的刑事制裁体系。笔者认为,可以采取区分犯罪类别侧重不同的制裁理念。

首先,对于传统自然犯应侧重报应和恢复性的制裁理念。美国学者乔尔·范伯格认为刑法条文可以分为两类:一类是依据有效的道德原则而“具合法性”的刑法条文;另一类是综合考虑合法性及有用性、合理性、经济性、民意等因素的“正当”的刑法条文。前者几乎是人类社会公认的自然犯,侵犯了人类最基本的道德准则,是世界范围内犯罪的“最大公约数”。而对于后者而言,刑法只是“后备惩罚”,如偷税、逃避兵役、无照行医、无医生处方发售处方药、无照驾驶、非法持有未经登记的枪支等,都属于衍生犯罪或法定犯罪。② 对于自然犯来说,人类社会具有最基本的报应情感,对于正义具有最朴素的追求。刑罚的发展轨迹告诉人们,在自然犯中刑罚的首要机能应当是恢复正义,平息被害方及社会大众的报应情感。③ 因此,对于自然犯,特别是罪行较为严重的自然犯来说,我国现阶段保留死刑,以自由刑为主是达到报应和惩罚的制裁目的所必要的制裁手段。但同时也要兼顾罪犯的矫正和复归,随着恢复性司法理念的普

① 陈兴良:《刑法的启蒙》,法律出版社 1998 年版,第 260 页。

② 参见[美]乔尔·范伯格:《刑法的道德界限(第一卷):对他人的损害》,方泉译,商务印书馆 2013 年版,第 4 页。

③ 参见[日]西原春夫:《刑法的根基与哲学》,顾肖荣等译,中国法制出版社 2017 年版,第 60 页。

遍接受,正义的实现需要恢复性制裁措施的加入,自然犯多为有直接被害人的犯罪,基于以被害人和社区为核心的恢复性措施,一方面,能够通过被害人损失的赔偿、矛盾的消弭而实现公众正义情感的追求;另一方面,也能够通过社区矫正等帮助犯罪人复归的措施,“使犯罪人重新回归社会”,实现重新作为一个“道德人”的愿景,体现传统刑罚理论中道德评价和个体矫正的意味。

其次,对于法定犯、危险犯更多地侧重法规则观念的重建和犯罪风险管控的制裁理念。对于法定犯来说,由于其并不存在自然犯那样鲜明的道德标准,刑事制裁的目标更多地是维护规范的有效性。对于法定的犯罪视为“洪水猛兽”,将犯罪人视为“穷凶极恶的人”来惩处,显然不合时宜,特别是在“法定犯时代已经到来”的今天。为了社会管理和风险控制的需要,法定犯的比重不断增加,刑法加重了个体的注意义务负担,较之于从前,个体享有权利的条件变得苛刻了,如在过失犯与不作为犯中,没有在主观上滥用选择自由,已经不足以保障行为人享有免受刑罚处罚的权利。而只有履行其作为理性主体的控制能力,才有资格享有相应的权利。危害预防的功利性考虑甚至促使刑法对缺乏可谴责性的严格责任犯罪进行惩罚。[①] 古典时代以实在的心理因素(包括认知因素与意志因素)为基础的、主观的、个体的罪责论,在风险社会的背景之下,有逐渐为规范导向的、客观的、社会的罪责论所取代的趋势。[②] “对于违规的个人,犯罪可能只是一个机会、一个职业选择、一种获得刺激或‘获得报酬’的方式。对于受害者或公众,犯罪只是一个能够预估的风

---

① 参见劳东燕:《风险社会中的刑法:社会转型与刑法理论的变迁》,北京大学出版社2015年版,第400~401页。

② 参见劳东燕:《风险社会中的刑法:社会转型与刑法理论的变迁》,北京大学出版社2015年版,第372页。

险或能够避免的事故,而不是需要特别解释的道德失常。”①在这种情况下,我们必须要接受法定犯也是这个社会不可避免的正常现象,无法消除,给予其一定的容忍度,将其限制在可接受的安全范围内,即控制和管理犯罪风险。刑事制裁有助于守法者理解社会,这个社会的一种价值就是秩序和稳定在其本来意义上被视为善,而不是与个人目的相冲突的一种交易。② 与对自然犯的制裁更注重惩罚和正义恢复不同,对于法定犯、危险犯的制裁应更注重法规则观念的重建和客观性的风险管理。犯罪人也并非属于“非我同类”,我们应该考虑如何通过犯罪化、刑事制裁这样的过程,控制和管理法定犯这种社会现象,并最大限度的通过刑事制裁,使得犯罪人重建规则意识,教育和矫正犯罪人。这必然需要加大刑事制裁的矫正力度。同时,要对犯罪人进行客观上的风险管理,在评估和识别犯罪风险的前提下,对犯罪人进行“管理”,重新安排犯罪人在社会中的分布,③将犯罪人配置在比较安全或易受监管的社会位置中。比如,限制犯罪人从事特定行业资格或者进入公职,这种措施排除其进入再犯危险场域之可能性,当受剥夺资格人数够多时,该场所自然能达到显著的安全改善效果。而对于高风险的犯罪人来说,对其实施监禁,将其与社会隔离足够长的时间,就可以排除其继续实施危害社会行为的可能性。④ 而这需要根据危险性级别的不同进行更加个性化的处遇,则制裁的多样性是必然需求。

---

① See David Garland, *The Punitive Society: Penology, Criminology and the History of the Present*, The Edinburgh L, Vol. 1, 1997, p. 180 – 199.

② 参见[英]威廉姆·威尔逊:《刑法理论的核心问题》,谢望原等译,中国人民大学出版社 2014 年版,第 52 页。

③ Feeley M., Simon J., *The new penology: notes on the emerging strategy of corrections and its implications*, Criminology, Vol. 30:4, 1992, p. 449 – 474.

④ 周愫娴:《以风险评估为基础之新刑罚学:新远道与旧乡愁》,载《月旦法学教室》2013 年第 2 期。

此处需要指出，以上根据犯罪类型进行制裁理念的侧重并不是绝对的泾渭分明，只是一种观念上的侧重。对于一些特殊的犯罪，如恐怖主义犯罪，既具有道德谴责性，注重对犯罪人的惩罚和重刑威慑，又具有极大的风险管理的必要，要辅助以对犯罪分子的危险性评估，以对其采取适当的隔离和控制措施。特别是针对恐怖主义的“信念人”，即具有坚定、强烈、明确的政治、宗教或社会的特定信念，为了实现信念方面目标，会采取付出包括自己生命、自由在内的任何代价的一切有效的行动，而根本不顾及这样的行动及后来在法律、伦理规范上的意义。① “信念人”虽然实施了受道德谴责的行为，但其完全不具有与法规范沟通的可能性，那么只能对其依据风险管控的制裁理念，采取对其危险性能够有效控制的剥夺生命或者长期监禁的制裁措施。因此，在设置和运用刑事制裁措施时，以上述理念侧重的分类为参考，而依然需要考察具体犯罪的情况。

综上，我国目前在刑事立法和司法实践中，实际存在上述多元的刑事制裁理念，刑事制裁体系的主要功能就是刑事制裁目的所引申出来的刑事制裁理念的实现。在坚持多元制裁理念融合、衡平的原则下，必然要求刑事制裁措施的多元化，通过刑事制裁体系结构的调整一方面可以包容多元的制裁措施，另一方面可以通过合理组合更好地实现多元的制裁理念。

---

① 参见焦旭鹏：《风险刑法的基本立场》，法律出版社2014年版，第124～125页。

第五章　刑事制裁体系横向结构之调整

根据第二章的现状梳理,可以看出我国刑罚单极化之下的刑事制裁体系的隐性多轨制由于缺乏体系化地安排、结构相对封闭而存在诸多问题。英美法系建立在实用主义基础之上的刑罚单轨制与我国的刑罚理论或实践均难以兼容。而大陆法系国家的刑事制裁多轨制的发展方向,对我国刑事制裁体系横向结构调整则更加具有借鉴意义。笔者认为,在结合我国已有刑事制裁措施的基础上,横向结构的调整重点在于突出“刑罚—保安处分”两极驱动下的刑事制裁体系的多轨制,建立刑事制裁体系“横向多轨,突出两极”的基本结构。

第一节　“刑罚—保安处分”双极驱动的建立

我国的刑罚制度是刑事制裁体系中的“绝对主力”，建立“刑罚—保安处分”双极驱动的体系，除了完善现有的刑罚制度外，更重要的还是建立和完善相对独立的保安处分制度。

一、保安处分的理论基础——“危险性”地位的强调

（一）关于“危险性”的概念

关于犯罪人的危险性，我国刑法理论中表述为人身危险性或社会危险性。谈及保安处分主观条件时，有的学者仅仅使用社会危险性的概念，而不用人身危险性。例如，曲新久教授指出：“行为者存在社会危险性是适用保安处分的基本条件。所谓社会危险性，是指一个人将要实施犯罪行为危害社会的可能性”。[①] 有的学者在翻译外国学术著作介绍保安处分制度时，也直接使用了社会危险性的表达方式。当然，也有个别学者使用了“特种危险性”的表述；[②]还有学者在翻译时，仅使用“危险性”的表述。[③] 而考察以德国、法国为代表的大陆法系国家的相关文献，对于犯罪人的人身危险性的表述直接使用危险性这一概念，并不附加“人身”或者“社会”的字样，这也是为什么一些译著直接将人身危险性翻译为“危险性”的原因。以法国为例，法语表述为 La dangerosité，直接翻译仅为危险性。而如前所述，我国学者中试图区分人身危险性和社会危险性的概念并无实质

---

① 曲新久：《刑法的精神与范畴》，中国政法大学出版社 2003 年版，第 375 页。

② 参见韩忠谟：《刑法原理》，北京大学出版社 2009 年版，第 442 页。

③ 参见[德]冈特·施特拉腾韦特、洛塔尔·库伦：《刑法总论 Ⅰ——犯罪论》，杨萌译，法律出版社 2006 年版，第 22 页。

差别,因此,本书将其统一表述为“危险性”。

作为犯罪人的人身特征,危险性概念是随着近代刑事实证学派(包括刑事人类学派和刑事社会学派)的发端而出现的,但其在刑事实证学派的原初解读中,并不是表述为危险性(La dangerosité),而是表述为“危险状态”(l' état dangereux),因此“危险性并不是一个新的概念,而是一个旧概念的复苏”①。但危险性与危险状态还是具有细微差别。“危险状态”这个词似乎指的是事实上的状态:有足够的因素表明这个人是危险的。而“危险性”这个词指的是危险的可能性,是一种潜在的状态。在既有状态和“潜在状态”之间,区别很是明显。在第一种情况下,意味着行为人是危险的;在第二种情况下,他很可能是危险的,距离危险还有一段距离。危险状态是指已被证实的,而危险性是指可能发生的事情。② 脱胎于危险状态的危险性是一个模糊的概念,通常与“再犯的风险”有关,是一个关于预防指向的问题。

在我国,一般认为危险性的基本内涵有广义和狭义之分,这是根据行为人的危险性是否曾有明显而集中的现实化而作的区分。狭义的危险性,是指曾经实施过严重危害行为受过刑事处罚的人,再次实施严重危害行为的可能性。广义的危险性,包括曾经实施危害行为与受过刑事处罚的人的再犯可能性,以及初次实施危害行为的可能性。③

---

① Fiechter-Boulvard Frédérique,« Des liens entre la criminologie et le droit pénal: propos autour de la notion de dangerosité », *Archives de politique criminelle*, Vol. 31, No. 1, 2009, p. 263 – 290.

② Fiechter-Boulvard Frédérique,« Des liens entre la criminologie et le droit pénal: propos autour de la notion de dangerosité », *Archives de politique criminelle*, Vol. 31, No. 1, 2009, p. 263 – 290.

③ 参见张小虎:《论人身危险性的理论蕴含与罪刑地位》,载《南京社会科学》2017 年第 2 期。

(二)危险性与保安处分

从19世纪至20世纪初,在大陆法系的刑法理论中,犯罪人的危险性逐渐成为概念化的对象。有些学者,得益于社会安全的刑事政策,主张用危险性为基础建立刑罚以外的制度,一种面向未然之罪的预防措施。最早把保安处分与刑罚区别对待,就保安处分进行理论展开并说明其必要性的人是德国学者克莱因(1747~1810年)。克莱因认为,维护公共安宁幸福是一切刑事立法的唯一正当的根据。因此,就有必要在刑罚之外另行根据行为人的犯罪危险性施以保安处分,因为刑罚具有按现实的犯罪程度而定的确切内容,其本质要求它包含对行为和行为人的否定评价,而保安处分则具有以行为者的犯罪危险性为基准而科处的不定期的内容,但保安处分与刑罚一样都应当由法官而不是警官或最高主权者决定。① 尽管刑法的学派之间关于刑罚与保安处分的关系,存在"一元论"和"二元论"的冲突,但基于对社会防卫和对危险性的强势回应,欧洲的立法者依旧纷纷在本国的刑法中引入了保安处分措施。保安处分在欧洲的演进主要经历了以下阶段:

1. 确立阶段

18世纪末至19世纪初,欧洲各国纷纷建立保安处分制度,例如,1885年《法国刑法修正案》中有关于累犯、少年犯处置的特别规定,1860年《英国犯罪精神病人监制法》等,都是近代保安处分立法的初期表现形式。将保安处分制度系统地纳入刑法草案,始于1893年瑞士刑法学者司托斯起草的刑法预备草案,一般称司托斯草案。此后,司托斯法案相继为瑞士、奥地利、德国、捷克、罗马尼亚等国效仿。但1930年《意大利刑法典》首次将保安处分作为一种正规的、

① 参见梁根林:《刑事制裁:方式与选择》,法律出版社2006年版,第249~250页。

系统的制度在刑法典中确立下来，在保安处分的发展史上具有特殊意义。1930 年《意大利刑法典》对保安处分的种类、期限、效力范围、适用、执行等作了详细的规定，成为保安处分发展史上的里程碑。该法典首次将保安处分明确划分为对人的保安处分和对物的保安处分。对人的保安处分又分监禁性的保安处分和非监禁性的保安处分，监禁性的保安处分分为送农垦区或劳动场、收容于治疗看守所、收容于司法精神病院、收容于司法教养院，非监禁性的保安处分则包括监视自由、禁止在一个或数个市镇或者一省或数省逗留、禁止去酒店和出售酒精饮料的公共店铺、将外国人驱逐出境。对物的保安处分则包括善行保证和没收两种。1930 年《意大利刑法典》的影响如此之大，以至于此后多年间许多国家的刑法都以此为蓝本。①

2. 法西斯滥用阶段

1933 年，纳粹法西斯打着"保卫国家利益""强化民族精神"的幌子，制定了《关于保安矫正处分》《关于危险的惯犯》《关于保卫人民的国家》等一系列保安处分法令。这些法令无限制地扩大保安处分的适用范围，放宽保安处分的适用条件，把保安处分当作镇压、迫害革命者和无辜者的工具，以至于保安处分成为法西斯暴行的工具，极大地玷污了保安处分教育、预防犯罪的初衷。

3. 保安处分的反思与短暂沉寂

第二次世界大战以后，鉴于保安处分被法西斯恶意利用的惨痛教训，痛定思痛，欧洲许多国家都对保安处分制度进行了反思。比如在德国，高等法院于 1952 年 12 月 23 日废除对于习惯罪犯的保安措施，认为其是"法西斯的内容"。受同时期的新社会防卫论的影响，将刑事制裁的焦点集中在对罪犯进行再社会化，而不再是镇压。

---

① 参见董振宇：《中国保安措施要论》，吉林大学 2006 年博士学位论文，第 6 页。

1969年,德国预防性拘留的宣告再次受到比例原则的限制而收紧。这随后导致了预防性监禁的人数的在德国出现减少,保安监禁勉强算是搁置了。①

4. 保安处分的复兴阶段

自20世纪90年代开始,随着风险社会的来临,保安处分出现了明显的复兴趋势。如法国自1994年以来,已经确认了对危险性的刑事反应的加强,1994年2月揭示了暴力犯罪和未成年人的危险性之间存在明显的联系,认为前者必然揭示后者。通过引入未定义的危险性概念,这一法律标志着一种新的刑法策略的出发点,对于被认为是危险性的罪犯而言更具压制性。德国于1998年1月26日通过《打击性犯罪人和其他危险犯罪分子法》,代表了一系列有关对危险性回应的法律显著强化的开始。该法律规定了可以下令采取措施的案件的延期,并取消了针对暴力犯罪的犯罪人所宣布的第一次拘禁的最长期限。该法律最严重的方面是它对已经在其生效时被拘留的人的追溯适用性。

时至今日,在区分刑罚和保安处分制度的国家里,保安处分措施与刑罚制度相互独立,却也高度配合,对于特定犯罪分子的预防性监禁(保安监禁)、强制戒毒等被认为是刑罚的重要补充;而与开放性制裁措施相关的缓刑监督、假释监督、禁止令、撤销驾驶许可、职业禁止等措施,事实上也已经成了与刑罚制度相配合的开放性制裁体系的重要组成部分。

保安处分随着对犯罪人危险性概念的产生而产生,随着对危险性的强调和强化而发展壮大,近年来保安处分措施的多样化发展,

---

① Herrmann Jenny,« Chapitre Ⅱ. Le doute profite à la sécurité. Dangerosité et droit pénal en Allemagne », Geneviève Giudicelli-Delage éd. , *La dangerosité saisie par le droit pénal.* Presses Universitaires de France, 2011, p. 143 – 166.

以及预防性监禁的复兴，其背后反映出的是危险性在制裁体系中的地位愈加凸显。虽然刑罚也存在对危险性的回应，刑罚个别化原则就是这方面的基本原则，并且刑罚个别化原则随着多元化的刑罚目的也深入发展，刑罚个别化适用时，对于犯罪人危险性的考虑因素更加扩展，不仅包括个人自然情况，也包括与被害人的关系等情况，体现了危险性的刑法回应标准的丰富性。但刑罚对于危险性的回应必须要在罪刑法定和罪责原则的框架内，“作为犯罪本质的人身危险性到底与作为保安处分根据的人身危险性是具有一定关系的，前者是后者的一部分，即后者包含前者”①。对危险性进行充分的刑法回应，除了刑罚外，必须要建立完善的保安处分制度。

(三)我国刑事制裁体系对危险性回应亟待完善

我国刑罚强调报应，以罪行为准，虽然在量刑中有对危险性的考量，但是危险性判断的重要因素仍为所犯罪行。在尚未系统地建立保安处分制度的情况下，我国对危险性的刑法回应存在以下突出问题：

一是我国刑事制裁体系对危险性的回应缺乏充分性。我国刑事制裁中，对危险性的回应集中在刑罚和具有保安处分性质的措施中。刑罚制度中，量刑和刑罚执行的变更均有对危险性的回应。保安处分性质的措施，如强制医疗、专门矫治教育、缓刑监督、假释监督、驱逐出境、禁止令、职业禁止等，都是以行为人危险性为设置和适用根据的。但我国刑事制裁体系对危险性的回应远未达到充分，特别是针对超越罪责的较大危险性的回应。

从刑罚来看，我国的刑罚显然主要针对已然之罪，围绕危害事实而展开的处置。在这个过程中，已然罪行的危害事实是刑罚轻重

① 文姬：《人身危险性评估方法研究》，中国政法大学出版社2014年版，第14页。

的决定性因素,而危险性的考虑无疑要在基本行为危害程度范围之内。我国刑罚遵循责任主义,分为责任刑和预防刑,责任刑是与责任相当的刑罚,只与责任报应有关,与预防必要性大小无关。预防刑是在责任刑的框架之内,根据具体的情节,确定刑度和刑量,主要包括从重、从轻或者减轻情节。这其中,危险性显然并不能影响责任刑,只能在责任的框架内影响预防刑。[①] 责任主义要求,法定刑加重的前提一定是责任的加重,与责任无关的情节,只能在责任刑范围内从重,而不能加重,即不能超过责任刑。与责任无关的危险性,用于单向从轻,比如减轻处罚或者免除处罚,是具有正当性的,但如果超越责任刑加重,则缺乏正当性。导致了对罪行相对并不十分严重,但对危险性极强的犯罪分子来说,如果对危险性进行了充分的考虑,可能会超出罪责范围;如果以罪责为限,则必然会有对危险性回应不力的现象存在。

以累犯的制度设计为例,对于累犯的裁量,有的国家规定了加重处罚,如日本给累犯设定了比"初犯"更高的法定刑。法国也是对累犯设置了加重的法定刑,如《法国新刑法典》第 132 - 8 条规定,"自然人因重罪或依法律规定当处 10 年监禁刑之轻罪已经最终确定判决,再犯重罪者,如法律对该重罪所定之最高刑为 20 年或 30 年,处最高刑为无期徒刑或终身拘押;如该重罪最高刑为 15 年;处最高刑加至 30 年徒刑或 30 年拘押",法国对于违警罪和轻罪的累犯也有加重的规定。一般认为累犯情节,"并不涉及犯罪人的刑事责任,而仅与刑罚和执行刑罚有关"[②],对累犯在责任刑之上加重处罚,完全是超越罪责限度进行的对危险性的回应,存在与罪责原则相抵触

---

① 参见张明楷:《刑法学》(第 5 版),法律出版社 2016 年版,第 586 ~ 598 页。

② [法]卡斯东 · 斯特法尼等:《法国刑法总论精义》,罗结珍译,中国政法大学出版社 1998 年版,第 400 页。

的可能性，事实上是存在理论悖论的。有日本学者认为，“应当从刑事政策的见地将累犯规定理解为责任主义的例外的一种制度”，①而这无疑是跨越了“李斯特鸿沟”，承认基于刑事政策的需要，可以超越责任主义进行从重的处罚，其正当性依旧不能够得到论证。这也正解释了，为什么以哲学逻辑严密所著称的德国刑法，严守罪责刑法，严守行为人不得被科处以超过个人罪责应予以处罚之范围，因而并没有累犯要加重处罚的相关规定。对于危险性的回应，德国刑法采取了另外一种模式，即安排在了“矫正及保安处分”措施中，以刑罚执行完毕之后的预防性监禁来回应超出罪责的危险性。

我国对累犯的回应显然是在刑罚体系内进行的，从对累犯的规定来看，一方面，成立累犯的条件较为严格，大量的再犯被排除在累犯的范围之外；另一方面，对累犯的打击相对保守，规定对累犯从重处罚，这并不意味着法定刑的修正，所以，对于累犯依然只能在责任刑的点以下裁量刑罚，因而符合责任主义原则。② 在累犯、惯犯问题成为全球刑事政策重点关注的问题的今天，各国打击累犯、惯犯的力度均在增强，美国甚至在20世纪末就祭出了“三振出局法案”，对于某些具有特殊危险性的“三进宫”的犯罪人，可以直接对其加重适用终身监禁的制裁。相对比之下，我国对于累犯的打击过于温和。难以充分回应罪犯的危险性，保障社会防卫的效果。

从保安处分性质的措施来看，前文已经论述，目前我国分散的保安处分性质的制裁措施规定缺乏合法性和体系化，影响其实际效果。并且对于类似于上文提到的超越罪责的危险性这样令刑罚“无能为力”的情况，我国的保安处分性质措施也并未很好地起到“补位

---

① ［日］井田良：《讲义刑法学·总论》，有斐阁2008年版，第558～559页。转引自张明楷：《刑法学》（第5版），法律出版社2016年版，第557～558页。

② 参见张明楷：《刑法学》（第5版），法律出版社2016年版，第558页。

效应”。立法者也意识到刑罚对于超越罪责的危险性回应不足，于2015年通过的《反恐怖主义法》中对安置教育的增设，就是针对罪责无法回应人身危险性较大的情况，而专门增设的保安处分性质的监禁性制裁措施。其性质相当于德国的预防性监禁，但其仅适用于恐怖主义犯罪分子，范围十分受限，对其他暴力犯罪和具有严重危险性的犯罪并不适用。而且这种严厉地不定期剥夺犯罪人人身自由的制裁措施，在我国没有保安处分制度的情况下，并未规定在刑事法律之中。虽然安置教育的决定主体是法院，相关程序也基本是履行司法程序，但其游离于《刑法》之外，也就等于安置教育目前并不在刑事制裁体系之内。由法院裁决的安置教育，其属性显然也不属于行政措施，不论是从其决定主体、适用程序、制裁对象还是从措施内容来看，安置教育均应属于面向犯罪人危险性的刑事制裁措施，但由于保安处分制度的缺失，我国的安置教育难以被“名正言顺”地纳入刑事制裁体系，造成了其法律地位的尴尬，亟须通过在刑事制裁体系中系统地建立保安处分制度来改变现状。

二是我国刑事制裁体系对危险性的回应缺乏动态性。危险性是一个面向“未然之罪”的概念，不同的行为人根据其自身的特点和经历具有不同程度的危险性，同一行为人在不同的时间段因各种因素影响其危险性也会有所变化，因此危险性具有历史的、动态的特征。我国以刑罚为主的刑事制裁体系中，危险性并未得到应有的重视，导致对危险性的认识也相对欠缺，对危险性的判断明显存在静态的、回溯性的特征。

以《刑法修正案(八)》的限制假释规定为例，对《刑法》第81条第2款，增设了“对累犯以及因故意杀人、强奸、抢劫、绑架、放火、爆炸、投放危险物质或者有组织的暴力性犯罪被判处十年以上有期徒刑、无期徒刑的犯罪分子，不得假释”的规定。假释适用的实质条件就是罪犯在监禁过程中危险性的大小，如果“认真遵守监规，接受教育改造，确有悔改表现，没有再犯罪的危险的”，可以假释。因此对于假释条件的判断，应根据罪犯在狱中的改造和矫正程度，进行具体的和动态的评估。但《刑法修正案（八）》增设的限制假释的规定，无疑是在否定累犯和列举的八类严重暴力犯罪被判处十年以上有期徒刑、无期徒刑的行为人的“可矫正性”，其内在逻辑是，由于其所犯罪行的严重程度，反映出其严重的危险性，对于这样具备严重危险性的罪犯，并不符合假释的条件。该规定的增设，因未改变责任刑，体现的并非报应目的。不得减刑假释的规定属于刑罚执行制度中的细节，一般公众并不知晓，很多犯罪人在犯罪之前也并不清楚，不存在真正的阻却犯罪的一般威慑。因与公众沟通难以达到这样的刑罚制度细节，增加公众的法忠实感的作用亦微乎其微，因此难以达到一般预防的目的。以否定“可矫正性”为前提，限制假释目的也完全不在于对上述罪犯的矫正和复归。该制度的增设，背后体现的完全是风险防控的制裁理念，刑罚目的完全变成了通过对严重危险性分子与社会的长期“隔离”，以达到预防再犯的目的。该规定一方面体现了，在保安处分缺位的情况下，《刑法》用这种强制限制假释的方式来起到控制严重危险性的目的，使得与原有的刑罚执行制度逻辑相抵触而缺乏合理性；另一方面，以罪行和判处刑罚的严重程度为标准来判定犯罪分子的严重“危险性”，进而剥夺了以消除再犯风险为实质条件的假释适用，显示出对犯罪分子危险性判断的回溯性和静态性，甚至是在宣告刑之初就“一刀切”的简单粗暴，使得其后在服刑期间动态考察危险性完全丧失了意义。前文多次提到的由于缺乏科学的危险性动态评估工具，而使得作为缓刑和假释的实质适用条件的“再犯危险性”难以作出客观地判断，而在一定程度上导致实践中二者适用率均较低的的情况，背后也体现着对危险性动态考察的忽视，对危险性的判断较多地依赖已然罪行的事实。

综上，我国"犯罪—刑罚"的处置模式中，危险性并未得到应有的重视和地位，且也未得到充分的回应，亟须建立和完善"危险性—保安处分"的处置模式，作为原有处置模式的有效补充，以在不破坏原有刑罚体系和刑罚制度的科学性的情况下完善对危险性的回应需求，确立预防性刑事制裁措施的独立地位、价值和功能，并以此带动对危险性的具体性和动态性认识的强化，提升危险性回应的规范性和合理性。

二、保安处分制度的中国构建

保安处分是针对精神障碍患者、瘾癖人员、未成年人、特殊危险人员、其他危险人员等，实施了刑法所禁止的严重危害社会的行为并且具有较大的社会危险性，但却不符合科处刑罚的条件，或采取通常的刑罚方法难以实现改造罪犯、预防犯罪、保护社会的目的，由此根据其危险性对其采取更为有效的矫治、改善、监禁、隔离的预防性措施。根据我国的实际情况，建立和完善保安处分制度，笔者建议从以下方面入手：

（一）刑法典中专章增设保安处分制度

整合分散的保安处分性质措施，在刑法典中专章增设保安处分制度。一是保安处分整合进入刑法典。我国目前具有保安处分性质的制裁措施分散在《刑法》、《刑事诉讼法》、《反恐怖主义法》以及一些行政法律法规中。经由《刑法》《刑事诉讼法》规定的具有保安处分性质的措施，如禁止令、职业禁止、强制医疗等，已经被纳入刑事制裁体系之中。但经由《反恐怖主义法》《禁毒法》等普通法律规定的安置教育、针对吸毒犯罪人的强制戒毒等均并未纳入刑事制裁体系。多头立法的现状导致保安处分内部缺乏体系性和协调性。因此，应将具有保安处分性质的措施进行整合，统一纳入刑法典中，实现保安处分措施的制度化和司法化。这样一方面可以保证保安处分措施间的相互协调,避免出现措施之间缺乏有机联系,甚至界限模糊、功能重叠的问题,保证保安处分制度的效益和效果。另一方面,保安处分措施“入刑”是其全面司法化的标志,将保安处分措施的决定权和裁量权统一归属法院,原来决定主体多头的现象也会得到改变。保安处分的决定权属于司法这是国际社会的共识,早在1926年在布鲁塞尔召开的大会就表达过这样的意见:“刑罚与保安处分是司法性质的行为”。1928年在罗马举行的大会再一次重申,“保安处分唯一属于司法机关的管辖权限”。1935年在柏林召开的大会上,尽管当时有纳粹法学家施加强大的压力,这种观点却几乎完全得到保留,并且经过战争,这种观点更得到加强。时至今日,欧洲学者普遍认为“我们不得把宣告保安处分措施的权力交给法官以外的任何其他人”①。而我国将保安处分司法化,明确保安处分刑事制裁的性质,以刑事诉讼程序予以保障其正确实施,可有效促进对行为人人权的保护,增强保安处分措施的规范性。二是保安处分在刑法典中专章规定。仅仅将保安处分措施“入刑”还不够,还必须要对其进行独立于其他刑事制裁措施的专章规定。我国目前《刑法》中的驱逐出境、禁止令、职业禁止、缓刑监督、假释监督等均是具有保安处分性质的措施,但由于保安处分的地位并不独立,性质也不明确,因此在现有的刑罚单极化模式下,规定上述措施的条款、章节各异,甚至出现新增保安处分性质措施“无处安放”的尴尬,如职业禁止勉强设置于非刑罚处罚方法条款之下,但却与非刑罚处罚方法性质和适用条件大相径庭。不仅新增措施体系定位不明,也扰乱了原有规定的体系定位。因此,笔者建议在刑法典进行大修的过程

① [法]卡斯东·斯特法尼等:《法国刑法总论精义》,罗结珍译,中国政法大学出版社1998年版,第454页。

中，放弃目前刑法典总则将犯罪的法律后果统一规定在“刑罚”章节之下的模式，可以效仿德国刑法典，将犯罪的法律后果统一称为“制裁”或“刑事制裁”，在此之下，对刑罚、保安处分以及其他与二者性质不同的刑事制裁措施分别进行专门章节的规定。如此可保证各类刑事制裁措施的相对独立性以及每一类措施之间以及内部的体系自洽性。

（二）明确保安处分的基本原则

保安处分的基本原则是指保安处分措施的配置、适用、执行等环节一以贯之的基本准则，也是构建我国保安处分制度的指导性、根本性准则。关于保安处分的基本原则学者存在不同的看法，比较有代表性的如梁根林教授认为，保安处分基本原则包括处分法定原则、处分必要原则、处分相当原则和处分不定期原则。[①] 林钰雄教授认为，保安处分受到法律保留原则和比例原则的拘束。[②] 从确立了保安处分的国家的法律规定来看，《韩国宪法》第 12 条第 1 款规定，“无论是谁，不依据法律和适法的程序，是不受保安处分的”，[③]基本上确立了保安处分的法定原则，《意大利刑法典》中也明确了保安处分法定原则。而《德国刑法典》则确立了保安处分的比例原则，被认为是保安处分制度的正当性基础。笔者认为，综观各国立法，结合学者的观点，法定原则和比例原则对于保安处分具有根本性，决定了其合法性和正当性。必要原则、相当原则都是比例原则的具体内容，而保安处分不定期则应作为保安处分的特征之一，作为基本原则有失妥当。

① 参见梁根林：《刑事制裁：方式与选择》，法律出版社 2006 年版，第 261 页。

② 参见林钰雄：《新刑法总则》，中国人民大学出版社 2009 年版，第 514 页。

③ ［韩］李在祥：《韩国刑法总论》，［韩］韩相敦译，中国人民大学出版社 2005 年版，第 549 页。

1. 保安处分法定原则

保安处分法定原则是保安处分制度的合法性基础，梁根林教授将其概括为，“对什么人在什么样的条件下，依照何种程序适用何内容的保安处分，都必须事先在制定法中明文加以规定，在法律规定情形之外，对任何公民都不能适用保安处分”①。罪刑法定原则是我国刑法的基本原则，而保安处分的法定原则应是罪刑法定原则在保安处分制度中的应然延伸，是保障被处分人权利的重要基石。保安处分法定原则要求法律对保安处分的规定要具有明确性。对于保安处分制度的相关内容，应当尽量由立法采用叙明的方式予以明确规定，对于保安处分的具体适用，更应强调法定程序、法院宣告、内容明晰、期限有度等。② 虽然保安处分措施多数具有不定期的特征，即保安处分措施要根据被处分人的危险性是否减弱以及消除的动态过程来判断保安处分措施是否解除。这是保安处分针对危险性的预防性质决定的，并不能认为是对法定原则的抵触，相反，针对被处分人危险性的评估建立完善的标准和程序，将这些用法律条文的形式固定下来，以保证矫正和处分过程的规范性，正是法定原则要求的体现。

2. 保安处分比例原则

保安处分比例原则是保安处分制度的正当性基础，罗克辛曾指出，“刑罚和保安处分的区别，不是在目标上，而是在彼此的界限上，保安处分不是根据罪责的程度来确定其严厉程度和期限，而是仅仅与符合比例的基本原则相联系，由此可以允许国家拥有比刑罚所允

---

① 梁根林：《刑事制裁：方式与选择》，法律出版社2006年版，第261页。

② 参见张小虎：《论我国保安处分制度的建构》，载《政治与法律》2010年第10期。

许的更多的干涉力”①。《德国刑法典》第 62 条是比例原则的具体规定,“如判处矫正与保安处分与行为人行为的严重性、将要实施的行为以及行为人所引起的危险程度不相适应,不得判处”②。比例原则也称为适当性原则,一般认为其包括三个次要原则,即妥当性原则、必要性原则以及狭义的比例原则。③ 其中,妥当性原则,也称为适用性原则,是指刑事制裁措施的设置和适用如若不能够达到立法目的,即矫正和预防行为人的危险性,则为手段不妥当。必要性原则,又称从属性原则,是指刑事制裁措施只有基于社会防卫所必须时,只有不存在更加有效或者更为轻缓的措施时,才能够设置和适用。狭义的比例原则,也称相当原则,是指法官对行为判处的具体制裁措施与法官希望达到的效果之间必须符合“手段—目的”之间的比例关系。④ 要求不可予人民以过度的负担,避免法律所追求的目的和使用的方法在造成公民权利损失方面不成比例。⑤ 包含以上三个原则的比例原则是宪法中比例原则在刑事制裁领域的延伸,是保证保安处分乃至所有刑事制裁措施不被随意设置、不被滥用、错用的重要基础原则。我国宪法虽然并未明确规定比例原则,但《宪法》第 5 条、第 13 条第 3 款以及《立法法》第 6 条,均内含比例原则的精神。而在刑事法上,不管是罪责刑相适应原则,还是刑事程序上强制措

---

① [德]克劳斯·罗克辛:《德国刑法学总论:刑法原理的基础构造》(第 1 卷),王世洲译,法律出版社 2005 年版,第 51 页。

② 《德国刑法典》,徐久生、庄敬华译,中国方正出版社 2004 年版,第 27 页。

③ 参见陈新民:《德国公法学基础理论》(上卷),法律出版社 2010 年版,第 415 页。

④ 参见刘夏:《德国保安处分制度中的适当性原则及其启示》,载《法商研究》2014 年第 2 期。

⑤ 参见陈新民:《德国公法学基础理论》(上卷),法律出版社 2010 年版,第 415 页。

施的规定和适用,都明确体现了比例原则的精神。[1] 而在保安处分制度的构建中,比例原则也应确立为一项基本原则。

(三)合理设置保安处分措施种类

我国保安处分措施的种类设置,应该主要以现有的具有保安处分性质的措施为制度基础,在整合进入刑法的基础上,对其中的个别措施予以归类合并或调整完善,以社会防卫为需要增设个别措施,构建一个体系完善、功能完备的保安处分制度。笔者认为,在刑法典中专章规定的保安处分措施应包括以下几个方面:

1. 专门矫治教育

针对实施了危害社会的行为,但因不满16周岁不予追究刑事责任的未成年人,《刑法修正案(十一)》用专门矫治教育替代了原有的收容教养。专门矫治教育虽然实施闭环管理,但仅仅是封闭性管理措施,让未成年人在采取特殊管理措施的专门学校学习,并非限制其人身自由。该措施以预防未成年人犯罪为目的,去除了收容教养限制人身自由的性质,突出了教育功能,彰显了对未成年人"教育、感化、挽救"的方针,是刑事处遇措施的人道主义进步。目前在我国,专门矫治教育从决定主体到适用程序更像是一种行政措施。但其针对的对象是实施了犯罪行为,却因未达刑事责任年龄而不负刑事责任的未成年人,目的是防止未成年人再次实施严重危害社会的行为,以其危险性为根据进行适用的预防性措施。因此,从性质上来看其具有刑事制裁中保安处分的属性,但却是评估后由教育行政部门会同公安机关决定适用,适用程序和决定主体上却具有了行政属性,其性质与程序间的错位十分明显。

综观建立保安处分制度的各国,虽然每个国家的保安处分种类

---

① 参见何荣功:《预防刑法的扩张及其限度》,载《法学研究》2017年第4期。

各异,但因欠缺刑事责任能力而设置的保安处分几乎成为各国的“最大公约数”,成为刑法典中最常见的保安处分措施种类,这也说明将欠缺刑事责任能力、却已经用犯罪行为表现出危险性的行为人的处遇纳入司法范围是各国通行的做法。更何况专门矫治教育的对象是未成年人,利用司法正当性程序和严格的规定对其进行权利保障以及教育矫正显得尤为重要。因此,我国也应在刑法典中,将专门矫治教育作为一个保安处分措施进行明确。一方面,可将专门矫治教育纳入司法程序,由法官来裁决,符合国际准则;另一方面,近年来我国大力发展未成年特殊司法制度,法院设立了少年刑事审判庭,检察院成立了未成年人检察部门,对未成年人的司法权利的保护的相关制度相对比较完善,可以更大限度地保障未成年人的合法权益。

2. 强制医疗

我国《刑法》第 18 条规定了对实施了危害行为造成危害结果的精神病人,必要时可以强制医疗。2012 年开始《刑事诉讼法》中有专门的章节规定了对依法不负刑事责任的精神病人的强制医疗程序,并对其适用条件有概括的规定,明确其决定主体为人民法院。虽然同是针对无责任能力的行为人的处置措施,在专门矫治教育中出现的性质和程序错位的现象,在强制医疗制度中已经解决,因此目前来看,强制医疗实质上具有刑事制裁的属性,程序上由《刑事诉讼法》详细规定了其配套的司法程序,事实上已经成为一个刑事制裁措施。我国建立保安处分制度应将其保留,并作为保安处分措施的一种规定在刑法典中,作为实体法与程序法的呼应。

3. 强制戒毒

强制戒毒制度是我国对吸食令人形成瘾癖的麻醉药品和精神药品的犯罪人采取的一种强制治疗的措施。目前我国刑事法律中并未规定强制戒毒,强制戒毒的相关规定见于《禁毒法》和国务院《戒毒条例》中,强制戒毒的范围包括但并不限于吸毒的犯罪人,《禁毒法》第 31 条规定,“吸毒成瘾人员应当进行戒毒治疗”,可见现有强制戒毒制度的对象是所有吸毒人员,并不以实施违法犯罪行为为前提,从表面上看,强制戒毒仅仅是一项行政处置措施。但前文已经分析过了,针对吸毒的犯罪人的戒毒措施,实质上具有刑事制裁的属性,这就决定了我国目前的强制戒毒是一个同时包含有刑事制裁性质的措施和行政制裁措施的综合性制度。笔者认为,有必要将现有强制戒毒明确区分为作为行政措施的强制戒毒和作为刑事制裁的强制戒毒,后者仅适用于实施了刑事犯罪行为的吸毒人员,而前者适用于其他所有吸毒人员。这样区分的理由在于:一是刑事制裁中强制戒毒的目的更加聚焦对犯罪“危险性”的矫正和预防。行政强制戒毒与刑事强制戒毒的目的侧重有所不同,根据我国《戒毒条例》第 1 条,强制戒毒的目的为“规范戒毒工作,帮助吸毒成瘾人员戒除毒瘾,维护社会秩序”,其主要侧重点在于帮助吸毒人员戒除毒瘾,对社会秩序的维护也并不限于刑事领域。但针对犯罪人的强制戒毒,将会把重点聚焦在吸毒犯罪人的“再犯危险性”上,关注的不仅仅是毒瘾,还包括毒瘾与再犯之间的联系,更加具有对刑事领域的针对性。二是可保证对犯罪人的制裁由法院统一裁量。目前的强制戒毒制度下,对于拘留、逮捕、服刑的吸毒罪犯,是否施加强制戒毒措施的决定权在公安机关,而对罪犯判处其他刑事制裁的机关却是法院,对罪犯剥夺自由的制裁措施,决定权应统一在司法机关。这也便于法官综合考量其初犯情节、初犯与毒瘾的关系、其他具体的危险性因素,以及毒瘾与再犯可能性的关联大小等因素,合理地作出“刑罚 + 保安处分强制戒毒”的裁判方案。区分强制戒毒的行政措施和刑事措施后,也应将适用此两种措施的吸毒人员分别关押，以防止交叉感染。

对于作为刑事制裁措施的强制戒毒的执行方式，笔者建议采取监禁戒毒和社区戒毒两种。监禁戒毒是传统的剥夺人身自由以对吸毒犯罪人进行处遇、治疗的方式。但我国目前的强制戒毒制度中，已经规定了社区戒毒的方式，是指将吸毒人员交由社区，由社区的专职工作人员、社区民警、社区医务人员、社区戒毒人员、家庭成员以及禁毒志愿者共同组成社区戒毒工作小组具体实施社区戒毒。社区戒毒措施包括戒毒知识辅导、教育、劝诫、职业技能培训、职业指导、就学、就业、就医援助等。在目前倡导行刑社会化、监禁替代理念的今天，监禁刑在我国虽然依旧占有绝对比例，但是社区矫正的犯罪人数量正逐年攀升，且开放性、社会化的监禁替代措施和非监禁刑的适用比例未来一定是增多的趋势。法院应根据吸毒犯罪人瘾癖和危险性大小，选择监禁戒毒或社区戒毒。同时，对于监禁戒毒的犯罪人在矫正效果较好，危险性明显较小之后，可转为社区戒毒。我国《戒毒条例》第 24 条已经基本确立了监禁戒毒、社区戒毒与罪犯监禁刑之间的配合关系，可以在剥离的刑事强制戒毒措施中予以丰富和完善。

4. 监督考察

监督考察是指对缓刑和假释的罪犯，以防止其再犯罪为目的，对其实施的矫正、监督、考验等措施。我国刑法典中已经具有缓刑监督和假释监督的相关规定，而从第二章的分析可以看出，二者实质上具有保安处分性质。因此建议在专章规定保安处分制度后，将缓刑监督和假释监督合称为监督考察，明确规定为保安处分措施的一种。

5. 保安监禁

保安监禁是指对于刑罚执行不足以矫正的具有较大危险性的

犯罪人施加的对其在刑罚执行完毕后,以剥夺其再犯能力、矫正其危险性为内容的剥夺人身自由的保安处分措施。此种措施主要适用于危险性较大的信念犯、累犯和惯犯。我国现有的安置教育,就是具有保安监禁性质的制裁措施,但是其适用范围仅仅限定于实施了恐怖主义犯罪的行为人,规定在《反恐怖主义法》中。通过前文分析可以看出,我国现有刑事制裁体系对累犯、惯犯的危险性回应并不充分,在构建保安处分制度时,应将安置教育纳入刑法典中,将其适用范围扩大至其他严重暴力犯罪的累犯和惯犯,根据对其危险性的考察,在刑罚执行完毕后,由法院来决定是否需要对其继续关押以排除和矫正其再犯危险性。也可以通过保安监禁的建立,使得长期监禁刑肩负的"超出其能力范围"之外的预防任务转移给保安处分,让刑罚的归刑罚,处分的归处分,避免目前出现的不当限制长期监禁犯罪人假释的情况,避免以牺牲刑罚制度逻辑性和合理性的代价使其担负起防控危险性的任务。

当然,保安监禁的正当性一直都受到西方学者的质疑,但因现实情势的需要,西方各国近年来又不得不强化了保安监禁措施的适用。而我国建立保安监禁措施,需注重趋利避害,防止该措施不当长期限制犯罪人的人身自由,因此需要建立科学、规范和严格的危险性评估制度,此制度将会在下文中详述。

6. 行为监督

行为监督是指对于信念犯、累犯、惯犯等在刑罚执行完毕后,根据其尚具有的危险性,对其释放后在一定时期内进行的监督、考察、矫正的保安处分措施。行为监督与保安监禁适用条件类似,均是针对经过刑罚执行尚不能预防其危险性,需要继续通过保安处分措施对其危险性予以防控的情况。区别在于保安监禁是封闭式的监禁方式,而行为监督是一种开放式的监督,二者根据行为人的危险性程度的不同,由法官选择适用。这样保证了并不是对所有的累犯和惯犯均进行保安监禁,也符合比例原则。行为监督可以像社区戒毒一样,采取社区矫正的执行方式。

除以上措施之外,目前存在于我国《刑法》中的禁止令、职业禁止和驱逐出境,也应调整到保安处分的章节中,作为保安处分措施予以规定,一方面有利于保安处分措施体系的完整性,另一方面也改变目前这些与刑罚性质相异的措施夹杂在刑罚制度中的混乱局面。

(四)明确保安处分与刑罚的科处关系

建立保安处分制度之后,对一个犯罪人同时判处了保安处分措施与刑罚的情况下,二者关系如何协调,适用的先后顺序怎样,是否具有替代关系等,是需要明确的问题。对于此,基本存在以下几种模式:其一是并科主义或二元主义,即刑罚与保安处分同时宣告,并科适用。德国、奥地利、英国以及日本均采此模式;其二是择一主义或选科主义,即对同一犯罪事实,只能根据刑法的规定在刑罚与保安处分之间选择;[①]其三是并罚替代主义,即刑罚与保安处分具有可替代性,在行为人被同时科处刑罚及保安处分时,若其中之一已先被执行,且认为已收到预防效果,则可免除另一制裁之执行。[②] 笔者认为,不应单一地采取选科、并科或者替代的方式,而应根据保安处分措施的性质进行具体的规定。除专门矫治教育和强制医疗不可能与刑罚并存之外,其余保安处分措施均涉及与刑罚同时存在的情况,应将我国的保安处分与刑罚的科处方式分为以下两种:一是并科适用。并科适用分为并科先后适用和并科同时适用。对于监督

---

① 参见梁根林:《刑事制裁:方式与选择》,法律出版社2006年版,第285页。

② 参见张天一:《两岸保安处分制度之比较——以施用毒品之保安处分为中心》,载《军法专刊》2009年第4期。

考察、驱逐出境和职业禁止,应适用并科先后适用,刑罚适用在前,保安处分适用在后。其中,监督考察中虽然存在刑罚的暂缓和暂停,但那是刑罚本身的裁量和执行制度的一部分,而其后的监督考察是与该刑罚制度先后并科适用的。并科的同时适用是指刑罚和保安处分的执行同时进行,主要包括禁止令。强制戒毒与刑罚是并科同时适用和先后适用的结合。应根据刑罚的性质进行区别的适用:在吸毒犯罪人被判处监禁刑的情况下,一般应宣告监禁强制戒毒,二者同时执行,监禁场所应同时具备执行监禁刑和强制戒毒的条件,从这一点来看,吸毒犯罪人的监禁场所必须要与其他吸毒者的强制戒毒场所有所区别,相互独立。监禁刑刑期届满后,应视犯罪人的危险性的矫正情况,决定对其是否符合转为社区强制戒毒的条件,符合则予以转为社区强制戒毒;如不符合,则继续执行监禁强制戒毒,达到矫正效果后转为社区强制戒毒或释放。在吸毒犯罪人被判处非监禁刑的情况下,根据其瘾癖和危险性可以社区强制戒毒的,一般应并科社区强制戒毒,与刑罚同时执行;但如果从其瘾癖和危险性考量,应予监禁强制戒毒的,则也应先执行监禁强制戒毒,但符合条件后应随时转入社区强制戒毒,开放性的非监禁刑在其之后与社区强制同时执行。二是并科替代方式,是指刑罚和保安处分的适用存在先后顺序,前一种制裁的执行可能会部分或全部替代后一种的执行。采取这种方式的包括保安监禁和行为监督。保安监禁与行为监督情况类似,均是先执行刑罚,刑罚执行如果部分或全部达到保安处分的目的的,则保安监禁和行为监督减免执行,否则在刑罚之后并科执行。

(五)危险性评估机制的建立与完善

危险性是保安处分适用的根据,而危险性又是一个动态的、面向未来的概念,自带模糊的社会意涵。能否准确地、规范地、科学地判断犯罪人的危险性是保安处分制度能否正当运行、达到应有预防效果的基础,而这就必然要求引入危险性评估机制。在美国,通过危险性评估识别出的高风险人群,对其主要采取监禁的手段进行隔离(失能),因此导致了监狱人口的大幅增加,饱受学者的诟病。但这并不代表危险性评估必然只能服务于监禁率的升高。中国引入危险性评估有着不同的社会背景和意义,抛却保安处分措施适用的迫切需要不谈,仅从刑罚的角度来看,中国刑罚适用和执行过程中监禁率本就极高,甚至包括居高不下的审前羁押率。而刑事犯罪人的诉讼权利保障基础在我国本就薄弱,危险性评估的引入,反而有利于在对犯罪人风险进行科学评估的基础上,为减低羁押率和监禁率提供依据,使得刑罚更有效益。在我国刑事领域,危险性评估起步较晚,目前仍然更多地处于理论层面,实践中的应用十分薄弱。比如,逮捕条件中含有包括再犯、妨害诉讼等可能性在内的"社会危险性",但对该社会危险性的评估,基本上是由检察官依据案件事实证据情况,凭借自身的专业素养和办案经验自行评估,并不像新刑罚学中的风险评估一样,适用并完善一套科学的评估工具和方法。正是由于缺乏科学的评估标准,直接导致实务中多数检察机关将社会危险性的逮捕要件与是否构成犯罪简单地画上等号,成为审前羁押率居高不下的重要原因之一。类似的情况还存在于假释的认定中,我国假释适用条件之一,为"没有再犯罪的危险",而实践中,对此的判断较多地依赖于监狱中的"计分制",计分考核一般分为五大项,旨在体现管理、教育、劳动三种改造手段,但其中罪犯的劳动考核计分占据了绝对份额,①难以真正、全面地反映罪犯的再犯风险。由于再犯风险是个不确定的因素,缺乏可靠的评估工具便难以准确地判断假释的条件,一定程度上导致了我国假释的适用率偏低。换

① 参见文姬:《人身危险性评估方法研究》,中国政法大学出版社2014年版,第52页。

句话说,我国在犯罪(再犯)风险评估领域的滞后发展,已经限制了相关制度的实际运行。特别是前面分析的我国刑事制裁对危险性的判断过度依赖罪行程度,甚至是在宣告之初静态地"一刀切",缺乏动态性的问题,均有赖于通过动态性地危险性评估来予以解决。而近几次刑法修正,有意引入"有再犯罪风险"的表述,为犯罪风险评估的引入起到了导向的作用。特别是2016年1月1日起施行的《反恐怖主义法》,首次在我国立法上提出的"社会危险性评估",也表明我国在立法上对于犯罪高风险人群的评估给予了特别的关注。可见,对于危险性评估,我国不仅有实际需求,更有立法导向,亟待引入并开发出适用于中国具体情况的科学化评估工具,其作用将有利于刑事制裁轻缓化和被追诉人权利的保障。

第二节　刑事制裁多轨制的"显性化"与完善

构建和完善保安处分制度,奠定"刑罚—保安处分"双极发展的刑事制裁体系后,还应在刑罚和保安处分之外,完善其他种类的刑事制裁措施,作为刑罚和保安处分的重要补充和辅助制裁,将目前我国《刑法》中"隐性的"多轨制"显性化",构建出"横向多轨、突出两极"的刑事制裁体系结构。

一、刑事没收独立刑事制裁的地位及完善

(一)刑事没收独立刑事制裁地位之确立

长期以来,刑罚作为犯罪法律后果的重中之重吸引了绝大部分学者的目光,对于没收与刑罚、保安处分的异同以及没收是否应该具有独立的法律地位学者研究寥寥,为数不多的论著中对于没收的法律地位观点也不一:(1)独立刑事制裁否定说。部分学者认为没

收并不是一种独立的刑事制裁。其中有学者认为没收当属于一种特殊的刑罚。没收具有预防犯罪的目的,从其在《刑法》中所处的位置来看没收是被当作刑法的实体内容对待的,与刑罚密切相关,应作为一种特殊的附加刑。[①] 有学者认为没收当属于非刑罚性质的保安处分。[②] 认为没收是对具有危险性的物实施的对物的保安处分,目的是消除再犯可能性。但也有学者从根本上就否定没收的刑事制裁的属性,认为没收违禁品是一种行政强制措施,而没收供犯罪分子使用的本人财物因具有诉讼证据的作用,是刑事诉讼中的强制措施。[③] (2)独立刑事制裁肯定说。近年来,开始有个别学者认为没收、刑罚以及保安处分,三者的法律效果存在本质差异。没收既无刑罚的惩罚效应,又无保安处分的预防目的。其具有剥夺财物的效应,是一种具有财产权利干预性质的独立刑事措施。[④]

笔者认为,没收是依据刑事法律给予刑事违法行为实施者的制裁措施,具有刑事实体制裁的性质。但没收在刑事制裁体系中的体系定位存在争议,各国做法也不一致。事实上,对没收的性质和地位的认识存在一个缓慢的演进过程。在国外,欧洲国家是 20 世纪 60 年代以后才逐渐认识到没收的性质异于刑罚和保安处分而纷纷将其单独加以规定。德国于 1969 年修正刑法时,才正式将没收制度列为刑罚与保安处分制度之外独立的不法行为的法律效果,此举也被认为确立了德国的刑事制裁体系多轨制。日本也是 1974 年修正刑法时将没收从附加刑中独立出来。我国台湾地区于 2015 年 12 月

---

① 参见刘德法:《论刑法中的没收犯罪物品》,载《郑州大学学报(哲学社会科学版)》2009 年第 2 期。

② 参见谢望原:《刑法中的没收制度》,载《中国刑事法杂志》2009 年第 6 期。

③ 参见马克昌主编:《刑罚通论》,武汉大学出版社 2002 年第 2 版,第 215 页。

④ 参见姚杏:《论我国刑法中涉罪财物之没收》,载《南京大学法律评论》2018 年第 1 期。

进行“刑法”修正,也效仿德国将没收列为刑罚与保安处分之外独立的法律效果。在我国大陆的立法中,没收的性质虽然尚不明确,但学者对没收的性质亦存在渐进的认识过程,只是相对滞后。我国较早的论著中均将没收或归于刑罚,或归于保安处分,或定性为行政强制措施。而新进的研究开始有学者肯定没收的独立制裁地位。笔者认为,没收是在刑事诉讼中,由刑事违法行为引起,依据刑事法律由司法机关作出的制裁,其性质显然属“刑”而不属“行”,其刑事制裁的性质不应存在疑问,且应将没收定位为刑罚和保安处分之外独立的刑事制裁。理由如下:

首先,没收与刑罚的性质相异。没收是对与犯罪有关财产以及犯罪所得财产的剥夺,具有一定的降低犯罪诱因及达成威慑犯罪的功效,而刑罚中也有财产刑,其内容也是对财产的剥夺,因此,确实有国家或地区将没收作为刑罚的一种或者刑罚的附属效果。但事实上,没收与刑罚的性质并不相同。一是没收不受限于责任主义原则。责任主义原则是刑罚的基本原则。与适用责任主义的刑罚相比,行为人是否承担刑事责任,并无法左右或者限制没收手段的启动,犯罪所得没收是基于不得从犯罪行为中获益,犯罪物没收是基于超出财产权的合理限度,内在逻辑是对于被破坏的法秩序的恢复。我国2012年《刑事诉讼法》中增加的犯罪嫌疑人、被告人逃匿、死亡案件违法所得的没收程序,就是在刑事责任之外启动没收的典型规定,体现出没收与刑事责任、没收与刑罚之间的独立性。二是没收不具有道德非难色彩。从本质上,以刑事责任作为基础的刑罚的适用要对犯罪行为进行价值判断,而没收则并不需要价值判断,只需要事实判断。没收针对的是与犯罪有关的物以及犯罪所得财物。则以犯罪所得为例,如果该犯罪所得转移给并不知情的第三人占有,或者其上设置了第三人的物权,则也应属于没收的范围,可见,没收的对象未必是具有可非难性的犯罪者,无过失的第三人也可能会成为没收的对象。三是没收并非是对犯罪人合法利益的剥夺。不论刑罚还是保安处分,其制裁的内容都是对危害行为实施者合法权利的限制和剥夺,而违法所得没收并不认为有对行为人合法权利的干涉与剥夺。因此财产刑通常还需要考量行为人的经济能力,来衡量不同的财产刑额度对经济能力不同的行为人在剥夺感和威慑功能上的区别。而没收则完全依据犯罪事实中违法所得数额确定,不因被没收人的经济能力而有所区别。财产刑针对的是行为人的合法财产权的剥夺,因此并不会用剥夺的财产来返还被害人,即便是有被害人优先受偿原则,也仅仅涉及受偿与财产刑的先后顺序,并不会因被害人受偿当然地减免和抵顶刑罚。但违法所得返还被害人的部分,则就是从违法所得中实实在在分离的部分。综上,可以看出没收与刑罚的原则、理论基础和具体内容均存在较大区别,并不能“兼容”到刑罚体系中。

其次,没收与保安处分性质相异。日本学者主张没收是对物的保安处分的观点,①在我国学者中的接受度相对较高。② 一般认为,对犯罪物和违法所得的剥夺是为了剥夺行为人的犯罪条件而预防再犯的发生,因此属于对物的保安处分。没收确实具有预防犯罪的目的和功能,这也是没收所谓刑事制裁的属性所决定的,是所有种类的刑事制裁所共有的目的,无法据此就认定没收属于保安处分。严格分析来看,没收与保安处分亦存在性质上的区别。没收具有“属物性”,与本质上具有“属人性”的保安处分不同。主张没收是对物的保安处分的分类方式,一般认为封闭营业场所、解散法人、没收

① 参见[日]大谷实:《刑事政策讲义》,弘文堂1992年版,第152~153页。

② 参见马克昌教授在其《刑罚通论》中,张明楷教授在其《刑法学》教科书中,梁根林教授在《刑事制裁:方式与选择》中均将没收归入了物的保安处分。

均属于对物的保安处分。[①] 根据立法例，意大利的“善行保证金”也作为对财产的保安处分来看待。但保安处分的根据且唯一根据就是行为人的危险性，不论是直接针对人身的保安处分措施，还是封闭营业场所、善行保证金等所谓物的保安处分，其本质上都受到“属人性”因素的影响，即犯罪人危险性的大小以及其再犯可能性。所谓的善行保证金，即行为人缴纳一定的金钱作为将来不再违法犯罪的保证，这是行为人的财产的缴纳，涉及对其财产权的干涉，事实上与对自由权进行干涉没有本质的不同，针对的依然是“人”，而不是“物”。所以笔者也并不认同存在对物的保安处分这一分类，如果这种分类的逻辑成立，则财产刑也可以称为对物的刑罚，这显然是易于归谬的。而刑事没收的本质上却是具有属物性的，不论行为人危险性如何，即便行为人根本不具备再犯可能性，甚至行为人死亡、逃匿的情况下，也不会影响没收的启动。其发动的根据并不是行为人的危险性，而在于前文提到的对刑事危害行为事实以及对法秩序的恢复目的。从这一点上看，没收与保安处分就存在根本上的不同。

通过以上分析看出，没收是与刑罚和保安处分均性质相异的一种刑事制裁，其以预防为目的，但却不以刑事责任或危险性为适用根据，而是立足于违法犯罪事实，针对犯罪物和违法所得进行剥夺的制裁手段，以此表明法律不允许任何人从犯罪行为中获益（违法所得），或超出财产权的合理限度（犯罪物），内在逻辑是对于被破坏的法秩序的恢复。正如耶赛克指出，将没收纳入制裁体系是非常困难的，它既不是指刑罚，也不是指矫正及保安处分，而是指独立的制

---

① 参见［日］大谷实：《刑事政策讲义》，弘文堂1992年版，第152～153页；［日］木村龟二主编：《刑法学词典》，顾肖荣、郑树周译，上海翻译出版公司1991年版，第464页。

裁。[①] 而我国目前没收制度并不具有独立的刑事制裁措施的地位，但也并未明确其属于刑罚、保安处分或者刑罚附属效果等。目前这种没收"性质"不明的立法状态，不利于没收制度的完善，也不易于没收独立司法品格的形成，因此建议在《刑法》修改时，单独章节来规定没收制度，明确赋予其刑事制裁措施的法律地位。

（二）没收制度之完善

1. 没收与追缴、责令退赔关系的厘清

根据我国《刑法》第 64 条的规定，追缴的对象是违法所得的原财物，责令退赔的对象是违法所得的替代价值，而没收则是针对违禁品和犯罪所用的本人财物，即犯罪物。根据法律规定，没收、追缴与责令退赔针对的对象似乎不同，各有其"势力范围"，均是具有实体处置内容的制裁措施。但通过第二章的分析发现，我国在立法上、在司法上却并没有坚持没收、追缴和责令退赔的界限，互相混用的情况十分严重。概念不清则内涵不明，调整我国的没收制度，首先要做的就是厘清没收、追缴和责令退赔间的关系。笔者认为，既然从现有法律和司法解释中无法合理分离出没收、追缴和责令退赔的概念边界，建议重新界定三者的内涵，将没收作为针对违法所得和犯罪物收归国库的一种实体性制裁，将追缴明确为没收原物和没收替代价值的前置程序，而没收制度中不再继续使用责令退赔这一概念。

首先，没收应是对违法所得和犯罪物的实体性处置。没收是将没收对象收归国有之意。在我国，不论是违法所得还是犯罪物，最终的实体性处置就是收归国库，如果说针对犯罪物的终局处置是没收，那么针对违法所得的终局处置，除了必要性的返还被害人外，其

---

① 参见[德]汉斯·海因里希·耶赛克、托马斯·魏根特：《德国刑法教科书》，徐久生译，中国法制出版社 2001 年版，第 952 页。

上缴国库的结果与没收根本不存在本质区别。《刑法》第 64 条将追缴和没收按照对象不同分别规定的做法,与《德国刑法典》中曾经的“追缴”(Verfall)和“没收”(Einziehung)的划分十分类似,前者的对象是犯罪所得,后者的对象是犯罪物,二者均是实体性的制裁措施。然而这样的划分导致术语混淆而困扰着德国的刑事实务。所以,德国于 2017 年通过《刑法财产剥夺改革法案》对刑法中的没收制度予以修改,其中新法统一了德文的“没收”用语,将犯罪所得和犯罪物的没收均使用德文中的“没收”一词,德国立法者借此彰显新法是全面性的修正,同时解决困扰刑事实务的法律概念衍生问题。尤应一提的是,新法看似单纯地统一德文用语,却是使德国法衔接欧盟法的惯用词汇,这有助于化解国际司法互助中日益重要的跨境财产剥夺,经常面临的概念理解困难。[①] 这对于同样存在术语混用的我国具有借鉴意义,没必要将违法所得与犯罪物进行区分,前者为追缴,后者为没收,事实上二者的终局性实体处置没有区别,强行划分也会造成严重的混用,如同目前没收与追缴的现状一样。因此为了避免术语间的同意重叠,防止概念的混淆,应将对违法所得和犯罪物强行收归国库的实体性制裁措施,统一称为没收。

其次,明确追缴为没收的前置程序性处置措施。在《中华人民共和国刑法释义》(以下简称《刑法释义》)中指出:“所谓追缴,是指将犯罪分子的违法所得强制收归国有。”[②]根据此释义,追缴和没收均是强制收归国有的实体性措施,唯一的区别在于对象不同。但事实上这种定位难以经得起推敲,从《刑法》第 64 条的具体规定看,追

---

① 参见王士帆:《二〇一七年德国犯罪所得没收新法——刑法基础规定综览》,载《政大法学评论》2018 年第 153 期。

② 胡康生、郎胜主编:《中华人民共和国刑法释义》,法律出版社 2006 年版,第 62 页。

缴回来的违法所得,“对被害人的合法财产,应当及时返还”,可见追缴并不是一个终局性的实体制裁,违法所得追缴回来之后,还要区分返还被害人和收归国库两种情形,而这就与《刑法释义》中的解释追缴即为强制收归国有的解释自相矛盾了。从其他法律和司法解释的规定中,追缴也似乎更多地被作为一种追回违法所得和犯罪物的“过程”而非一个“结果”来看待。《刑事诉讼法》规定对于追缴的涉案财产,可以向人民法院提出没收申请,这其中追缴作为没收这一实体处分的前置程序性措施的意味就十分明显了。2019 年最高人民检察院公布的《人民检察院刑事诉讼法规则》第 353 条规定:“追缴的财产中属于违禁品和不宜长期保存的物品,应当依照国家有关规定处理,并将清单、照片、处理结果附卷”,可见追缴回来的财物还要根据情况进行不同的处理,显然追缴并非实体性的处置。由此可见,立法者和实务界已经习惯于将追缴作为“追回违法所得和犯罪物”的程序性措施来看待了,而《刑法》第 64 条的立法本意——将追缴作为违法所得的实体处置——显然已经逐渐失去其地位,这事实上与《刑法》第 64 条的划分本身不合理有关。在完善我国没收制度时,应顺应多年来追缴在立法和司法解释中的习惯性内涵,将追缴明确为没收的前置程序,而将对违法所得和犯罪物的实体性制裁统一为没收。

最后,没收制度中可不再采用“责令退赔”的表述。《刑法释义》对责令退赔的解释是:“犯罪分子已将违法所得挥霍使用或者毁坏的,也要责令其按违法所得财物的价值退赔。这样规定,主要是为了保护公私财产,不让犯罪分子在经济上占便宜。”①可见,《刑法》第 64 条的立法原意是责令退赔的对象是违法所得的替代价值。而

---

① 胡康生、郎胜主编:《中华人民共和国刑法释义》,法律出版社 2006 年版,第 62 页。

与追缴类似,责令退赔的替代价值,其结果也有返还被害人和收归国库两种,因此责令退赔与追缴一样,更应当被看作是一种程序性处置措施,而非实体性处置。从第二章的梳理可以看出,责令退赔与追缴一样,实践中混用、歧义严重,笔者认为,我国调整后的没收制度不宜再采用“责令退赔”来指代违法所得替代价值的没收。理由在于:一是责令退赔本身的词义易于混淆。从语义上来看,责令退赔在实践中歧义严重,由于其存在“退赔”的表述,易与“责令赔偿损失”混淆,在实务中常常被当作“赔偿被害人损失”之义来使用,如有实务人员撰文指出“责令退赔作为弥补被害人损失的重要方式”①。况且责令退赔又是一个行政性色彩较浓的表述,用其指代违法所得替代价值的强制程序难免造成理解的混乱。二是违法所得替代价值的没收并不必要采取专门术语指代。从国外立法例来看,将违法所得原物没收不能时,对替代价值进行强制收取,多国和地区均有特别的专门术语予以指称,比较常见的如日本、韩国、瑞士和我国台湾地区,我国台湾地区采用“追征”一词,对于其他国家和地区的类似制度,学者或翻译为追征,或翻译为“追缴”。如《韩国刑法》第 48 条第 2 款,有学者翻译为“犯罪物品无法没收的,追征与其相当的价额”②,有学者翻译为“对没收对象的物品不能没收时,追缴其价款”③。也有学者主张我国也存在追征制度,似有将对违法所得替代价值的强制收取定位为“追征”之意。但笔者认为,无论采取追缴还是追征来专门指代均不适宜。我国“追缴”一词并不仅限于替代价值的追缴,将概念限定在此依然会造成概念理解的障碍和混

---

① 袁辉:《责令退赔空判现象实证研究——以 L 市两级法院刑事判决为中心的考察》,载《法律适用》2015 年第 1 期。

② 马克昌:《比较刑法原理》,武汉大学出版社 2002 年版,第 807 页。

③ [韩]李在祥:《韩国刑法总论》,[韩]韩相敦译,中国人民大学出版社 2005 年版,第 507 页。

淆。采用追征的表述,相当于为了替代价值的没收,而重新在我国的刑法中引入一个新的概念,而追征与追缴也还存在表述相近,易相混淆的问题,是否有必要存在疑问。如果能在现有的概念中将其解决才是较为理想的立法方式。笔者认为,本身没收在国际公约中就包括价值没收,即是指在犯罪收益或所得赃物灭失或无法追查的情况下,没收价值相当于非法收益的合法财产。[①] 因此没收的概念里完全可以包括对违法所得和犯罪物替代价值的没收,而追缴本身就可以同时包括对原物和对替代物的追缴,实在没有适用另一术语来表述对替代价值没收的必要。立法中在不存在实质性区别的情况下,采取多种术语,有失立法的科学性。

2. 建立和规范第三人没收制度

所谓第三人没收制度,是指犯罪物和犯罪所得的没收有条件地及于第三人的情形。我国目前并没有第三人没收制度,对于违法所得没收部分,仅表述"犯罪分子违法所得一切财物",并没有明确如果该违法所得被第三人所有或者第三人享有财产权的情况是否属于没收范围。而对于犯罪物没收,法条中表述为"违禁品和供犯罪所用的本人财物",其中未明确如果违禁品是被第三人合法所有是否应没收;关于"供犯罪所用的本人财物"中,似乎完全排除了第三人所有的用于犯罪之物的没收,是否合理又是否与我国的司法实践相符,这些问题恐怕都是需要通过建立第三人没收制度来予以解决的。第三人没收制度的缺失,一方面,导致实践中产生及于第三人的没收乱象。我国立法中虽未明确规定第三人没收,但不代表实践中没收全部不及于第三人。事实上,实践中对第三人财产的没收大量存在。由于没有第三人没收制度,导致这些案件的处理不能够在

① 参见何帆:《刑事没收研究——国际法与比较法的视角》,法律出版社2007年版,第159页。

有效的规范下进行，而使得第三人财产的认定标准模糊，适用乱象较多。另一方面，在犯罪者与犯罪得利者、犯罪物的所有者不同一的情况下，第三人没收制度的缺失也会导致对于犯罪者以外之第三人所保有的违法所得、犯罪物等无从没收，给打击和制裁犯罪留下漏洞。因此在完善我国没收制度时建立我国的第三人没收制度十分必要，其目的不是扩大没收的适用对象，而是明确标准，规范实际存在的及于第三人的没收行为，更好地保护公民的合法财产不被公权力过度侵犯，更好地发挥刑事制裁的保障和保护双重功能。

(1)违法所得与第三人没收

“任何人均不应从犯罪中获利”，这一法理不仅适用于犯罪者本身，亦应适用于未参与犯罪的第三人。但刑事制裁必须要符合比例原则，这就要求刑法在追讨犯罪所得时，还要考虑到可能会与之相冲突的交易安全等其他重要价值，因此，违法所得的第三人没收，要解决的核心问题就是平衡违法所得的追讨和交易安全之间的关系，找到一个适当的第三人违法所得没收的范围界限。违法所得可能及于第三人的情况，是指在犯罪之后，由并不构成共同犯罪的第三人取得违法所得的情形。对于此，第三人对于犯罪是否知情以及是否善意取得就成为重要的认定标准。在美国，根据《2000 年民事没收改革法》，对犯罪所得、工具的继受者使用“无辜物主抗辩”，当事人是否系“善意购买者”、是否“不知道且不可能预见到该财产可能被没收”以及是否“有偿获取相关财产”，都被作为衡量的标准。[①]在德国，第三人违法所得没收的认定关键基准在于行为人之刑事不

---

① 参见何帆：《刑事没收研究——国际法与比较法的视角》，法律出版社 2007 年版，第 150 页。

法行为与第三人得利间客观存在直接获利关系，[①]被称为“得利关联性”。而对于善意第三人是否应排除在没收的范围之外，德国的立法也存在一个演进的过程，德国没收制度在2017年之前，并不概括排除对善意第三人之得利没收，而是在得利关联性的限制之下具体地考察，并且借由“过苛条款”[②]来个案调解第三人善意取得的没收问题。但2017年将没收制度调整之后，德国没收新制则改以明文规定的“新过苛条款”，来排除所受利益已不存在之善意第三人的没收。[③] 在我国，对于犯罪所得能否适用善意取得，立法上并没有明确规定，而司法解释的规定却立场不一，互相抵触。有否定善意取得应排除没收的，如1992年最高人民法院研究室《关于对诈骗后抵债的赃款能否判决追缴问题的电话答复》（已失效）规定，对赃款赃物应顺着流向一追到底，“即使享有债权的人善意取得赃款，也应追缴”。也有肯定善意取得不应没收的，如1958年7月最高人民法院发布的《关于不知情的买主买得赃物应如何处理问题的复函》、1965年12月最高人民法院、最高人民检察院、公安部、财政部《关于没收和处理赃款赃物若干问题的暂行规定》（已失效）以及1994年最高人民法院《关于在审理经济合同纠纷案件中发现一方当事人利用签订经济合同进行诈骗的，人民法院可否直接追缴被骗钱物问题的复函》（已失效）中，又都体现了对于善意取得赃款赃物第三人的财产权应予以保护的司法观点。这些规定的混乱状态一定程度上也导致了实践中对第三人没收的适用乱象。因此，笔者建议，借鉴国际

---

① 参见陈重言：《第三人利得没收之立法必要及其基础轮廓》，载《月旦法学杂志》2015年第238期。

② 参见《德国刑法典》第73条C：(1)1如追缴对被追缴人来说是过分严厉的，可不命令追缴。2在命令追缴时取得物的价值在被追缴人的财产中已不复存在或取得物价值轻微的，命令可不执行。(2)允许从宽追缴的，相应适用第42条的规定。

③ 参见林钰雄：《第三人利得没收》，载《月旦法学教室》2019年第199期。

通行做法,从保护交易安全的价值出发,在没收的对象中,将善意取得违法所得的第三人予以排除。

(2)犯罪物与第三人没收

根据《刑法》第64条规定,犯罪物包括违禁品和供犯罪所用之物,这二者实践中均存在及于第三人的情形。违禁品方面,一般情况下,部分违禁品法律法规会赋予一些特殊职业的主体合法持有。比如,医院出于医疗目的合法持有的不可在社会上流通的药品、麻醉品,营业性射击场所合法持有枪支等。在这些物品脱离了合法持有人的控制后,即变成了违禁品。对于此类违禁品,是否应该当然收归国库,还是应该返还给原持有人,我国法律并未明确,笔者认为,借鉴他国类似制度,这种情况下应考察违禁品原持有人对犯罪是否知情,以及对该物品转移给犯罪分子占有是否存在过错,对于不存在任何过错的原合法持有人,应将违禁品予以返还。供犯罪所用之物方面,《刑法》第64条的规定是"本人财物",在立法表述上几乎"一刀切"地否定了用于犯罪的第三人财物的没收,仅从法条上,看不出任何区分第三人主观状态的表述,使得犯罪物的没收范围过于狭窄,也给打击犯罪留下了漏洞。法条表述不合理的结果,就是司法实务与法条的背离,公安部就曾根据实践中打击犯罪的需要,在《关于对用于毒品犯罪的他人财物是否应予没收的批复》(已失效)规定,"不属于犯罪分子本人所有,但在财物所有者明知或者借以从中渔利的情况下,供毒品犯罪人使用的财物,也应当没收;行为人盗用他人财物或者违背财物所有者的意愿而利用其财物进行毒品犯罪的,对这类财物不应没收"。该规定事实上是扩大了法条中规定的犯罪物没收的范围,虽然不得不承认其较法条的"一刀切"更加具有合理性,但在法律位阶上,下位规范与刑法典的抵触,且属于下位规范扩大刑法典的制裁面的情况下,其效力及正当性均受到质疑。因此，建议在完善没收制度时，修改对于供犯罪所用之物没收范围的规定，根据第三人是否知情或是否应当知情，物品使用是否违背第三人意愿，第三人对物品用于犯罪是否存在过错等，来区分情况，合理划定第三人没收的范围。

3. 增强没收的司法属性

在我国，长期以来由于没收没有被作为一个独立的刑事制裁措施来看待，刑事诉讼中主要的着眼点都在于犯罪的认定和刑罚的适用，对于涉案财物的没收不论是在立法还是在司法中的重视都十分不足。但没收事实上涉及的犯罪人乃至第三人的财产权，在许多案件中，没收的数额非常之大，对犯罪人甚至案外人的影响不亚于甚至超出财产刑的作用。涉案财物没收这一似乎在刑事诉讼中被“边缘化”的问题，实际上却越来越成为一个积重难返的严重问题。根据第二章的分析可知，目前我国没收司法属性较弱主要原因就在于长期“以侦查为中心”理念下对没收的审前程序设计行政属性过强，对于违法所得和犯罪物的前期扣押、冻结缺乏司法审查，缺乏救济途径，并且严重影响后续的实体决定。因此，明确没收作为一个独立的刑事制裁措施的地位后，最迫切的就是将没收的审前程序做司法化的调整。

(1)引入审前涉案财物处置的司法审查机制

刑事没收程序调整的重点在于监督和制约侦查机关审前扣押、冻结涉案财物的决定权，引入司法审查机制。对于涉案财物的查封、扣押、冻结属于侦查过程中对“物”的强制措施，而拘留、逮捕、取保候审等是对“人”的强制措施。我国对于逮捕这样较为严厉的剥夺人身自由的强制措施，采取了由公安机关提请，非侦查主体的检察机关批准的体现制约原则的司法审查机制。但对于涉案财物的查封、扣押和冻结，不论数额大小、情节轻重，均不涉及司法审查和制约。而在国际上,对于涉案物品的扣押程序普遍适用司法审查,由侦查主体自行决定的立法例并不多。如《法国刑事诉讼法》规定,对于有利于查明事实真相的物件或文件、资料的扣押,决定权在于预审法官。① 由于法国实行检警一体化,一定程度上可以认为检察官与警察均为侦查的主体,因此,扣押的决定权就交由更加中立的非侦查主体预审法官来行使,同时,剥夺人身自由的强制措施的决定权由自由与羁押法官来行使。这种审前强制措施的分权机制被称为“令状主义”,即指在采取强制措施时,必须由警察或检察官向法官提出附有条件的申请,经法院或者法官审查后签发令状,只有依据该令状,方能限制或剥夺犯罪嫌疑人的自由和财产。② 而我国并不像多数大陆法系国家一样实行检警一体化,因此,检察机关并非侦查主体,在“一府一委两院”的体制下,检察机关作为法律监督机关,其独立地位并不低于法院,因此,可以考虑效仿逮捕程序,对于较大数额的财产的审前强制措施,由公安机关提请,检察机关批准的方式,结合中国的情况在财产强制措施中引入令状主义,强化没收前置程序中的分权和监督。

(2)增加涉案财物审前开放性保全措施

我国没收审前程序另外一个较为明显的弊病在于,以证据保全的方式替代财产保全,而导致对财物的强制措施过于严厉,缺乏开放性的财产保全措施。证据保全针对的是证明案件事实的证据,要求保持证据的客观性,采取强制措施排除原权利人对财物的权利以固定和保全证据,因此需要对权利人的权利进行较为严格的排斥,

---

① 参见[法]贝克纳·布洛克:《法国刑事诉讼法》,罗结珍译,中国政法大学出版社 2009 年版,第 383 页。

② 参见宋英辉、吴宏耀:《刑事审判前程序研究》,中国政法大学出版社 2002 年版,第 9 页。

以保障诉讼。而违法所得和犯罪物等涉案财物，其中部分是证据属性较强的财物，但也有部分对证明犯罪事实意义不大，仅涉及有可能没收或用于赔偿，而对于其余部分的财物保全的目的在于保全其价值，而非证据属性，完全可以采取能够保存其价值的限权措施，如提出担保，而不进行完全排除原权利人所有权能的强制措施。而这种担保措施也并非在我国的法律中全无踪迹，根据最高人民法院《关于适用〈中华人民共和国刑事诉讼法〉的解释》(2021 年)第 342 条的规定，对于单位犯罪案件，为保证判决的执行，人民法院既可先行查封、扣押、冻结被告单位的财产，也可由被告单位提出担保。可见提供担保的方式，只要能够保存价值，达到保证后续没收、赔偿、返还的顺利进行，并不必须要采取查封、扣押、冻结等较为严厉的强制措施。因此，在没收的审前程序方面，应考虑加入这种财产保全而非证据保全的方式来处置涉案财物，由财物所有人、占有人提供适当担保，必要时还可以扣押其权利证书、禁止其处分，但可以由原所有人、占有人继续持有使用的开放性措施。可以在一定程度上避免侦查过程中长期扣押、冻结证据属性较弱的涉案财物，以减少“逢扣必判”的影响实体没收结果的现象发生。

二、刑事损害赔偿独立刑事制裁的地位及完善

(一)刑事损害赔偿的刑事与民事双重属性

我国学者的研究中对关于刑事损害赔偿是否属于刑事制裁的定位存在争论：(1)主张判处赔偿经济损失和责令赔偿损失均是属于民事责任的一种，性质属于民事赔偿。有学者指出，“刑事损害赔偿是根据刑法产生的民事赔偿，立法者虽然将赔偿损失规定在刑法中，但其性质属于民事赔偿”①。“无论是判处还是责令赔偿(经济)

① 马克昌主编：《刑罚通论》，武汉大学出版社 2002 年第 2 版，第 740 页。

损失都是民事责任，在责令赔偿损失的场合，刑事责任由‘定罪’所体现，在判处赔偿经济损失的场合，所判处的刑罚处罚是刑事责任的表现。”[①](2)主张判处赔偿经济损失是民事责任，责令赔偿损失是刑事制裁。有学者认为，责令赔偿损失以免除刑罚为前提，由于没有判处刑罚，责令赔偿损失就不只是民事责任的实现方式，同时也是犯罪的法律后果；而判处赔偿经济损失以判处刑罚为前提，是刑事附带民事诉讼的结果，只是实现民事赔偿责任的方式。[②] 判处赔偿经济损失必须存在当事人的民事请求，而责令赔偿损失不要求当事人提出民事请求，“法院判处赔偿经济损失是被动的司法行为，而责令赔偿损失是主动的行政性行为”[③]。(3)主张判处赔偿经济损失和责令赔偿损失均是刑事责任的承担方式之一。有学者则将《刑法》第36条的“赔偿经济损失”和第37条的“赔偿损失”统一归纳为“民事性的非刑处置”。“非刑处置虽然由刑法明文规定，但就其性质而言不是刑种，不具有刑罚的性质、作用和后果，而是刑罚的必要补充或替代措施，是强制犯罪分子实际承担其刑事责任的具体表现方式。”[④]有学者认为，刑事损害赔偿兼具刑事责任与民事责任的双重属性。[⑤]

从以上的观点梳理可以看出，对于“判处赔偿经济损失”和“责令赔偿损失”的性质定位众说纷纭，观点分歧较大。第1种观点中，

---

① 王文华、刘宏武：《“赔偿损失”对刑事责任的影响——兼论我国〈刑法〉中“赔偿损失”的类型化研究》，载《法学杂志》2014年第1期。

② 参见张明楷：《刑法学》(第4版)，法律出版社2011年版，第561～562页。

③ 刘志德、刘树德：《“判处赔偿经济损失”、“责令赔偿损失”及“责令退赔”辨析》，载《法律适用》2005年第4期。

④ 陈兴良：《规范刑法学》，中国政法大学出版社2003年版，第220～221页。

⑤ 参见刘蕊：《刑法中的赔偿制度研究》，中国政法大学出版社2018年版，第35页。

在承认非刑罚处罚措施是刑事制裁的前提下，[①]否定包括法条明文规定的“责令赔偿损失”在内的刑事损害赔偿的刑事属性，本身在逻辑上就自相矛盾。第2种观点兼顾到这种逻辑区分，将作为非刑罚处罚方法的责令赔偿损失认定为刑事制裁，而并不将判处赔偿经济损失作为犯罪的法律后果来看待。但前面的分析显示，不论是否判处免刑，事实上“判处赔偿经济损失”和“责令赔偿损失”均是内容和性质相同的措施，判处刑罚的案件中，也有一部分损失是依职权判处退赔的；而判处免刑的案件中，也有对附带民事诉讼依请求作出判决的。因此，根据是否适用免刑而区分赔偿的性质缺乏合理性。笔者认为，第3种观点肯定赔偿是刑事责任的承担方式较为可取，但依然困扰于赔偿的“民事性”而没有明确地点出刑事损害赔偿属于刑事制裁措施的一种。笔者认为，刑事损害赔偿虽然具有民事属性，但也是因为犯罪行为所引发，由刑事法律所规定，依据刑事诉讼程序而做出的一种制裁措施，作为犯罪的法律后果，赔偿发挥着越来越重要的作用，应承认刑事损害赔偿也具有刑事制裁的属性。

首先，刑事损害赔偿是实现刑事制裁目的的措施之一。各种刑事制裁均具有预防的目的，刑罚除了预防之外，通常也被认为具有报应目的。而刑事被害人的赔偿兼具报应和预防的功能。

从报应目的来衡量，犯罪人对社会整体利益和被害人实施加害，则反过来要承受等价的不利益。“刑罚是针对恶行的恶报，恶报的内容必须是恶害，恶报必须与恶行相称。”[②]因此报应具有道德谴责和赎罪的意味。而刑罚起源于“私力报复”，“报应”的基因是自始就存在于刑罚之中的，且源于对被害人赎罪的理念。而对被害人的赔偿，事实上就是一种直接的具有赎罪色彩和报应色彩的措施。特

① 参见马克昌主编：《刑罚通论》，武汉大学出版社2002年第2版，第731页。
② 张明楷：《刑法学》（第5版），法律出版社2016年版，第504页。

别是随着恢复性司法理念的发展,报应理论甚至加入恢复性新内涵,认为报应是要恢复社会秩序,具体而言,需要恢复的和在原则上可以恢复的是犯罪人与作为其同胞的被害人之间的,以及与其他同胞之间的规范性关系。[①] 报应是要将从罪责中产生出来的破坏予以消除,行为人有责任对被害人受到的损害以及行为造成的对法和平的破坏进行补偿。[②] 可见,对刑事被害人的赔偿与刑罚一样具有报应功能。

从预防目的来衡量,通过对刑事被害人的赔偿,给予犯罪人一定的经济负担和不利益,基于消极一般预防的理性人假设来看,损害赔偿与财产刑一样,均可以产生功利的威慑和阻却犯罪的功能。而从强化公民的法忠诚和法信赖的积极一般预防着眼,与无视被害人的制度相比,关怀被害人的制度才更加能够让国民感到正义继而支持这种制度,那么包含了损害赔偿的刑事司法制度才能更好地实现积极一般预防的功能。[③] 此外,从特殊预防的角度,通过损害赔偿而使犯罪人承担了不利益显然也能够对犯罪人产生特别威慑,而与被害人的社会矛盾通过赔偿能够更好地修复,事实上,也更加有利于犯罪人的复归。因此,刑事被害人的赔偿显然具有预防犯罪的功能。

从以上分析可见,对刑事被害人的赔偿兼具报应和预防功能,甚至在修补社会关系、恢复社会秩序、促进犯罪人复归等方面,能够

---

① 参见[英]安东尼·达夫:《恢复性惩罚和惩罚性恢复》,载[比利时]洛德·沃尔格雷夫编:《法与恢复性司法》,郝方昉等译,中国人民公安大学出版社2011年版,第97~121页。

② 参见[德]米夏埃尔·帕夫利克:《人格体·主体·公民:刑罚的合法性研究》,谭淦译,中国人民大学出版社2011年版,第48页。

③ 参见[日]佐伯仁志:《制裁论》,丁胜明译,北京大学出版社2018年版,第173页。

起到比刑罚更加有效的作用,是刑事制裁体系中一种不可替代的措施。

其次,刑事损害赔偿与其他刑事制裁之间具有联动性。刑事损害赔偿在赔偿的范围、数额的确定等方面毫无疑问具有"民事性",但不代表损害赔偿就是与刑事制裁体系性质相异的民事制裁措施。相反,刑事被害人的损害赔偿与其他刑事制裁,特别是刑罚的裁量之间具有明显的联动性,通过这种联动而与刑罚共同成为实现刑事责任的方式。犯罪人对被害人的损害赔偿情况,对于刑罚的裁量具有显著的影响。在犯罪人主动和解进行赔偿的情况下,也不仅仅是平等民事主体之间的民事行为,该赔偿协议与赔偿行为或需要在刑事程序中予以确认,或需要在量刑时成为法官刑罚裁量以及是否需要依职权判处赔偿的重要考察因素,因此,庭前主动赔偿在刑事诉讼中,依然具有刑事性,而且与刑罚实现着互动。而依职权判处或责令赔偿,则更加会在法官对于犯罪人的法律后果的裁量中进行综合地权衡和考量,与刑罚相互配合共同达到制裁的目的。特别是有的国家,采取通过易科自由刑的方式,来增强对损害赔偿的保障力,使得赔偿与刑罚间的互动转换渠道更加丰富。在我国,传统的刑罚理论中,习惯于将犯罪人对被害人是否赔偿归于行为人的事后态度,将赔偿与刑罚的联动解释为刑罚裁量的情节,并不将赔偿作为一个独立的刑事制裁来看待。这种观点本身并没有错,只是其只看到了赔偿的一个侧面——体现犯罪人的主观态度,而这种事后态度从自首、立功、坦白、逃逸等多种情节中均可以展现,但忽视了赔偿与其他体现事后态度的情节之间一个最本质的区别,那就是赔偿本身具有制裁的属性,赔偿不仅能够达到刑罚难以替代的制裁目的,而且也与刑罚共同实现着刑事责任,特别是在免刑的情况下,赔偿的适用更体现了其是独立于刑罚之外的制裁措施,其与刑罚的联动,并不仅仅限于“影响量刑情节”这个单一层面,而是与刑罚相互并列、互相独立、互相影响的刑事制裁措施。

我国长期以来,对于刑事损害赔偿的民事属性认识充分,却忽略了其刑事属性,导致我国《刑法》中的赔偿功能发挥受限、保障不力、与刑罚的联动也受到阻滞,应顺应国际社会发展趋势以及恢复性司法理念的倡导,重新审视刑事损害赔偿的地位,强调其刑事制裁的属性,将其确立为一个独立的刑事制裁措施。

(二)我国刑事损害赔偿制度的完善

广义的刑事损害赔偿,应包括判决之前的协议赔偿和法院裁判的赔偿制裁。狭义的刑事损害赔偿,应仅指依职权的赔偿制裁。被害人赔偿具有民事属性,尤其体现在判决之前的协议赔偿。我国刑事法律中已经建立刑事和解程序,对于庭前犯罪人与被害人协议赔偿、犯罪人主动赔偿的情形予以规范,对于刑事和解程序之外进行的犯罪人的私下赔偿,比如,故意伤人案中的赔偿,事实上也具有与刑罚共同实现刑事责任的作用,这些“非依裁判”的赔偿因为在刑事诉讼中同样发挥着作用,因此从广义上来说也属于刑事损害赔偿制度的一部分。但此处要讨论的是刑法典中作为法院裁判时制裁措施的选项之一的赔偿制度如何构建,这部分赔偿更多体现刑事制裁的特征,一方面,可以作为协议赔偿重要的保障和补充;另一方面,协议赔偿如果达到制裁目的,可以免除裁判中赔偿的判处。依职权赔偿仿佛设置在协议赔偿之后的一个后位措施,但却是整个刑事损害赔偿制度的强制性和保障性的集中体现。

根据第二章的梳理可以看出(见图2.2),目前我国刑事损害赔偿制度的《刑法》规定与《刑事诉讼法》规定没有实现对接,《刑法》中“判刑+判处赔偿经济损失”和“免刑+责令赔偿损失”的分类,根本没有得到《刑事诉讼法》规定的贯彻和支持。《刑事诉讼法》是依据犯罪行为造成物质损失的行为方式为标准,分为"因人身权利受到侵犯和财物被毁损而遭受的物质损失"与"因犯罪人非法占有、处置而遭受的物质损失"两类,前者通过附带民事诉讼程序予以判处,而后者采取责令退赔的方式处理。这事实上导致实体法中的分类被架空,丧失了实际意义,而程序法上作出的分类,实际上也存在附带民事诉讼判决执行率低,责令退赔的部分难以强制执行,另行单独提起民事诉讼维权难度较大等问题,对于被害人求偿权的实际保障效果不尽如人意,需要对目前刑事损害赔偿制度进行改革。

首先,应在实体法中明确设立一个独立的刑事损害赔偿制裁措施。赔偿作为一种独立的制裁措施的立法例在国外早已有之。最为典型的是英美法系国家的"刑事赔偿令"(Restitution Order)。在西欧国家,过去存在加害人向被害人支付赎罪金这种形式的私刑。随着历史的发展,这种私刑被吸收到国家的刑罚之中。英国很早就存在"双重赔偿"制,对犯罪人判处刑罚,是赔偿国王;同时,犯罪人要用实物对被害人进行赔偿。在继受英国法的美国,一直到 19 世纪,损害赔偿都是被当作主要刑种来使用的,此后,损害赔偿也仍然以缓刑的条件的形式残留在美国法之中。而且,由于英美法那种民事的惩罚性损害赔偿制度的存在,可以说观念上对于损害赔偿具有刑罚性机能这一点并没有多少抵抗。在美国,刑事赔偿令的赔偿范围包括财产损害的返还、赔偿,人身损害的赔偿以及死亡赔偿,一般认为美国刑事损害赔偿不认可精神损害赔偿。① 英国的刑事赔偿令就包括财产损失、身体伤害和精神损害。法国通过 2007 年第2007-297 号法案增设了制裁性赔偿措施(Peine de sanction-réparation),属于独立的刑事制裁措施,并在刑事制裁体系中作为监禁刑的替代措

---

① 参见[日]佐伯仁志:《制裁论》,丁胜明译,北京大学出版社 2018 年版,第 154~155、170 页。

施。制裁性赔偿的适用范围为当处监禁刑之轻罪,要求犯罪者在法院规定的期限内按照法院规定的方式,赔偿或者修复受害人的损失,该损失仅指财产损失。[①] 这些对我国建立自己的被害人赔偿制裁制度具有借鉴意义。笔者建议我国刑法典中建立统一的赔偿制裁措施,抛弃无实际意义的"判刑 + 判处赔偿经济损失"和"免刑 + 责令赔偿损失"的分类,将刑事诉讼中,法院判处的被害人损害赔偿统一称为"赔偿制裁措施",赔偿的范围应包括犯罪行为造成的所有物质损失,也不应再区分造成损失的行为类型适用不同类型的措施,而给被害人权益保障带来障碍。亦有学者主张将精神损害赔偿也纳入刑事损害赔偿的范围,[②]笔者认为,本身精神损害赔偿制度在我国尚不健全,国际上将精神损害赔偿纳入刑事诉讼的国家也并不多,目前来看,我国将其纳入刑事诉讼中时机尚不成熟,改革应采取逐步进行、先易后难的原则,可暂时将损失限于物质损失,将来条件成熟可将精神损害赔偿囊括其中。

其次,程序法上赔偿制裁措施应以被害方申请为前提。设置赔偿制裁措施的目的就是通过被害人利益的修复而实现正义恢复和犯罪预防的目的。刑事制裁虽然主要是国家或者公民社会整体对犯罪人的追究,但赔偿制裁措施在其中更加侧重作为公民社会一员的被害方对犯罪人的追究。如果赔偿制裁措施的启动和适用违背被害人的意愿,被害人利益的恢复则无从谈起,那么该措施将完全丧失其正当性基础。现有我国的被害人赔偿制度中,对于"因犯罪人非法占有、处置而遭受的物质损失",不依被害方请求而依职权的规定,笔者认为应该放弃。原因在于物质损失的发还和赔偿,必然

---

① 参见《最新法国刑法典》,朱琳译,法律出版社 2016 年版,第 15 页。

② 参见刘蕊:《刑法中的赔偿制度研究》,中国政法大学出版社 2018 年版,第 236 页。

会在一定程度上影响刑罚的裁量,且通常会导致刑罚的从轻,这部分获得赔偿的权利既然为被害方享有,自然要允许被害方出于对刑罚严厉程度追求的考虑或因其他原因而放弃权利。因此,在程序法的设计上,要求法院判处的赔偿制裁要以被害人的主动申请或者被害方不放弃求偿权为前提,对于前者可保留目前的附带民事诉讼程序,对于后者可直接在刑事判决中对赔偿制裁予以裁量。

最后,增强赔偿制裁措施的强制保障机制。赔偿制裁决不能"只抓判决,不抓执行"。目前我国被害人赔偿的实际获得率不超过一半,相关赔偿执行的保障机制缺失是主要原因。对于刑事附带民事诉讼的判决,被害方如果得不到赔偿需要另外申请强制执行,能否执行到位取决于诸多因素,实际效果欠佳。对于责令赔偿更是无法申请强制执行。这使得刑事判决中的损害赔偿多数时候只是"判判而已",既不利于被害方权益的保障,也丧失了判决的严肃性。针对刑事损害赔偿的保障机制,美国有"国家赔偿"和"犯罪人和国家共同赔偿"两种模式,前者实际上是被害人从社会福利基金中得到补偿,因为多数犯人都较贫困,无力赔偿。这种模式的理论根据是保护公民免受犯罪侵害是国家的职责。后者即从罚金中抽出一部分作为对被害人的赔偿。① 法国更是彻底打通制裁性赔偿与刑罚之间的转换通道,直接将制裁性赔偿规定为监禁替代措施。同时在宣告制裁性赔偿刑时,法院同时宣告不超过 6 个月的监禁或者不得超过 15000 欧元罚金。如果被判刑人不遵守赔偿义务,刑罚执行法官可以下令全部或部分执行上述监禁刑或罚金刑。② 这种易科监禁和罚金的规定可谓给赔偿上了"保险",大大提高了其执行率。加大对被害人赔偿的保障更体现在救济程序方面,多国和地区被害人赔偿

---

① 参见张旭主编:《英美刑法论要》,清华大学出版社 2006 年版,第 192 页。
② 参见《最新法国刑法典》,朱琳译,法律出版社 2016 年版,第 15 页。

的提起和救济程序都是由检察官负责,如法国规定,赔偿执行的情况由共和国检察官或其代表予以证明,这就免除了被害人得不到赔偿而艰难求助的情况发生。新加坡对刑事被害人的“恢复令”需由检察官向法院提出要求。我国香港特区也要求检察官通过提交有关犯罪所造成损失或伤害的证据材料,请求法院签发赔偿令或恢复令。我国台湾地区则规定由检察官向犯罪人追回补偿损失,以抵偿政府已经支付给被害人的补偿金。在韩国,被害人救助政策主要由公诉检察官办公室执行。日本的司法部与检察官办公室则在1999年启动全国性的“被害人告知系统”项目,负责根据被害人、被害人家庭成员或者其律师的要求向其通告有关刑事司法程序的进展,并在退休的助理检察官或检察院工作人员中挑选“被害人救助人员”,负责向被害人提供包括告知服务在内的各种援助事项。[①] 这种被害人赔偿的“检察官负责制”值得中国借鉴,相对比之下,我国目前刑事被害人自行提出附带民事诉讼,判决得不到执行时自行申请强制执行的现状,显得被害人“孤立无援”。在赔偿资金的保证方面,我国虽然也规定了赔偿优先于财产刑执行的原则,但在财产刑实际缴纳率都捉襟见肘的现状下,被害人的赔偿依旧难有保障。因此,建议我国依据被害人的申请,将提请赔偿、监督执行的职责交予检察机关,并设立专门的财政基金负责先行赔付被害人的损失,之后由检察官负责向犯罪人追偿后归还国库。同时我国也应考虑,强调赔偿制裁措施的刑事制裁属性,强化其与刑罚之间的联动,为了督促犯罪人赔偿的自觉性,可以考虑采取赔偿易科自由刑的制度设计,从制度上整体强化对赔偿制裁措施的保障力度。对于此,可能有学者会担心为了追求赔偿的实现反而会增多监禁刑的适用,笔者认

---

① 参见林毓敏:《刑罚权视角下被害人赔偿的刑罚性质》,载《中国检察官》2019年第9期。

为,目前我国《刑法》中的缓刑事实上也是以监禁刑来作为保障的制度设计,不但不会造成监禁刑的增多,反而是监禁替代的有利手段。赔偿易科自由刑,则在量刑时,必然也会促使法官用赔偿的制裁措施来替代这部分自由刑,当赔偿无法实现时,再易科监禁予以制裁,其实际上也是监禁替代的措施之一,不仅有利于保障被害人利益,也有利于刑事制裁的轻缓化。正如佐伯仁志所论述,"以非正式的形式在量刑中考虑是否赔偿了损害的做法相比,以公开、正式的形式并且将损害赔偿与其他刑罚合并在同一程序中统一科处,可能更加容易满足责任主义的要求"①。

三、非刑罚处罚方法的调整及完善

我国学者提及非刑罚处罚方法有广义与狭义之分,广义的非刑罚处罚方法,是指依据刑事法律对刑事违法行为实施者科处的除刑罚之外的所有制裁方法,其内容包括我国《刑法》第 37 条规定的处罚方法,以及保安处分性质的措施、刑事赔偿等。狭义的非刑罚处罚方法,仅指《刑法》第 37 条限定的对于判处免刑的犯罪分子适用的训诫、责令具结悔过、赔礼道歉、赔偿损失,或者由主管部门予以行政处罚或者行政处分。而本书在倡导刑事制裁多轨制的立场之下,强调各种刑事制裁类型之间独立性的基础上,研究其体系化,此处是在狭义的概念上探讨非刑罚处罚方法,探讨在刑罚、保安处分、刑事没收、刑事损害赔偿之外,是否有必要保留和完善非刑罚处罚方法的问题。笔者认为,非刑罚处罚方法制度的保留确有必要。从目前犯罪圈发展趋势看,法定犯的扩张体现着管控社会风险、强化社会秩序的需要,从刑事制裁的效益出发,随着传统和现代刑事制裁观念的融合,除了惩罚和威慑外,刑事制裁更应当具有恢复性的

---

① [日]佐伯仁志:《制裁论》,丁胜明译,北京大学出版社 2018 年版,第 175 页。

功能,且整体不断趋于轻缓化。随着刑事制裁理念和功能的多元化,刑事制裁方法的多样化是普遍的趋势,刑罚、保安处分、刑事没收、赔偿制裁必然也不足以应对所有的刑事违法行为,依然需要以教育、恢复、轻微行政惩戒为主要内容的非刑罚处罚方法,作为其他类型的刑事制裁措施的补充,成为刑事制裁不可或缺的一部分。笔者建议对非刑罚处罚方法重新改造,以适应新的刑事制裁多轨制的体系结构。

首先,拓展非刑罚处罚方法的适用范围。从目前立法现状来看,非刑罚处罚方法可以说是我国除刑罚之外唯一一个可供执行的法定刑事制裁类别,但长期以来非刑罚处罚方法在实践中基本都属于被空置的状态。究其原因恐怕还是适用条件过于狭窄,仅仅适用于被判处免予刑事处罚的犯罪人。但这不代表判处刑罚的案件裁量就完全没有非刑罚处罚方法的适用需求。《刑法》第 37 条规定的措施大致包括以下三类:一是教育性措施,即训诫、责令具结悔过;二是恢复性措施,即责令赔礼道歉、赔偿损失;三是行政性措施,由主管部门予以行政处罚或者行政处分。在环境犯罪领域,行政处罚和行政处分见于《环境保护法》《水污染防治法》《大气污染防治法》《海洋环境保护法》《森林法》《矿产资源法》《土地管理法》等环境单行法律中,包括限制活动、责令补救、限期治理、勒令解散等。① 这些措施一般与刑罚一并在判决中宣告,属于《刑法》第 37 条规定的行政性措施范畴。且近十年在环境犯罪案件的处理中,非刑罚方法不论在适用频率和范围上都处于飙升态势,同时得到犯罪人、公诉机关和审判机关的大力推崇,反映了非刑罚处罚方法契合了环境保护需要,一定程度上能够实现惩治环境犯罪和恢复受损环境

① 参见余德厚:《环境审判非刑罚化措施的生成及完善路径》,载《西南交通大学学报(社会科学版)》2017 年第 2 期。

的双重目标。但问题在于绝大部分的环境犯罪案件并非适用免刑的案件,同时判处非刑罚处罚方法存在刑事制裁适用于法无据的尴尬。当然环境犯罪案件只是一个缩影,集中反映出了非刑罚处罚方法目前的制度困境。因此现下的当务之急是放开非刑罚处罚方法的手脚,使其能够根据各种案件的需要灵活适用。将其适用范围并不仅仅限于免予刑事处罚的犯罪人,而是放宽至所有犯罪人均可根据实际情况,适用非刑罚处罚方法,可以与刑罚等其他刑事制裁措施并科适用,对于轻微的或判处免刑的刑事案件也可以单独适用。

其次,完善非刑罚处罚方法的措施。教育性处罚措施方面,训诫和责令具结悔过均是较为轻微的制裁措施,即便非刑罚处罚方法的适用范围予以拓展,其适用应该也会集中于轻微刑事犯罪和免予刑事处罚的犯罪中。对于判处自由刑的罪犯来说,不论是在监狱执行还是进行社区矫正,其刑罚执行的内容中,本来就有教育的措施在,如监狱中的教育课以及社区矫正中的培训,因此训诫和责令具结悔过应适用于单处附加刑的犯罪人和免予刑事处罚的犯罪人。另外,目前训诫和责令具结悔过的可执行性较低,主要是没有明确具体的执行主体和执行程序。关于此笔者认为,可以借鉴法国的法律警告制度(Rappel à la loi),①在法国,法律警告制度是一种起诉替代措施,是对不起诉的犯罪嫌疑人,由专门的检察官代理人将嫌疑人传唤至检察院,当面向其强调其犯罪行为触犯的法律规定及其应遵守的义务,警告其再犯的后果,并由嫌疑人签署具结书的专门程序。其中检察官代理人一般由退休返聘的警察、司法官或其他行业的公务员担任。虽然这在法国用来进行“起诉替代”,但笔者认为我

---

① Lexique des termes juridiques 2014－2015,dalloz,p. 819.

国适用于轻微犯罪的训诫和责令具结悔过可以借鉴该程序设计。可设置专门的法官代理人,将犯罪人传唤至法院对其进行正式的训诫,并根据需要让其书写或签署具结悔过书,达到对其本人的教育、提醒、督促悔过的目的。

恢复性处罚措施方面,对于责令赔偿损失自然并入赔偿制裁措施之中,不应再规定在非刑罚处罚方法中。非刑罚处罚方法中的恢复性措施可以包括责令赔礼道歉、责令恢复原状等。责令赔礼道歉可适用于不存在物质损失,但又有被害人的轻微犯罪当中,用以平复被害人的心理伤害,化解社会矛盾。责令恢复原状应适用于物质损失可以被修复的犯罪中,其与赔偿的区别在于,后者是物质损失无法修补,对其价值进行的补偿。责令恢复原状应适用于类似于环境犯罪、毁坏财物的犯罪等,可以与赔偿制裁配合适用,最大限度地恢复被害人的利益。

行政性处罚措施方面,本身具有一定的开放性,要根据行政法律法规的内容对犯罪人进行制裁,这在当今犯罪行为花样翻新,新型犯罪、侵犯公法益犯罪增多的现状下,具有特别的价值。刑事制裁措施往往相对稳定和封闭,而行政处罚的措施往往更加灵活多样,甚至有时在惩罚和预防犯罪方面还能起到刑罚难以替代的作用。如法人犯罪中,行政制裁包括吊销执照、责令停产停业等,而刑事制裁对于法人仅有罚金刑。即便将来对法人犯罪可以增加资格刑,但其类型和灵活性也与行政处罚存在区别。非刑罚处罚方法中可以由法院适用行政性处罚的规定,相当于赋予了法官根据惩罚犯罪和预防再犯的需要,在具体案件中进行裁量是否配合刑罚适用相应的行政制裁措施的权力,在刑罚的制裁难以达到制裁目的时,可以补充性地判处行政性的非刑罚处罚方法,有利于制裁的效果,也能够保证刑事制裁体系具有适度的开放性。但此处应明确赋予行政类非刑罚方法的适用要符合比例原则,对犯罪的制裁应首先以刑事法律明确规定的刑事制裁为主,在极特殊的情况下,刑事制裁达不到制裁目的时,才可以通过非刑罚处罚方法这个“传送门”,将行政制裁措施配合用于制裁犯罪行为。

第六章　刑事制裁体系纵向结构之调整

通过第二章的梳理可以看出，我国的刑事制裁体系的纵向分层是客观存在的，与其他国家明确的划分"重罪""轻罪""微罪""违警罪"等来分层犯罪不同，我国虽然并没有明确的犯罪分层，但是对于刑事制裁体系两个较为重要的分界——能否适用自由刑的分界以及"监禁—监禁替代措施"的分界——在我国的制裁体系中是实际存在的，但是由于我国向来没有犯罪分层的传统，这种制裁轻重的分层也是隐藏在我国的"刑事制裁—治安处罚"二元惩治体系中，虽然在一定程度上起到了制裁措施和刑事政策的界分作用，但作用发挥却十分有限。整体来看，我国刑事制裁体系的纵向结构亟待完善，应走向更为轻重有别、政策侧重有别的立体化的刑事制裁体系结构。

第一节　刑事制裁体系纵向合理分层的实践意义

刑事制裁体系纵向结构涉及两个重要的界限:刑事制裁与行政制裁的界限、刑事制裁内部的轻重的界限。前者涉及刑事制裁的边界问题,直接影响着刑事制裁的范围。后者涉及刑事制裁内部的轻重划分,影响到不同层级的制裁政策和制裁内容的侧重不同。合理划定这两种界限,对于刑事实践具有重要的价值。

一、为合理的犯罪化提供应然界限

刑事制裁与行政制裁的界限的划定决定了刑事制裁的边界。这个界限的确定不仅仅影响整个刑事制裁体系的轻重构成,更重要的在于其受到立法上犯罪化的影响,并且反过来会作用于犯罪化。犯罪化与惩罚体系的调整是"一体两面"的关系,对犯罪化的研究必然要与完善惩罚体系的探讨结合在一起,换言之,应在完善整个惩罚体系的视野内研究犯罪化问题。① 一般来看,一个行为是否应确定为犯罪,其考察标准在于行为的"社会危害性"。但国家的立法者正是以不同严厉程度、不同层次的控制手段为标准,才可能将不同量的犯罪行为截然区别开来。这样,以采取什么样的控制手段才更及时、更经济、更有效去考虑,就在社会危害性的量的渐进斜线上截出相对确定的关节点,人为地将同质(社会危害性)不同量的危害行为相区分。就一般违法行为与犯罪相比较而言,前者的本质在于应受一般法律手段的处罚(制裁),后者的本质在于应受刑事制裁的处

① 参见时延安:《犯罪化与惩罚体系的完善》,载《中国社会科学》2018 年第 10 期。

罚。[①] 如前所述,中国目前正经历着明显的犯罪化进程,而这个进程中,很大一部分是将原来由行政制裁调整的行为纳入了刑事制裁的范围。犯罪圈的界限不断地向行政违法端下沉。而在这个过程中,有学者建议借鉴西方国家的刑法体系,将原由《治安管理处罚法》调整的违法行为均纳入刑事司法的范畴,[②]也有学者主张,维持目前的“刑事制裁—治安处罚”二元惩罚体系符合我国社会治理的实际需要,应予以保留。[③] 在这样的争论之下,犯罪化的程度就取决于如何划分刑事制裁与行政制裁(治安处罚)的界限问题。从国家和社会治理现实需要看,犯罪化应保持合理可控的规模,因而必须要对违法行为进行区分并置于不同的制裁制度之下。相应地,不同性质的制裁对犯罪和行政违法行为就具有了区分意义。对惩罚体系内部不同性质惩罚制度进行调整,会直接影响犯罪规模的扩张或者限缩。[④] 特别是在我国,由于犯罪“定性 + 定量”的独特设置,刑事犯罪和治安违法行为之间具有适用对象上的同质性,多数治安违法行为与犯罪行为之间,并不是行为类型的质的区别,而仅仅是行为程度的量的区分。在这样的情况下,对于社会危害性进行相对客观和规范化的判断就更加困难,而如何合理划定刑事制裁的边界,则以行为是否该当刑事制裁的标准来衡量是否做犯罪化处理,能够为犯罪化提供一个应然界限。如果这个界限划分得合理,不但能够为犯罪化带来的轻微刑事犯罪提供妥当的制裁,更加能够反过来为行政违法行为的犯罪化提供空间和范围,为行政违法行为的合理犯罪化打下基础。

---

① 参见冯亚东:《理性主义与刑法模式》,中国政法大学出版社 1999 年版,第 124 ~ 125 页。

② 参见张明楷:《犯罪定义与犯罪化》,载《法学研究》2008 年第 3 期。

③ 参见时延安:《犯罪化与惩罚体系的完善》,载《中国社会科学》2018 年第 10 期。

④ 参见时延安:《犯罪化与惩罚体系的完善》,载《中国社会科学》2018 年第 10 期。

二、为刑事政策合理贯彻提供制度基础

刑事制裁内部轻重界限的划分,决定了对于轻重不同罪行的犯罪行为制裁的内容、方向侧重有所不同,是刑事政策贯彻的重要坐标。我国在对“严打”刑事政策的反思基础上,提出了“宽严相济”的刑事政策,其基本内涵为“该严则严,当宽则宽;严中有宽,宽中有严;宽严有度,宽严审时”。那么针对何种罪行的制裁当“严”,何种罪行的制裁当“宽”,特别是结合国际社会“重重轻轻”的刑事政策,哪些为“重”当重,哪些为“轻”当轻,当然这背后的判断因素并不唯一,然根据制裁轻重进行的分层会有效地提供这种宽严的侧重指引。在不同的轻重层级下,制裁政策的轻重,取决于一国在某个特定时期的刑事法治状况及刑事政策导向,更需要结合具体的社会管理与犯罪防控的需要,合理地界定比例构成及分配模式。监禁与以缓刑制度引领的一系列开放式监禁替代制裁措施已然在我国的刑事制裁体系中确立,制裁资源的优化重构及整体效能的提升势必有赖于监禁和包括监禁替代措施在内的非监禁措施的互动发展。在宽严相济的刑事政策引领下,如何发挥刑事制裁机制的最大功效,实现监禁和开放式制裁措施优势互补、衔接配合,是刑事制裁体系结构改革无法规避的重要问题。从某种程度上甚至可以说,理性审视监禁和开放式制裁方式的互动关系,使其建立协作配合及有效衔接机制,对于实现刑事资源的优化重组,整合罪犯矫正机能,最大限度地发挥刑事制裁的犯罪预防功效,加快推进刑事制裁现代化变革而言具有重大战略性意义。

三、为传统的刑事制裁理念转变起到助推作用

我国传统的刑事制裁理念是一种强调重刑思想的报应性制裁理念,这在前面章节已经有所论述,我国进行刑事制裁体系结构的改革,要在扬弃传统制裁理念的基础上,融合现代的制裁理念,包括

矫正性、恢复性和风险管控型制裁理念。特别是随着犯罪圈的扩张，犯罪人口的增加，对犯罪人制裁观念的转变就显得尤为重要。法律奠基、生长于社会文化肌体之中，社会文化所提供的思维模式、价值模式和审美模式对该社会的法律具有深刻、潜在的影响。但是同时反过来，法律的设置和运行也会在一定程度上引导社会的法律观念和理念。我国没有进行刑事制裁分层的传统，以至于不论对于判处何种程度制裁的犯罪人，都被认为是“恶人”，随之而来的是“恶人必要严惩”的重刑思想观念。社会文化观念是法律的土壤，现阶段，不论是平衡制裁价值的需要，还是融合制裁理念的要求，都需要培育一种对犯罪人，特别是情节相对较轻的犯罪人的“平常心”和宽宥文化。通过刑事制裁的分层，可以引导公众对于相对轻微犯罪，采取相对缓和的制裁观念，甚至并不是所有的犯罪都需要进行刑事制裁，犯罪人并不都是十恶不赦，刑事制裁也并不都是严苛不宥，这对我国刑事制裁整体走向轻缓化，转向“罚的谦抑”，且追求多元制裁理念融合具有重要的观念引导意义。

第二节　刑事制裁体系纵向分层的界限厘定

一、自由刑下限用以划分刑事制裁与行政制裁

立法上的犯罪化导致了我国犯罪圈的扩张，对于一个违法行为进行犯罪化处理除了以其社会危害性为标准，动用刑事制裁方法的等价性和必要性也是重要的考量标准。但从目前刑事制裁体系来看，我国的刑事制裁和治安处罚都有剥夺自由的制裁措施，难以发挥“剥夺自由”的界分功能。应将是否可以适用剥夺自由的制裁作为刑事制裁和行政制裁的分界线。

一是自由刑本身的性质决定的。刑事制裁是作为最严厉的国家强制性制裁而存在的,这种严厉性决定了其具有最后手段性的特征。而“最严厉”在各个历史时期,随着人类社会的进步和文明的发展,有着不同的制度诠释。在现代社会,生命刑无疑是最极端、最严厉的制裁措施,但即便在我国这样保留生命刑的国家,其早已不是刑罚适用的主流。且根据其严厉程度,生命刑只能处于刑事制裁的最顶端,而不可能具有刑事制裁与更轻的行政制裁的界分功能。除生命刑之外,剥夺自由刑则成为刑事制裁严厉性的主要承载和度量衡。福柯指出,“在一个自由受到推崇、自由属于一切人、每个人都怀着一种普遍而持久的情感向往自由的社会里,监禁怎么会不成为典型的刑罚呢?这是因为失去自由对一切人都是同样重要的”①。因此,从剥夺自由制裁的严厉性来看,其应当被纳入作为社会最后自卫手段的刑事制裁中加以规定和限制。正如美国法哲学家博登海默所言,“人们赋予自由的那种价值为这样一个事实所证实,即监禁在任何地方都是作为一种刑事制裁手段加以使用的”②。正是基于这个原因,目前世界上绝大部分国家自由刑下限的分界线都被包含在刑事制裁体系之内,有的国家将这个分界线作为犯罪分层的界限之一,如法国将其作为轻罪与违警罪的界限,美国将其作为微罪和违警罪的制裁界限;有的国家将自由刑下限作为犯罪与行政违法行为的分界,如《德国刑法典》中犯罪分为重罪和轻罪两层,自由刑最低适用于轻罪,而《违反秩序法》中的惩罚没有剥夺自由,仅有罚款。基本上,目前国际立法例的通行做法是剥夺自由的制裁被包含

---

① [法]米歇尔·福柯:《规训与惩罚》,刘北成等译,三联书店 2012 年版,第 260 页。

② [美]E. 博登海默:《法理学:法律哲学与法律方法》,邓正来译,中国政法大学出版社 1999 年版,第 279 页。

在刑事制裁中,且充分发挥其界分功能。反观我国的制裁体系结构现状,一方面,剥夺自由的制裁并不是刑事制裁的专属措施,行政违法也存在剥夺人身自由的制裁措施。这导致刑事制裁“起点”偏重,行政制裁也属于偏重的结构。另一方面,剥夺自由的制裁下限下沉到了《治安管理处罚法》中,既未发挥刑事制裁与行政制裁的界分功能,也未发挥犯罪制裁分层的界分功能。因而,在目前行政违法行为犯罪化的立法趋势之下,更加有必要将剥夺自由的制裁措施全部纳入刑事制裁的范围之内,作为刑事制裁与行政制裁的合理界限。

二是将剥夺自由的制裁全部纳入刑事范畴有利于人权保障。人身自由是公民的一项重要权利,与生命权一样,被错误剥夺后将很难弥补和恢复。在公平和效率这两个基本价值的衡平方面,刑事制裁和行政制裁显然存在不同的侧重。我国之所以采取“刑事制裁—治安处罚”二元惩罚体系,就是需要通过行政制裁及时解决社会中各种相对轻微的治安和秩序问题,其中效率价值的追求是其更加侧重的目标。行政法是调整行政关系的法,而行政管理往往追求效率至上,故行政法特别追求效率也是理所当然。[①] 而刑事制裁往往都是针对危害性较强的犯罪行为,制裁措施的严厉性也最强,因此刑法在公平和效率的衡平上就更加强调公平,强调通过比行政制裁更加繁复的司法程序设计最大限度地保障人权、保障正义的实现。因此“公正是刑法的首要价值,效率是刑法的辅助价值”[②]。事实上,对于违法行为的制裁,是一场公正和效率的相互妥协。越是针对危害

① 参见邓念国:《行政法与行政效率关系的辩证思考》,载《行政与法》2005年第11期。

② 黄祥青:《刑法视野中的公正与效率价值论析》,载《上海市政法管理干部学院学报》2001年第4期。

性较大的违法犯罪,由于其制裁的严苛性,司法的价值天平越要倾向于公正一边,而越是轻微的违法案件,就要倾向于效率一边,快速的处理既可以减轻当事人的讼累,更能及时、迅速平息社会矛盾、稳定社会秩序。这不仅体现在刑事制裁与行政制裁的界分中,也体现在刑事制裁内部根据案件的轻重设计了“普通程序—简易程序—速裁程序”等具有梯次的程序选择中。越简便的程序当然是越侧重效率,对公平的保障相对削弱,而越严格的程序则对公正的保障更可靠,但却相对牺牲一定程度的效率。剥夺公民人身自由这种基本权利的制裁,从保障人权的基本原则来看,应该更加强调公正而非效率。从行政制裁与刑事制裁的价值取向不同就可以看出,剥夺自由的制裁与刑事制裁更具有“兼容性”,而与强调效率、程序灵活简化的行政制裁存在价值冲突。应将所有剥夺自由的制裁均纳入刑事制裁中,通过刑事诉讼较高的证明标准、严格的程序和诉讼权利的保障,最大限度地保障人权,防止剥夺自由制裁的滥用和错用。

将剥夺自由的措施作为治安管理处罚和刑事制裁的分界线,这既符合我国传统法律观念中“坐牢”即是“判刑”的朴素文化认知,也在犯罪圈扩张轻罪的同时,相应地降低刑事制裁的下限,为犯罪化进程中轻微犯罪的入刑留出空间。但如此划分并非简单地将 20 日以下行政拘留合并入刑事制裁中变成一项刑事制裁措施,也并不是将《治安管理处罚法》中所有的可能决定 20 日以下拘留的行为“一刀切”地作犯罪化处理。现阶段,笔者建议进行系统化的调整:

一是丰富治安管理处罚的制裁措施和制度以替代行政拘留。目前我国治安管理处罚的制裁类型仅有行政拘留、警告、罚款和吊销公安机关发放许可证四项。如若将行政拘留剥离,则治安管理处罚的严厉性和威慑性将明显降低,会产生弱化治安管理处罚效果的隐忧。对于此,笔者认为完全可以通过制度设计进行弥补。首先,可以考虑将社会服务、社区教育培训等开放性措施引入治安管理处罚。20日以下的拘留不论用何标准衡量均毫无疑问地属于短期自由刑,本身在刑事制裁的改革中,就应当采取措施进行替代,避免短期自由刑带来的弊端。在目前三年以下有期徒刑和拘役均可以通过判处缓刑,通过社区矫正中的缓刑考验、禁止令、社区教育培训等开放性措施,代替监禁达到制裁的惩罚和预防目的的情况下,惩罚性和威慑力相对均更加轻微的行政拘留,用开放性措施进行替代,应该比单纯的物理隔离更加能够收到矫正、改造的实际效果,达到制裁的预防目的。其次,可以进行犯罪递进的制度设计。所谓犯罪递进是指将严重违反行政处罚决定的行为规定为犯罪行为,以此来保证行政机关的处罚决定能够得到有效的实施,且保持一定程度的威慑力。这在英美刑法中有类似的制度设计,如英国的"反社会服务令",本身属于民事预防令,但如果行为人违反了反社会服务令,最高可被判处5年的监禁。①

二是不需要降低拘役的下限来"对接"行政拘留。对于行政拘留进入刑事制裁领域后,刑事制裁措施的调整,我国有学者主张"通过提高行政拘留的刑期上限,将其合并在拘役刑之内;同时,也可考虑适度降低合并后的拘役刑的刑期下限,以保持相应的刑罚威慑力"②。对此,笔者持不同意见。我国拘役的监禁期间为1个月至6个月。关于短期自由刑的标准,在19世纪,最早李斯特提出监禁期限在6周以下的监禁刑为短期自由刑,③19世纪后半叶,在短期自由

① 参见时延安:《犯罪化与惩罚体系的完善》,载《中国社会科学》2018年第10期。

② 敦宁:《刑事制裁体系变革论》,法律出版社2018年版,第142~143页。

③ 参见[德]冯·李斯特:《论犯罪、刑罚与刑事政策》,徐久生译,北京大学出版社2016年版,第283页。

刑的弊害凸显时,由于对于多数3个月以下自由刑的受刑人未进行分类收容,因而此时期“3个月说”成为极为有力见解。然而,第二次世界大战之后由于强调改善教育,认为为了实现矫治,3个月实在太短,至少得超过6个月的自由刑,方具有矫治可能。基于此考察,认为短期自由刑是指6个月以下的监禁刑便成为通行的见解。以此为标准来看,我国的拘役本身就是短期自由刑,实践中,拘役一般都在看守所而非监狱执行,看守所并不安排任何劳动改造、矫正等措施,仅仅起到物理将犯罪人与社会隔离的作用。这正迎合了李斯特的论断:“一个不具有矫正功能,被用于当成拐棍、消耗粮食的机器、无用的折磨人的惩罚性的刑罚种类,一个同样不具有威慑功能,就其本质而言无助于使之不能犯的刑罚种类,一个没有丝毫益处,但多有害处,且费用昂贵的刑罚种类,显然没有继续存在的权利。”①在拘役刑本身的存在价值一直都备受质疑的情况下,将其1个月的下限继续下调,只是徒增“无用的刑罚”。因此,笔者认为,即便将剥夺自由的行政制裁取消,也可保持目前刑事制裁自由刑的下限不变,特别是在提倡监禁替代、短期自由刑的开放式处遇的情况下,刑事制裁自由刑下限不变并不会影响对轻微的犯罪行为的惩处。以自由刑下限为界分并不代表要进一步强调自由刑在刑事制裁中的地位,也不代表要扩大自由刑在刑事制裁中的适用,只是为了将所有剥夺人身自由制裁纳入刑事制裁的框架内,促进制裁体系的合理界分,也便于通过司法程序提升监禁适用的规范性,而这并不影响在刑事制裁内部建立短期自由刑替代、限缩监禁等制度和政策的确立,同时也应建立前科消灭、犯罪记录封存等人权保障、促进复归的配套制度。

---

① [德]冯·李斯特:《论犯罪、刑罚与刑事政策》,徐久生译,北京大学出版社2016年版,第283页。

三是行政违法行为入刑应以“剥夺自由”的该当性为重要判断标准。将所有剥夺自由的制裁均纳入刑事制裁体系中,并不意味着对于原由治安管理处罚法中用拘留处罚的行为全部入刑,而是要对违法行为进行重新的考察,除了社会危害性程度作为入刑的重要标准外,“应罚性”的考量要以是否该当剥夺自由的制裁措施为标准,首先应考虑可否运用相对开放性的制裁措施进行治安管理的处罚。对于确实具有适用自由刑必要性的,才应考虑入刑。对于将来新增的较轻犯罪来说,如果并非原有行政制裁处罚的行为,也应以是否具有剥夺自由的该当性,来作为其犯罪化的衡量标准。

二、“监禁—监禁替代”分界线用以刑事制裁体系的轻重分层

近年来,刑法学领域谈及“分层”多指犯罪分层,即便将分层与刑事制裁相联系,其核心观点也是对我国的犯罪进行轻重分层,以犯罪的分层带动制裁的设计,构建我国的轻罪制裁体系。① 犯罪的分层意义是多方面,除了对于轻重不同层次的犯罪刑事制裁的措施、理念、政策上有所区分之外,还包括刑事诉讼程序上便于进行繁简的区分,更加合理地分配司法资源,以及在犯罪认定中为未遂的认定提供区分标准等。② 总之,犯罪分层主要具有实体制裁和程序区分两方面的价值。但“罪的分层”和“罚的分层”是一体两面的关系,“罚的分层”为“罪的分层”提供标准,同时又是“罪的分层”的落脚点。正如法国学者所说,“为了区分各种犯罪,《刑法典》主要着眼于惩处这些犯罪时各自适用的刑罚,因此,凡是以‘法有规定’为依

---

① 参见郑丽萍:《轻罪重罪之法定界分》,载《中国法学》2013 年第 2 期;卢建平、叶良芳:《重罪轻罪的划分及其意义》,载《法学杂志》2005 年第 5 期。

② 参见《德国刑法典》第 23 条第 1 款的规定,重罪的未遂一律处罚,而轻罪未遂的处罚则以法律有明文规定为限。

据对犯罪进行分类，归根结底，都可以归结为按照'刑罚'进行分类"①。由于本书聚焦刑事制裁体系结构的调整，又鉴于目前世界上存在犯罪明确分层的国家，其分层标准基本采取的都是自由刑的刑期或者辅以刑种(可否适用自由刑)为标准，因此本书试图尝试从讨论犯罪分层过渡到直接讨论刑事制裁的分层，直截了当来探讨"罚的分层"，聚焦刑事制裁的轻重分层以及不同的措施、政策和制度安排。

根据第二章的分析可知，我国目前基本是以三年自由刑作为"监禁—监禁替代"的分界线，分界线以上是较重的制裁，分界线以下是较轻的制裁。这个分界对于制裁措施的设置、制裁理念的侧重、刑事政策的贯彻均具有明显的导向作用。从程序法方面来看，这个分界线也起到重要作用。近年来，我国《刑事诉讼法》和相关制度不断修订和修改，致力于在刑事程序上进行明显的繁简分流，目前刑事诉讼已经通过以审判为中心的诉讼制度改革来增加庭审实质化，通过认罪认罚从宽和简易程序、速裁程序分流事实清楚、嫌疑人认罪的案件。其中简易程序中是否需要组成合议庭以"可能判处有期徒刑三年"为界，速裁程序的适用前提也是"可能判处三年有期徒刑以下刑罚的案件"。三年自由刑分界线上下的案件，在诉讼程序的繁简上的区别设计已经十分明确。虽然此分界线在我国是客观存在的，但却是一种"隐性"的状态，既没有官方明确的提及，也缺乏理论界的关注。但笔者认为我国的犯罪以三年自由刑为限，有着事实上的轻重区分，并不像一些呼吁进行犯罪分层的学者描述的，我国完全是平面化的、不分层的刑法制度设计。但这种"隐性"的刑事制裁体系的轻重区分，也很大程度上制约了"监禁—监禁替代"分

① [法]卡斯东·斯特法尼等:《法国刑法总论精义》，罗结珍译，中国政法大学出版社1998年版，第181页。

界线功能的发挥,影响了轻重刑事制裁体系的合理化构建,特别是一定程度上导致目前分界线以下刑事制裁体系依然偏重的现状。因此,仅从刑事制裁体系结构调整的需求来看,刑事制裁的轻重分层确实应该从“幕后”走向“台前”,通过对轻重分层的明确和强调,进一步深化对于较重的刑事制裁体系和较轻的刑事制裁体系的区分。而“三年有期徒刑”无论是从刑事制裁体系安排,还是从诉讼程序安排来看,均是当仁不让的轻重分界线。虽然一些学者从促进制裁轻缓化,避免重刑所占比例过大等原因考虑,认为将五年以下有期徒刑作为划分界限更为适宜。[①] 笔者认为,这种出发点无疑是对的,但是在我国缺乏犯罪和刑事制裁的分层传统的情况下,进行明确“罚的分层”,应遵循“先易后难”的原则,即首先应依托现有的制度进行“顺水推舟”式的改革,待轻重区分的理念深入人心后,可以考虑逐渐上调监禁替代措施的适用上限,也就是实质上将轻重的分界线上移。但从目前来看,无论是从制裁制度还是从诉讼程序的设计来看,实践中监禁替代适用比例依旧较低,对于轻微犯罪的重刑思想尚需涤退的实际来看,以五年有期徒刑为线划分刑事制裁的轻重,既不符合现有制度安排,也与实际的制裁观念相脱节,显得有些“冒进”。其结果必将导致分界线以下的制裁依然以实际收监的自由刑为主,制裁分层的效果反而难以进一步区分和凸显,也会使制裁轻缓的观念引导效果大打折扣。因此,笔者认为,以三年自由刑为线作为刑事制裁体系的轻重分界,是现阶段我国刑事制裁体系结构分层的最优选择。

---

① 参见郑丽萍:《轻罪重罪之法定界分》,载《中国法学》2013 年第 2 期。

第三节 刑事制裁体系基于分层的具体调整

一、轻重分界线以上的刑事制裁体系调整

(一)总体政策倾向

遵循宽严相济以及“重重轻轻”的刑事政策,对于轻重分界线以上的刑事制裁体系的调整方向是否应当趋重?从《刑法修正案(八)》和《刑法修正案(九)》对我国刑罚结构进行的“减少死刑、加重生刑”的调整也可以看出,减少的死刑罪名为实践中备而不用或者极少适用的罪名,宣示意义大于实际意义,而增设终身监禁制度、增加限制假释制度、提高无期徒刑和有期徒刑数罪并罚实际执行的上限,对刑事制裁实践的影响却是实实在在的。总体上,我国严重犯罪刑罚结构的调整本身就具有“趋重”的特征。而放眼西方国家,“重重轻轻”的两极分化式政策则表现得更加明显。特别是英美法系国家,在过去 30 年,重罪的刑罚趋于严厉化的刑事政策十分明显。英国和美国在大力发展社区刑等开放性制裁的情况下,监禁率(每 10 万人口中被监禁的人数)居高不下,且在持续增长。根据 1987 年至 2005 年美国犯罪和监禁率的统计数据,尽管犯罪率在不断下降,但监禁率却持续上升。① 这种情况在大陆法系国家并不像英、美等国那样突出,但也有学者指出,21 世纪以来,欧洲刑事制裁的突出变化为两个方面,一个是监禁的相对回潮,另一个更加令人印象深刻,则是中间制裁数量的提升。现实状况与西方国家“重重”和“轻轻”两极分化的刑事政策完美吻合。表 6.1 是 1983 年和 2007 年欧洲几

① 参见[英]尼古拉·蕾西:《囚徒困境:当代民主国家的政治经济与刑事处罚》,黄晓亮译,中国政法大学出版社 2014 年版,第 126 页。

个主要国家每10万人口监禁的数量对比，①可以显著看出所谓“监禁回潮”的趋势。

表6.1　欧洲主要国家1983年与2007年10万人口监禁人数对比

单位：人

	1983年	2007年
英格兰和威尔士	87	148
西班牙	37	128
荷兰	28	113
法国	70	100
比利时	65	95

虽然中国和主要西方国家均存在这种明显的“重重”的刑事政策趋势，但笔者却认为，在对我国刑事制裁体系进行结构性调整的时候，不应单向强调“重重”，而应该在保持刑事制裁功能和效果的情况下，使得针对严重犯罪的刑事制裁体系“轻重结合，趋于合理”。

一是我国轻重分界线以上的刑事制裁体系经调整后本身已“重重”有余。前文已多次提到，我国是在“加重生刑”、完善“生刑”与死刑衔接的指导思想下，逐步减少死刑罪名的，调整过后的死缓减为无期徒刑、死缓减为有期徒刑、无期徒刑的实际执行期限以及数罪并罚的上限均有所提升。我国之前的刑罚结构调整，一直力图做到生刑与死刑的衔接，但是生刑与死刑进行衔接本来就是一个伪命题，不能简单地认为死刑已经剥夺了犯罪人的生命，所以多重的生

① 数据来源：Statistiques pénales annuelles du Conseil de l'Europe（SPACE I）。转引自 Robert Philippe，« Généalogies et recompositions pénales contemporaines »，*Les Cahiers de la Justice*，Vol. 4，No. 4，2010，p. 13－32.

刑也不为过。对于此应从刑法功能实现的角度进行衡量和思考，对于长期自由刑而言，达到一定的程度就能够实现刑罚的报应功能和预防目的了，过多的羁押只能造成刑罚的过剩，违反谦抑性原则。德国学者利普曼的实证研究表明，经过 20 年的关押后，犯罪人的人格通常会遭到破坏，既无气力，也无感情，成为一个机器和废人。无独有偶，另一位德国学者阿尔布莱希特的实证研究也表明，对犯罪人持续关押 15 年以上，在任何方面对服刑人在释放后的人格展开都具有巨大的损伤作用；长期关押没有意义，只会毁坏服刑人的社会生活能力。[①] 我国目前的死缓最低执行期限是 17 年（包括缓刑 2 年），限制减刑的话最低达到 20 年，无期徒刑的最低执行期限是不少于 13 年。可以看出我国监禁刑的上限已经达到甚至突破了罪犯的承受极限，我国刑罚在结构上，根本不存在生刑过轻的问题。有学者指出，实践中对于生刑过轻的印象主要源于执行层面减刑、假释、监外执行等制度的滥用。[②] 对此则可以通过严格相关监禁刑的执行制度来解决，恰恰是要让制裁结构趋于“合理”，而不应以在立法上提高监禁刑的方式寻求与死刑的衔接。

二是西方国家“重重”趋势的社会基础在我国有本质不同。美国刑罚社会学学者加兰德认为，20 世纪末以来的这种刑罚严厉性的政策趋势产生了一种“控制文化”。而英国学者蕾西认为，这种控制文化是自由主义市场经济体制动态变化的产物，越是符合新自由主义市场经济制度的国家，这种通过犯罪和刑罚进行控制的趋势就越强。[③] 学者

---

① 参见刘宪权：《限制或废除死刑与提高生刑期限关系论》，载《政法论坛》2012 年第 3 期。

② 参见刘宪权：《限制或废除死刑与提高生刑期限关系论》，载《政法论坛》2012 年第 3 期。

③ ［英］尼古拉·蕾西：《囚徒困境：当代民主国家的政治经济与刑事处罚》，黄晓亮译，中国政法大学出版社 2014 年版，第 16～81 页。

约翰·萨顿对15个富裕民主国家作了很有说服力的分析,正如他指出的,“在管理宏观经济和包容不平等的能力薄弱的国家里,监禁率则较高”①。美国是个人主义化、非协调性自由主义市场经济的一个极端例子。所以,美国表现出最极端的监禁水平,毫不让人惊讶。② 在刑罚制度设计方面美国也进行了一系列调整,一方面大力推行社区矫正,但是另外又有超过30个州和联邦政府设有“超级安全监狱”,对囚犯实行每天24小时的独居监禁。美国自20世纪80年代开始还改革了法院的宣判制度,用确定性或强制性宣判取代了法官的自由决定权。在原来的宣判系统中,实际关押的时间由监狱当局和假释委员会根据囚犯的改造表现来决定。在新的系统下,刑法为特定的犯罪行为规定了特定的宣判(如从事某种犯罪行为将入狱15年),只有当事人满了某一固定刑期后,才可能被假释。③ 反观我国,政治经济领域并非像英、美一样极端奉行“新自由主义”,而是一直合理强调宏观调控与市场调节并行,“看得见的手”和“看不见的手”要相互协调配合。在刑事制裁以外,中国对社会政治经济的控制能力显然要更扎实,在西方需要“通过犯罪而管控”的新自由主义政策土壤在我国本身并不存在。中国刑罚的严重程度并没有像新自由主义刑罚论所主张的那样发生变化,但中国旨在维护和谐有序社会的刑罚形式,使中国的刑罚实践更具管理取向。④ 我国社会结构的转型,无论是从政治治理、经济改革还是从社会阶层的分化来看,都

---

① John R. Sutton, *The Political Economy of Impri risonment in Affuent Wester'em De-mocracies*,1960 – 1990, American Sociological Review, Vol. 69,2004,p. 172.

② 参见[英]尼古拉·蕾西:《囚徒困境:当代民主国家的政治经济与刑事处罚》,黄晓亮译,中国政法大学出版社2014年版,第124页。

③ 参见沈海平:《寻求有效率的惩罚——对犯罪刑罚问题的经济分析》,中国人民公安大学出版社2009年版,第474~475页。

④ See Li Enshen, *The Neoliberal Penalty Thesis in China*: *When Western Theory Meets Chinese Reality*, Current Issues in Criminal Justice. Vol. 25:3,2014,p. 803 – 818.

和西方晚期现代社会显著不同。在社会子系统的功能生成上，我国法律体系与政治体系依然具有较高程度的耦合，刑罚目的与政治治理的关系依然紧密。“控制论”思维在我国国家治理体系中占据重要地位。① 因此，从我国的国情出发，要反思的却是控制过严而对于犯罪和刑罚的政策宽缓性不足的问题。

综上，我国轻重分界线以上的刑事制裁体系的调整方向，并不是要更“重”，而是要更“合理”，基本方向应为“轻重结合，趋于合理”。

（二）具体调整完善

针对目前我国轻重分界线以上刑事制裁体系的现状，应建立以自由刑为中心，严格限制死刑，完善重刑非监禁制度为两翼的刑事制裁格局。

1. 以“长期自由刑＋保安监禁”为替代方案限缩死刑

死刑乃剥夺人生命的最为严峻的刑罚，因而自贝卡里亚以来，死刑存废之间的争论便从未停止过。其争议焦点，可分别从人道主义立场、刑事政策立场、司法实务立场、被害人立场、经济效益立场、社会心理立场、国际趋势立场及民调立场等进行观察。但本书无意对死刑的存废进行哲学性的探讨，因为随着人类文明的进步，世界各国刑事立法趋势早已呈现出逐渐废止或减少死刑的立法之势。而设法将死刑从立法和司法中大幅度地减下来，是我国今后一个时期刑事立法和刑事司法的一个重要任务，②死刑的“去中心化”在今后我国刑事制裁体系结构调整过程中是一个必然的趋势。本书想重点探讨的是限缩甚至最终废除死刑的合理路径。从目前我国刑

---

① 参见刘涛：《刑罚研究中的社会理论：历史演进与运用前景》，载《法制与社会发展》2018 年第 5 期。

② 参见马克昌：《“宽严相济”刑事政策与刑罚立法的完善》，载《法商研究》2007 年第 1 期。

罚的立法调整可以看出,我国限缩死刑的路径为寻求"死刑替代",加重现有的自由刑上限,甚至是对贪污贿赂犯罪创设出终身监禁以及对累犯和八类严重暴力犯罪适用不得假释的无期徒刑。这是在原有的刑罚单极化发展的结构下,从刑罚体系内部寻求替代和解决措施的典型思路。但这种寻求用终身自由刑来替代死刑的办法"本身存在着不人道、不利于罪犯改造和教育,增加监狱成本等缺陷"①。因此,学者不得不在肯定终身监禁对死刑替代具有积极作用的前提下,一边倡导扩大终身监禁的适用范围,一边为终身监禁寻求出口,主张如果在我国刑法典中扩大终身监禁制度的适用范围,从有利于该制度长远发展和刑事法治进步的角度考量,可将赦免制度作为终身监禁制度的救济路径。② 但即便是允许终身监禁的赦免,我国自新中国成立以来赦免的次数屈指可数,基本上赦免是一个长期休眠的制度,加之赦免与服刑人员的是否矫正、危险性是否消除等并不必然挂钩,对于服刑人员来说无异于"碰运气",难以起到激励改造的作用,以赦免为出口根本无法避免终身监禁的弊端。笔者认为,自由刑与死刑本身是不同性质的刑罚,前面已经分析了,自由刑有其自身的特点和规律,不能因为死刑更为严苛就认为自由刑越重才越能衔接死刑。自由刑的适用应该在满足基本的报应目的后,在实现预防目的方面,首先追求对犯罪人的矫正和改造,对于矫正和改造不成功的,才能退而求其次,进行单纯的隔离。对于满足基本的报应目的和矫正目的之后,继续羁押将完全是在对犯罪人进行"不正当"的多余刑罚。因此,对于死刑的替代采取绝对的终身自由刑

① 赵秉志、商浩文:《论死刑改革视野下的终身监禁制度》,载《华东政法大学学报》2017 年第 1 期。

② 参见赵秉志、商浩文:《论死刑改革视野下的终身监禁制度》,载《华东政法大学学报》2017 年第 1 期。

并不是最理想的方案,寻求死刑的替代不应仅仅将目光局限在刑罚体系之内,应在整个刑事制裁体系内,综合保安处分措施,采取"长期自由刑+保安监禁"的方式来替代死刑将能有效避免绝对终身自由刑的弊端,更好地达到刑事制裁的目的。

所谓的"长期自由刑+保安监禁",是指对于罪行极其严重的犯罪人,适用允许减刑的无期徒刑或10年以上有期徒刑为基本制裁,以此来实现刑罚的报应功能和威慑功能;在刑罚执行完毕后,对其危险性进行评估,对危险性已经消除的罪犯,表明矫正已经完成,应予以释放。对于危险性未实际消除的罪犯继续实施保安监禁,并在保安监禁的过程中定期监控其矫正状况,经危险性评估已消除危险性的,则随时予以释放。该方案与绝对自由刑相比具有以下优势:一是兼顾报应与预防两大制裁目的。单独实施可减刑的长期自由刑后释放将无法确保实现特殊预防的目的,而实施绝对自由刑又必然会超出报应刑的范畴而同时丧失矫正的意义。而先通过长期自由刑的实际执行,可以实现刑罚对于严重犯罪行为的报应和威慑功能,又能在监禁的过程中对犯罪人进行矫正和改造,不论其后是否继续实施了保安监禁才达到释放条件,其释放都是以刑罚执行完毕且危险性消除两者均达成为前提的,即报应目的和预防目的均已实现的情况下予以释放。且加入保安监禁又能够维护大众社会安全、保护公众免于犯罪侵犯之恐惧,具备新型的一般预防功能。① 二是比绝对自由刑更加人道,有利于罪犯的改造和复归。"每一个圣人都有过去,每一个罪人都有未来。"将牢底坐穿的绝对自由刑因不给人任何释放的希望,因此完全消除了犯罪人改造的积极性,也排除

① 参见[日]Kerner Hans-Jirgen:《为维持社会安全死刑是必要的吗——从欧洲观点之犯罪学观察》,卢映洁译,载《死刑存废的新思维》,台北,元照出版有限公司2009年版,第22页。

了犯罪人复归的可能性,对犯罪人的精神和肉体均是残酷的折磨。而"长期自由刑+保安监禁"的方案下,自由刑可以减刑,保安监禁可以经危险性消除后解除,均不会抹杀服刑人的改造积极性和重返社会的希望,反而能够激励服刑人积极接受矫正和改造争取减刑,在刑期服满后早日通过危险性评估获得释放,既兼顾了刑事制裁的人道主义精神,又最大限度地降低了制裁的成本。

2. 重刑非监禁制度的完善

对于严重的犯罪来说以监禁为主的刑事制裁体系结构是合理的,也是世界的通行做法。但长期监禁存在一个不容忽视的弊端——难以复归,不利于实现制裁目的,因此各国均对长期监禁刑设置了非监禁的执行制度。目前我国《刑法》对于重刑的非监禁制度主要是假释制度。假释虽然属于刑罚执行变更制度,但是其与缓刑天然具有亲缘关系,缓刑实质上是全部自由刑的暂缓执行,而假释则是部分自由刑的暂缓执行。有的国家如德国,其假释被称为"有期自由刑余刑的缓刑",直接归属于缓刑制度体系。[①] 且世界上存在社区矫正制度的国家也几乎都将假释与缓刑和其他社区刑一样,纳入社区矫正的范畴。这在我国也不例外,对三年以下的监禁由于刑期较短,一般不适用假释,但却有以缓刑为主的监禁替代措施来避免自由刑的弊端。而对于三年以上的监禁来说,假释属于刑罚执行制度,并不属于监禁替代措施,但却成为一个在监禁执行过程中实际发挥着将监禁转化为非监禁作用的重要措施。我国近年来因为对严重犯罪刑事制裁体系结构的趋重调整,罪犯综合刑期的延长、死缓及无期徒刑服刑最低限期的增加、附条件限制减刑的规定以及特殊累犯范围的扩大及不得假释的规定,新罪名的增设、部

---

① 参见《德国刑法典》(2002年修订),徐久生、庄敬华译,中国方正出版社2004年版,第23~25页。

分违法行为入罪门槛的降低，使得监狱在押犯延缓出狱因素增多，平均滞狱服刑时间延长，从而单位时间内的监狱在押犯多进少出、流动性差，总押犯数将在一定时间内自动积累，监狱面临人满为患的紧迫形势，收容能力面临更加严峻的考验，[①]不仅使服刑人员积极性受挫、矫正难度加大，而且也带来了监管压力和监禁成本的增加。从刑事制裁的效益出发，目前我国急需对三年以上监禁的罪犯，在以监禁为主的基础上，扩大和完善非监禁制度，以优化制裁效果，对于弥补监禁刑的弊端、有力促进矫正和复归、更好地实现制裁目的、降低监禁人口和行刑成本方面，均具有重大意义。

(1)现有重刑非监禁制度的问题及原因

从我国假释制度的运行现状来看，假释适用率低是一个显著的问题。我国2001年到2015年，假释率基本控制在2%以内。[②] 据学者统计，2000年到2001年前后，美国假释率为37.52%，英国为29.33%，法国为25.48%，亚洲国家中，日本假释率为11.25%，韩国为19.37%，泰国为11.33%。[③] 而相比之下，我国的假释率可以用"低得惊人"来形容。我国在刑罚执行变更制度中长期"重减刑、轻假释"，2004年至2012年的9年间，所有减刑假释案件当中，减刑所占比重在94%以上，而假释占不到6%。[④] 究其原因有以下几个方面：

一是假释的实质条件设置较减刑严苛。减刑的适用条件为"在执行期间，认真遵守监规，接受教育改造，确有悔改表现的，或者有

---

① 参见胡配军：《刑法的激进与监狱管理创新》，载《政法学刊》2012年第5期。

② 参见刘崇亮：《再犯罪风险评估与中国监禁刑改革的新路径》，载《现代法学》2018年第6期。

③ 参见王耀忠：《非监禁刑研究》，法律出版社2016年版，第312页。

④ 参见王超：《再犯预防视角下的减刑假释改进问题研究》，载《河北法学》2015年第5期。

立功表现的”,而假释的适用条件是在有期徒刑执行二分之一以上,无期徒刑不少于十三年的基础上,“认真遵守监规,接受教育改造,确有悔改表现,没有再犯罪的危险的”。相比之下可以看出,假释的适用条件远比减刑苛刻。假释需要有刑期过半的基础条件,减刑并不需要;假释在减刑的实质条件之上还增加了“没有再犯罪的危险”,前文多次提及,在我国危险性评估缺位的现状下,没有再犯风险难以判断,监管人员和司法人员均存在不敢担保罪犯不会再犯罪的顾虑,忌惮于假释犯再犯罪会倒查追责的可能而不敢适用假释。而减刑则不会有此顾虑,一方面减刑并不是罪犯的即时释放,另一方面减刑后刑满释放罪犯的后续表现并不接受监督考察,即便再犯也不存在任何倒查追责的可能。这使得对于司法人员来说,减刑的批准“无后顾之忧”。而减刑与假释相比,事实上是对罪犯更“优惠”的一种措施,减掉的刑期将完全不再执行,且释放后无后续考察机制,而假释不仅有监督考验,还存在再度收监的可能性,相对比之下,减刑是一个实质条件更宽松也更具奖励性的制度,假释是一个实质条件更加苛刻又监管更强的制度,不论是对罪犯还是对司法人员减刑均更受欢迎,假释被架空就不难理解了。

二是假释的改造激励机制不及减刑。因假释存在刑期过半的基础条件,对于长期自由刑来说,刑期的前半段罪犯极易因刑期过长而有所懈怠。而减刑则是只要改造的情况理想并没有刑期过半的限制,因此减刑被认为比假释更加能够激励罪犯在狱中遵纪守法、积极改造,通过经常性减刑而不是一次性的假释,更容易控制罪犯,维持监管纪律。

三是促进罪犯重返社会的制裁观念尚未受到重视。我国传统的监禁刑注重的是惩罚、教育、改造犯罪人,而对于帮助犯罪人重新融入社会、消除长期的监禁带来的隔离效应、督促犯罪人学习谋生技能、在监禁与释放之间寻求过渡的机制相对薄弱。即便有的监狱对于刑期所剩不多的罪犯给予特殊的培训和课程,也是在监狱这个封闭的环境中作出的。在剥夺自由的环境中为复归自由做准备,就像在“榻榻米”上练习游泳,在封闭环境中训练社会生活,犹如在月球上训练地球生活,①其效果可想而知。监狱最初作为刑罚的执行载体被视为替代肉刑与死刑的完美选择。然而,随着越来越多地使用监禁刑,监狱的弊端慢慢地被发现。同时,人们认识到服刑人员犯罪的原因,除服刑人员内在的“恶”的原因,还有其家庭、接受教育、就业技能等原因。要防止重新犯罪,人们需要通过帮助解决服刑人员家庭、教育、就业等问题,促进服刑人员融入社会,成为社会合格的成员。基于此,20 世纪 60 年代之后,以帮助罪犯适应社会、再社会化为主要内容的重返社会的观念在西方各国兴起,这在一定程度上也带动了“监禁替代”、社区矫正等制度的发展。边沁曾指出:“一个罪犯在服完监禁期后,不应该未加监视和考验地重返社会。将其突然从一种监管与囚禁状态转向无限自由状态,抛入孤立个人的欲望与需求之中,处在由无限私欲侵透的诱惑里,这是一种应该引起立法者关注的粗心与残忍。”②相比之下,我国在长期监禁刑执行领域对重返社会观念的淡漠与国际形势脱节严重。正是由于长期的督促罪犯重返社会并不受重视,使得通过考察监督、社区矫正具有实际上帮助罪犯进行适应社会的过渡功能的假释被束之高阁,而在监禁和彻底释放之间完全不存在任何过渡的减刑适用却更加普遍。

---

① 参见张亚平:《减刑、假释的目的反思与制度变革》,载《现代法学》2015 年第 6 期。

② [英]吉米·边沁:《立法理论》,李贵方等译,中国人民公安大学出版社 2004 年版,第 404~405 页。

(2)重刑非监禁制度的重构

假释制度有其自身的问题,而减刑虽然在刑罚执行中备受倚重,但也存在诸多弊端:减刑是一种单向性的制度,被减掉的刑罚将完全不可能恢复;其只能反映罪犯减刑前的表现,而无法制约罪犯减刑后,特别是释放之后的行为;加之减刑不具有帮助罪犯重返社会的过渡机制,因此减刑被认为是一种具有极高风险的刑罚制度。[①]重刑的非监禁制度应权衡假释和减刑的利弊,在督促罪犯重返社会的制裁观念的前提下,重构我国重刑非监禁制度。

对于假释和减刑两个制度各有利弊我国学者早有认识,二者应如何调整长久以来观点不一,总结下来有:"假释全面取代减刑说",认为考虑到减刑的弊端和假释的优越性,应当用假释制度全面取代减刑制度。[②] "减刑假释分别完善说",认为减刑假释各有不足,对减刑应增加撤销制度,[③]假释方面可修改"没有再犯罪危险"这一实质条件,或对其进行解释和标准细化。[④] 亦有大胆创新的"二者结合说",构建以自动给予的减刑为基础的提前释放制度。是指在判决宣告之初就确定减刑的额度,罪犯如果服刑表现良好,则按照此额度进行减让执行刑罚,执行完毕后予以假释。由于自动给予的减刑以法国信用减刑为典型,而提前释放本质上更类似于假释,因此可将此制度称为信用假释。[⑤] 笔者认为,目前假释制度在我国实际适用情况欠佳,减刑制度虽然存在弊端,但是实际发挥着重要的激励

① 参见黄永维:《中国减刑假释制度的改革与发展》,法律出版社2012年版,第81页。

② 参见敦宁:《刑事制裁体系变革论》,法律出版社2018年版,第224页。

③ 参见夏成福:《论减刑撤销制度之构建》,载徐静村主编:《减刑、假释制度改革研究》,中国检察出版社2011年版。

④ 参见董邦俊、赵聪:《假释的实质条件及其评估保障机制研究》,载《政法论丛》2019年第5期。

⑤ 参见张亚平:《我国减刑、假释关系之反思与重构》,载《法律科学(西北政法大学学报)》2016年第4期。

改造,促进刑罚人道化、轻缓化的作用。况且在当前假释制度不改革的情况下,确实存在刑期前半段对罪犯的激励效果不如减刑的情况,以现有假释制度全面替换减刑并不是一个从中国刑罚执行实际出发作出的理性选择。而对于假释和减刑分别完善的观点,特别是增加减刑的撤销制度,其改造目的在于有针对性地弥补减刑不可逆的弊端,具有一定合理性,但却依然没有帮助罪犯重返社会的功能,没能从实质上改变减刑的缺点。而改变或细化假释"没有再犯罪危险"这一实质条件,使其更易判断的观点,尚未切中假释适用率低的要害,因为再犯风险是未然之罪,即便细化标准也难以扑灭司法人员判断时内心的不确定性和顾虑。且再犯罪风险这一条件缓刑也同样在适用,世界上其他国家,如法国、德国,对于缓刑、假释也将是否有再犯风险规定为实质条件,这条件本身并不是问题的症结,而需要从增加客观判断机制以打消司法人员顾虑入手。对于"二者结合说",笔者较为赞同,但对于其主张效仿法国的"信用减刑"制度,在判决宣告自由刑时,就同时宣告给予其减刑的幅度,而如果罪犯在服刑中有"不良表现",则撤销预先宣告的缓刑幅度的制度设计,笔者认为并不适合中国的实际。在中国重刑报应的理念依旧较为普遍和顽固,宣告刑一般向社会公开,公众和被害方往往首先要从中判断公正价值是否实现,而其标准就是报应和惩罚是否得到集中体现,如在宣告刑罚、尚未改造时就预先确定减刑,对于平复被害方的情感和公众的公正期待恐怕不利。况且沿用现在这种根据服刑表现随时减刑的做法,并没有太大的问题,减刑制度的优势反而在此,那就是可以随时激励罪犯的改造,这种服刑过程中的减刑能达到的效果甚至要比"透支"的信用减刑更优。

综上,笔者建议从以下方案重构我国的重刑非监禁制度:将减刑与假释相结合的新型假释制度。吸收减刑的合理成分,构建具有监督考验和促进复归的新型假释制度很有必要。保留现有的减刑制度,减刑后服刑期满,将减掉的刑期作为假释考验的时间,在考验期内对其实行社区矫正,并随时对其矫正效果进行评估,并在矫正中针对重刑的罪犯以必要的技能培训、复归帮扶等措施。这样既保留了减刑的优势,服刑期间随时激励罪犯的改造积极性。也发挥了假释的优势,通过社区矫正对其释放进行过渡,实现帮助犯罪人重返社会的目的。

二、轻重分界线以下的刑事制裁体系调整

(一)总体政策倾向

对于轻重分界线以下的刑事制裁体系调整,也应首先明确基本政策和方向。如果说我国本就为较重的犯罪圈而设计的偏重的刑事制裁体系中,对于轻重分界线以上的惩治在重刑结构基础上,不需要对制裁力度进行大幅度调整,可采取“轻重结合,趋于合理”的调整方向。则对于轻重分界线以下的刑事制裁体系的调整相比之下更加复杂。长期以来,我国以刑罚为主的刑事制裁总体上是重刑结构,随着犯罪化的进程导致的轻罪增长,我国对应较轻犯罪的刑事制裁体系的不适应性较严重犯罪要明显得多。笔者认为,可将我国轻重分界线以下的刑事制裁体系的调整方向概括为“以轻为主,轻者更轻”。

首先,“以轻为主”,是宽严相济的基本要求,宽严相济本身对轻微的刑事犯罪就包含有宽缓的意涵。所谓的以轻为主,是指对较轻犯罪的刑事制裁措施及其运行制度的设置上,要采取更多轻缓的、社会化的开放式制裁措施和制度,体现轻刑化和非监禁化。这也与国际趋势相呼应,总体来说,当今西方国家主要奉行的是“轻轻重重”两极化刑事政策。“轻轻”的目的是更好地实现“重重”,使司法机关腾出力量对付重罪;“重重”则是对“轻轻”的一种补充。[①] 所谓

① 参见卢建平主编:《刑事政策学》,中国人民大学出版社2007年版,第95页。

“轻轻”,是指对轻微刑事犯罪的非犯罪化、非刑罚化、程序简易化、执行的“非机构化”、非监禁化等。而在我国的刑事制裁体系调整方面,要具体贯彻宽严相济和“轻轻”的刑事政策,就是要采取“以轻为主”的调整方向。现有的轻重分界线以下的刑事制裁体系已然偏重,导致对于较轻犯罪的惩处也是自由刑的配置占据绝大多数,监禁刑的适用依然超过六成。我国轻重分界线以下的刑事制裁体系的调整重点,就不可避免地要集中在对制裁力度的向“轻”调节上。具体就要体现在增加监禁替代措施的设置和适用,同时发展和完善其他非监禁刑、限制监禁刑,从目前的“以监禁为主,监禁替代措施和其他非监禁刑为补充”的旧格局转变为“以监禁替代为主,监禁为辅,其他非监禁刑为补充”的新格局。

其次,“轻者更轻”,是指要建立根据犯罪人危险性及其动态变化过程,设置和适用制裁措施的机制,本着“大多数犯罪是由少数人实施”的理念,根据危险性对犯罪人进行区别对待,对于危险性较小的犯罪人,尽量设置更加开放、更轻缓的制裁方式,以防止其再犯和促进其复归为主要的制裁目的。也就是说,要将风险管控的制裁理念,更多地运用于较轻的刑事制裁措施的设置和运行机制上。减少监禁刑的配置和适用可以说是轻重分界线以下刑事制裁体系改革的重点,而如前文分析,我国目前监禁替代措施适用的“瓶颈”在于再犯危险缺乏客观的判断机制,这跟长期以来我国对于轻微犯罪的制裁仍以报应性制裁理念为主有关。重惩罚轻预防的制裁模式下,危险性的地位和重要性也长期被边缘化,导致以危险性判断为依据的监禁替代措施总体上适用比率低。然而在目前轻罪扩张的犯罪化趋势之下,轻罪数量急剧增加,犯罪人口增加,种类也趋于多样化,对其制裁理念应从报应性制裁理念更多地转向风险控制的制裁理念。人们应认识到犯罪人也并非属于“非我同类”,而是应该考虑如何通过犯罪化、刑事制裁这样的过程，控制和管理社会中的犯罪风险。英、美等国在近年来的刑罚改革中，将再犯罪的风险控制与管理作为刑罚改革的基础性目标，在人员分流、强化监督、分类管理、刑罚种类确定等方面，将再犯罪风险评估贯穿于整个刑事司法过程中。[①] 比利时学者卡明斯基也总结欧洲出现了刑事制裁体系建立在风险评估之上的管理主义倾向。[②] 这些尤其应该借鉴到中国的轻刑制裁体系改革，我国犯罪圈的扩大不可避免的导致犯罪人口的增加，全国各级法院全年一审判处罪犯，2013 年为 115.8 万人，2018 年增至 142.9 万人，[③]5 年的增幅达到了 23.4% 。其中三年有期徒刑以下的轻罪占据绝大部分比例，危险驾驶的罪犯激增就是一个显著的例子。这就对刑事领域的风险防控和犯罪人分类管理提出了必然的要求，西方应对犯罪风险而在刑事司法领域出现的刑罚管理主义模式虽然具有强化社会控制的倾向，有其自身的缺陷和局限性，但根据犯罪人的危险性对其进行分类管理的理念值得借鉴。刑事制裁管理主义的精髓在于分类风险防控的战略理念和刑事制裁效益的追求。对于犯罪的群体分类管理，适用于中国这样犯罪人口绝对数较多的国家，一方面，大量犯罪人口需要经过科学的分类，对不同的风险类别的群体适用不同的制裁措施，进行轻重有别的司法资源投入，会使刑事制裁更具效益。另一方面，大量的犯罪人口支持了大数据的基础信息，能够通过大量的统计分析较为准确地锁定高风险人群和犯罪类别。西方的刑事制裁管理主义就是在公众对社会风险的恐惧以及犯罪人口较多、司法资源不足的社会背景下出

---

① 参见刘崇亮：《再犯罪风险评估与中国监禁刑改革的新路径》，载《现代法学》2018 年第 6 期。

② Dan Kaminski, « Pénalité, management, innovation », *Revue de droit pénal et de criminology*, Vol. 9 – 10, 2008, p. 867 – 886.

③ 参见 2013 年、2018 年《最高人民法院工作报告》。

现的,而这些问题我国目前同样面临。犯罪风险识别和系统管理的战略目的旨在合理地防控犯罪风险和分类管理犯罪人口,其建立在系统分类分析基础上的识别、管理和控制风险的合理内核值得借鉴。对于轻重分界线以上的制裁来说,监禁手段毕竟占据主导,而对于较轻的刑事制裁来说,制裁手段更加多样化和开放化的情况下,仅仅依据犯罪人的罪行轻重来进行个别化的适用已经难以适应预防和管理的需要,建立根据犯罪人危险性对犯罪人进行制裁的机制,使得"轻者更轻",能够更好地实现刑事制裁的效益和效果。

(二)具体调整完善

针对目前我国轻重分界线以下刑事制裁体系的现状,要从"以监禁为主,监禁替代措施为辅,单处其他非监禁刑为极少数"的现状,转变为"以监禁替代为主,监禁为辅,其他非监禁措施为补充"的新格局,建议从以下方面入手:

1.大力完善监禁替代措施

(1)缓刑的完善

缓刑存在的主要问题是适用率偏低,一方面,基于报应性制裁的理念,在考虑缓刑适用条件时,依然主要考虑报应性的惩罚因素。另一方面,缺乏对再犯危险性的科学评估,导致法官对其判断受限。故笔者建议针对这两方面问题分别进行完善:

一是明确缓刑的具体适用条件中只考量预防性因素。根据《刑法》第72条的规定,我国缓刑适用的前提条件为"对于被判处拘役、三年以下有期徒刑的犯罪分子",具体条件为"(一)犯罪情节较轻;(二)有悔罪表现;(三)没有再犯罪的危险;(四)宣告缓刑对所居住社区没有重大不良影响"。对于进行缓刑适用的法官来说,其裁量的过程显然分为两个阶段,第一个阶段是对自由刑本身的裁量,依据所有定罪和量刑情节,综合责任刑和预防刑,确定犯罪人的自由刑是否应判处拘役、三年以下有期徒刑，以及具体的刑期。第二个阶段是在自由刑适用的基础上，考虑缓刑适用的“具体条件”，考量犯罪人是否符合法条列举的四种情形，来判断对其是否应适用缓刑。对于法条列举的四项条件逐一分析可以看出，“有悔罪表现”和“没有再犯罪危险”以及“对所居住社区没有重大不良影响”均是犯罪人危险性方面的内容，并不涉及对犯罪人罪行轻重的考量，即不涉及报应性考量。而对于“犯罪情节较轻”，是否应考量犯罪人的罪行轻重则并未明确。可以想见，此条件如果需要同时考量“罪行 + 危险性”，那么其适用缓刑的范围显然要小于仅考量“危险性”这一预防性因素。而在我国的司法实践中，由于报应性制裁理念占据主流，从《刑事审判参考》中的指导案例(1003 号)到实际的适用现状，我国绝大多数法官更倾向于对“犯罪情节较轻”做综合性理解，认为“犯罪情节较轻就是综合考虑案件的定罪情节和量刑情节后，认定犯罪行为人的行为社会危害程度较轻与人身危险性较小”①。缓刑实质条件既应该追求报应，也应该追求预防；既应该考量社会危害性情节、责任刑情节，也应该考量人身危险性情节、预防性情节。②而这不仅导致了缓刑条件把握的过严，还存在理论上的悖论。

首先，对于缓刑的前提条件，即对于犯罪人宣告的自由刑的裁量，应是对犯罪人责任刑情节和预防刑情节的一个完整考量，特别是基于责任主义原则，罪责用以作为国家刑罚干预的一种界限，任何情况下刑罚都不允许高于行为人的罪责，③因此，在自由刑的裁量

① 王玮：《对刑法修正后我国缓刑适用条件之理解》，载《山东审判》2012 年第 4 期。

② 参见赵兴洪：《缓刑适用的中国图景——基于裁判文书大数据的实证研究》，载《当代法学》2017 年第 2 期。

③ 参见[德]克劳斯·罗克辛：《德国刑法学总论》(第 1 卷)，王世洲译，法律出版社 2005 年版，第 49 页。

中,责任刑情节必须得到充分地考量,则缓刑的适用予以再度考量责任刑情节,以确定是否要适用更为轻缓化的“缓刑”,相当于同样的责任刑情节,在第一阶段中划了一个界限的基础上,第二阶段在这个界限之内,还要再划一条线,区分是否可以适用缓刑,而第一阶段和第二阶段根据责任刑情节划出的“界限”显然并不一定是重合的。这一方面涉嫌对同一责任刑情节的重复评价,另一方面同样的情节在同一案件之内,要承担划出两条有区别的“界限”的任务,也是不符合逻辑的。

其次,从缓刑制度的目的来看,现代刑罚制度中的缓刑,其目的是促进犯罪人的再社会化及节约司法成本,以自由刑宣告为基础的缓刑制度本身仅有预防目的,并不存在报应目的,报应目的仅由宣告的自由刑来体现。缓刑执行的内容是监督考察,这本质上也属于保安处分的一种。因此,之前宣告的自由刑的裁量与是否适用缓刑的考量目的并不完全相同,前者因责任主义而具有报应目的,①后者则完全不存在报应目的。从这个意义上说,在是否适用缓刑的考量中,考虑责任刑情节,即考量罪行的轻重,是一种不当的条件限缩,并不具有正当性和合理性。

综上,笔者认为,对于缓刑的具体条件的考量,应将自由刑裁量时已经考量过的责任刑情节完全排除在外,而仅仅依据犯罪人的危险性来衡量其是否符合适用缓刑的条件。而我国历次缓刑条件的修改,均没有将这个立场划分并表达清楚,应在下一步调整和完善我国的刑事制裁的立法中或者司法解释中予以明确。

---

①　虽然持刑罚目的一元化(预防)的学者,如罗克辛认为,罪责是独立于报应的因素,罪责的限定作用并不意味着刑罚具有报应目的。虽然理论上有报应目的和预防目的的争鸣,但与其他制裁措施相比,刑罚具有报应意味,是其难以摆脱的显著特征,特别是在中国的实践中体现就更加明显。

二是建立危险性调查评估机制以规范对缓刑具体条件的判断。危险性评估或者人格调查制度在我国还没有真正地开展起来,仅有的社会调查机制也只存在于未成年人犯罪案件中,尚未推广至成年人犯罪案件。我国 2012 年的《社区矫正法》第 18 条规定:“社区矫正决定机关根据需要,可以委托社区矫正机构或者有关社会组织对被告人或者罪犯的社会危险性和对所居住社区的影响,进行调查评估,提出意见,供决定社区矫正时参考。居民委员会、村民委员会等组织应当提供必要的协助。”一方面,这一规定针对的是罪犯对社区的影响,这只是缓刑具体适用条件之一,涵盖不了缓刑适用的全部实质条件。另一方面,真正的危险性调查评估是需要由专业的人员通过专业的心理学、社会学甚至是精神病学知识而作出的专业报告,很多国家将其作为专家证言而呈交法庭,而上述规定中的调查显然并不具有这样的专业性。因此,可以说到目前为止,在缓刑的判决作出之前,法官的案头并不会出现一份真正的危险性评估或人格调查报告。这使得法官对于犯罪人危险性的判断失去了重要的专业性辅助,而对于危险性判断来说“非专业”的法官,显然难以很好地胜任这样的工作,特别是在我国这样的报应性制裁理念为主流的司法现状下,“拿不定主意”的法官当然更倾向于选择更加稳妥的监禁刑,而拒绝缓刑的适用。况且建立专业的危险性评估机制,也并不是缓刑一个制度的需要,保安处分、假释等多种制裁措施和制度的适用,乃至刑事制裁裁量、执行的全过程中,均有赖于危险性调查评估机制的建立和完善,亟须我国在对未成年人社会调查工作进行经验总结的基础上,借鉴国外成熟的经验,在我国的刑事实体法和程序法中尽快确立和完善危险性评估机制。

(2)管制刑的废除

管制刑作为我国刑罚主刑当中唯一一个开放性的限制自由刑,

本身承载着替代或限制监禁刑，促进刑罚人道化、轻缓化的使命，但其极低的适用率反映出设置不合理的尴尬境地。特别是在社区矫正的大背景下，管制刑不仅没有获得新生的出路，反而进一步被边缘化。[①] 主要体现在管制刑的内容与缓刑高度重叠。

首先，缓刑的适用范围完全包括管制的适用范围。缓刑适用于判处拘役、三年以下有期徒刑的犯罪人，而配置有管制的分则罪名中，均同时配置有拘役、三年以下有期徒刑。如果说管制适用的是比判处拘役和三年以下有期徒刑的犯罪罪行更轻微、危险性更小的犯罪人，则向上存在与拘役和有期徒刑区分的“度”难以掌握的问题，向下有与构成犯罪但可以判处免予刑事处罚适用条件如何区分的问题，而在免刑和可适用缓刑的拘役之间的夹缝中是否真正的有管制的存在空间也很难说。

其次，缓刑与管制的执行内容几乎相同。社区矫正制度建立之后，缓刑的考验和管制的执行都采取社区矫正的方式，前文已经提到，管制与缓刑应当遵守的义务性规定差别不大，唯一存在的对政治权利的限制难以产生实质的区分。缓刑与管制最明显的区别，就是缓刑有自由刑的执行作威慑，而管制则不会导致这样的法律后果。而法官对于管制和缓刑进行选择裁量的时候，面对相同的执行内容，往往更倾向于选择一个有保障的缓刑，而不是冒着较大的政治风险选择一个没有法律后果进行保障的管制，而实践中管制的适用率远低于缓刑就是法官们用判决投票的结果。

面对管制与缓刑执行内容高度重叠，又缺乏法律后果保障的弊端，司法实务界和学界都早有反思，管制的存废以及管制刑如何完善等均存在不同的观点和争鸣。有的观点认为，应用社区矫正替代

① 参见何显兵、张敏：《管制刑的困境与出路——把管制刑改造为社区保安处分》，载《河南警察学院学报》2015 年第 5 期。

管制,[①]有的观点认为应将管制转化为社区保安处分,[②]也有观点认为应彻底废除管制刑。[③] 笔者认为,社区矫正是一种刑罚和保安处分等措施的开放式执行方式,是刑事制裁措施的一种执行方式的总称,将其单独规定为一个刑种并不适宜,其内部包含的措施灵活性很强,比如,这个案件适用了禁止令,另一个可能适用社区公益劳动和培训,所以统一规定为社区矫正刑,反而使其刑罚的内容不确定而缺乏稳定性,也不利于区分各种刑事制裁措施的独立性,更不利于刑事制裁措施多元化,还是宜将社区矫正认为是与监禁相对的一种开放性的执行方式,在此基础上丰富和探讨可以加入社区矫正执行的具体刑事制裁措施。因此,用社区矫正代替管制并不可行,二者不是一个性质和层面上的概念,范围也不同。对于管制发展成社区保安处分的观点,如前文笔者的分析,将来确实我国会发展出一批在社区执行的保安处分,一些保安处分措施将有监禁和社区执行两种方式,如强制戒毒。保安处分内部也有细致的措施划分,每种措施有不同的适用范围和适用目的,将其统一称为管制并不合适,将其中的任何一种称为管制也无必要。因为不像缓刑还以是否有再犯风险作为实质条件,管制原来主要是根据罪行,所以现有管制刑的性质与保安处分相去甚远,将任何一种社区执行的保安处分措施称为管制,等于是将与管制刑完全不同的另一种保安处分措施,改用管制的称谓,完全没有任何传承的实际意义,反而造成因对原来管制刑的印象而对新生的作为社区保安处分的"管制"的误解和

---

① 参见刘泽萍:《社区矫正刑替代管制刑之探索》,河北经贸大学 2013 年硕士学位论文,第 14 页。

② 参见何显兵、张敏:《管制刑的困境与出路——把管制刑改造为社区保安处分》,载《河南警察学院学报》2015 年第 5 期。

③ 参见曹江轮、刘德法:《建议废除我国刑法中的管制刑》,载《中国法学》1990 年第 1 期。

混淆。因此,管制刑如果没有沿用的必要,何必保留管制的称谓而将其张冠李戴给另一个刑事制裁措施。因此,鉴于管制目前没有独立的适用对象,其适用对象难以与缓刑区分,管制的内容与缓刑监督高度重叠,管制的执行方式与缓刑相同,管制与缓刑最大的区别在于,缓刑有自由刑的执行作为威慑,而管制没有,而这正是学者们长期诟病的管制缺乏相应的法律后果,导致威慑不足,不利于监管的原因,因此,相对比来说,缓刑这种具有自由刑的执行作为保障的措施,其实际效果优于管制,管制更加没有理由因为这点区别而具有保留的价值。总体上,笔者认为管制应予废除。管制废除之后,并不会对我国的刑罚体系已近形成的"免刑—单处非监禁刑—缓刑—监禁刑"的梯次结构产生负面影响,事实上,从实践中管制适用不及1%的比例来看,管制几乎已经被彻底边缘化,实在没有继续存在的必要。

2. 社区性制裁的完善

社区矫正并不是一个刑种,而是与监禁矫正相对的一种刑事制裁的执行方式。其除了执行非监禁刑、缓刑、假释等刑罚方法和制度外,也执行禁止令、社区戒毒这样的保安处分措施,当然将来经过刑事制裁体系的完善会有更多社区性的保安处分措施通过社区矫正的方式执行。关于社区矫正的性质,一直有声音认为社区矫正应被看作是一种独立的刑事制裁,并建议增设社区矫正刑,①笔者认为这事实上是将社区性刑事制裁与社区矫正进行了混淆而作出的判断。所谓的社区性刑事制裁(以下简称社区制裁),应是指一类开放式的、在社区执行的刑事制裁措施,包括刑罚和保安处分措施。而社区矫正则是社区制裁的执行方式。因此社区矫正并不是一个刑

① 参见刘泽萍:《社区矫正刑替代管制刑之探索》,河北经贸大学2013年硕士学位论文,第14页。

事制裁措施,而更像是一个平台,承载着一类开放式、社会化的刑事制裁措施和制度。我国的社区矫正起步较晚,主要将社区矫正与传统的缓刑、管制、假释制度相衔接,改变了上述刑种和刑罚制度的执行方式和内容,但是与西方国家相对成熟的社区矫正制度相比,可供社区执行的社区性刑事制裁的种类仍相对匮乏,并且也有一些在我国社区矫正实践中业已创设的制裁措施"有实无名"的情况存在,需要下一步通过创设和确认,进一步丰富我国社区制裁的种类。

(1)增设社区服务刑

所谓社区服务刑,是指判令具有劳动能力的犯罪人在社区从事一定时间的无偿劳动的刑罚方法。其目的是修复社会关系,对社区和被害人的一种补偿,也具有对于犯罪人的惩罚、教育及促进其复归的功能。社区服务刑符合刑罚不断科学化、经济化、社会化、人道化、轻缓化的历史发展规律,不仅可以避免监禁刑诸多负面作用,而且也克服了罚金等财产刑因贫富不均而可能导致的实质上的不平等。[①] 目前,英国、美国、加拿大、法国、荷兰、瑞士、芬兰、丹麦、葡萄牙等国家均已经将社区服务作为一个刑种予以规定。在我国的社区矫正中,事实上也已经存在了社区服务,但却存在诸多问题。

我国曾在最高人民法院、最高人民检察院、公安部、司法部制定的《社区矫正实施办法》(已失效)中规定社区服务,但该规范位阶较低,且在规范中也并没有明确的性质认定。虽然明确社区服务的目的在于修复社会关系和矫正犯罪人,但是社区服务由于具有强制劳动的性质,有一定的惩罚性,具有刑事制裁的实质性质,不论是缓刑还是管制,抑或是假释均不包含有强制社区劳动的实质性内容,这种社区矫正中"创设"的新的制裁方式,就这样"有实无名"地额外增

① 参见王耀忠:《非监禁刑研究》,法律出版社2016年版,第234页。

加到参与社区矫正的犯罪人的处遇中，限制了其基本权利，事实上有违法治国罪刑法定的基本原则。

立法者显然也注意到了上述问题，在2019年12月出台的《社区矫正法》中，并未规定社区矫正中社区服务的内容。这虽然消除了社区矫正中“创设”新刑种的质疑，但却没有解决目前实际存在的社区服务的合法性问题。笔者认为，可以通过在《刑法》中明确创设社区服务刑的方式解决上述问题，既然社区服务具有惩罚性的内容，可以效仿其他国家，直接将其纳入刑罚体系，可考虑作为附加刑的一种，并规定其适用条件及适用期限由法官在判决时予以裁量和宣告。社区服务刑可选择与缓刑并科，即被适用缓刑的判决中，自由刑缓期执行，但并科的社区服务刑在交付社区矫正中仍需执行的并科方式。这样可以根据适用缓刑的犯罪人的危险性程度，运用社区服务刑调节制裁的强度和内容，满足个别化的制裁需要。同时社区服务刑也可以作为附加刑单独适用，对于轻微的犯罪行为，可以弥补罚金对于经济条件不同的犯罪人惩罚和威慑效果差别较大的不足，选择性地适用社区服务刑。

（2）增设社区培训刑

所谓社区培训刑，是指犯罪人在社区接受公共道德、法律常识、时事政策等教育培训的制裁措施。社区培训的目的是预防犯罪人再犯，促进犯罪人复归。在法国，类似的公民素质培训被刑法典规定为轻罪刑罚的一种，以由检察院在刑事和解程序中予以建议作为追诉的替代措施，也可以作为监禁的替代刑或者是作为执行公益劳动或附考验期缓刑的考验措施。① 从刑罚目的来看，法国的公民素质培训被认为具有多元化的目标，是一种“新的方法来定性和定量

---

① 参见孙平：《法国社区矫正制度概论——监禁刑的替代措施》，载《法治研究》2014年第11期。

地调整对轻微犯罪的刑事处罚所期望的效果”。法国学者基本上认为公民素质培训具有报应性,但是也认为其基础不仅仅是报应性,而且公民素质培训“甚至试图减少这种惩罚性因素,倾向于打开对话空间而不是道德化和幼稚的言论”①。而在我国的社区矫正完善过程中,同样曾存在社区培训的规定,《社区矫正实施办法》(已失效)中,曾明确规定社区矫正人员“应当”参加教育学习活动,且每月参加实践不少于8小时。而与当时的社区服务相类似,社区培训的法律地位也并没有明确。培训范围进行了无差别的规定,培训时间也仅规定了下限。从这个规定可以看出,教育培训在社区矫正中显然具有强制性,其制裁属性明显,但规定却欠缺灵活性。在新出台的《社区矫正法》中相关规定就较为灵活,仅规定了社区矫正机构可根据需要,对社区矫正对象进行法治、道德等教育,并没有再强制规定培训及其时长。但《社区矫正法》却并没有明确和细化这种教育培训措施的内容,与之前的规定相比,反而使得教育培训措施更加“原则化”,并未将其作为独立的措施来规定。

主张增设社区培训作为附加刑的一种,存在一个本质性的问题,教育培训是否具有刑罚的本质属性。我国刑罚理论认为,刑罚的本质是对犯罪的惩罚性。② 而培训是一种教育犯罪分子的方法和手段,其给犯罪分子造成痛苦的惩罚性似乎难以体现。但笔者认为,惩罚性体现在对于犯罪人基本权利的限制或者剥夺。我国《宪法》第46条规定,受教育是公民的基本权利和义务,社区培训事实上就是一种强制性的公民法律、规范和观念的教育,是对公民基本的受教育权的限制和约束,因此具有惩罚性的特征,不能因为其制

---

① Gautron, Virginie, et Pauline Raphalen, « Les stages: une nouvelle forme de pénalité ? », *Déviance et Société*, Vol. 37, No. 1, 2013, p. 27 – 50.

② 参见马克昌:《刑罚通论》,武汉大学出版社2002年第2版,第39页。

裁强度轻微,而否认其具有惩罚性。现代刑罚的目的除了报应,更多地在于矫正、改造和帮助犯罪人重返社会。社区培训能够很好地涵盖上述功能,是一种符合现代刑事制裁理念的制裁措施。我国学者关于刑罚强度的进化研究曾提出了"感刑力"的概念,即指某一法域的人认知刑罚功能、感受刑罚强度的客观能力。随着人类文明的发展,感刑力是不断提升和更加敏感的,因此从古代的死刑和肉刑为主的刑罚,发展到现代社会以自由刑为主的刑罚,再发展到依监禁替代等开放式、更加轻缓的刑罚占据主流,刑罚的惩罚性一直在降低,反映的是随着文明的发展,人类的感刑力在提升,因此,轻缓的刑罚方法不代表其丧失了惩罚性,其惩罚性、报应性在人们的心目中永远留存、不会消失。① 因此,不能因为社区培训的强度轻微而否定其惩罚性,而应当用发展的眼光,看到社区培训能够更好地促进刑罚目的的实现,对于刑事制裁理念的转变和促进制裁轻缓化均有积极意义。

因此,笔者认为,我国也应将社区矫正中业已存在的社区培训明确规定为社区培训刑,与社区服务刑一样作为附加刑一种,对于培训的内容,可以根据现有的社区培训课程,根据社区矫正犯罪人高频罪名再进行有针对性的细化分类。可以采取培训后"考试""考核"的方式增加培训的强制性。社区培训刑可以跟缓刑并科宣告,可以作为附加刑单独适用,针对罪行较轻微的犯罪人。

(3)电子监禁

电子监禁,是指通过佩戴电子监控器(手环、脚环)的方式,允许判处刑事制裁的犯罪人在监狱等监管场所之外接受监督的一种行刑方式。电子监禁并不是一个刑种,只是通过新技术的运用改变罪

---

① 参见龙腾云:《刑罚进化研究》,法律出版社2014年版,第3~229页。

犯的监督方式,事实上这种技术在我国的部分地区已经先行先试在审前羁押程序中,用以代替逮捕、降低审前羁押率。而在西方国家,已经普遍将该技术运用在服刑的罪犯,用以替代监禁刑,促进罪犯接受开放式的处遇,有利于罪犯重返社会。电子监禁设备在监禁刑中的运用主要有以下几种模式:第一种是判决宣告之初就直接用电子监禁代替罪犯监禁刑的执行。如《法国刑法典》第132－26－3条规定,在被判处2年以下监禁刑(在累犯的情况下为1年以下监禁刑)的情况下,如果被判刑人同意,则可以对其采取电子监控措施,在监狱外执行刑罚。被判刑人在法官指定的时间内要戴上电子监控环,以监督其行踪,他可以从事学习、接受职业培训、参加实习或临时工作、接受治疗或完成其他回归社会的计划。法院还可以要求受到电子监控的被判刑人履行缓刑考验制度中的监督措施或特定义务。如果被判刑人不遵守相关规定,则将撤回电子监控措施,改为收监。① 第二种是在监狱服刑一段时间的罪犯,允许其佩戴电子监控设备后在机构外服剩余刑期并接受监督。如2001年,瑞典规定囚犯可以在正常释放前6个月申请电磁释放,一般释放时间为服刑时间的2/3。在2007年,这种释放形式被重新命名为"扩展释放",并在特定条件下提供给所有服刑满一半的囚犯。② 第三种作为独立的社区性刑罚予以规定。法官可以独立适用社区的电子监禁作为刑罚科处。如在北欧的一些国家,这种独立的社区制裁被称为"电子监禁—判决"(EM-sentence),作为法院命令独立适用。③

---

① 参见孙平:《法国社区矫正制度概论——监禁刑的替代措施》,载《法治研究》2014年第11期。

② See Lappi-Seppala T., *Community sanctions as substitutes to imprisonment in the nordic countries*, Law and Contemporary Problems, Vol. 82:1, 2019, p. 17－50.

③ See Lappi-Seppala T., *Community sanctions as substitutes to imprisonment in the nordic countries*, Law and Contemporary Problems, Vol. 82:1, 2019, p. 17－50.

将电子监禁这种技术革新引入到我国的刑事领域是大势所趋，且目前已经在审前羁押中试水了，并已经扩展到了刑事制裁领域。2019 年 12 月出台的《社区矫正法》，明确规定了对五类违反规定的矫正对象，经县级司法行政部门负责人批准，可以使用电子定位装置，加强监督管理。但上述规定只是将电子监控运用于社区矫正的监管过程中，并不是一个独立的制裁手段。但笔者认为，随着这种新的技术与刑事制裁实践的不断融合，必然会借鉴国外的做法，带来刑事制裁体系的适当调整。前述第一种方式更像是一种以电子监禁为条件的缓刑，而第二种类似于以电子监禁为条件的对轻罪的假释，而第三种是将电子监禁作为了一个新的刑种。笔者认为，我国引入电子监禁应本着由易到难的原则，根据我国原有的刑事制裁的制度安排，逐步围绕电子监禁建立刑事制裁制度。而与缓刑和假释制度相结合，通过将电子监禁引入缓刑和假释，将具有轻微危险性，本身与缓刑、假释的“无再犯危险”这一条件存在些许差距的罪犯，通过电子监禁的方式，允许其适用缓刑和假释，一方面，可以加大缓刑和假释的适用范围，切实起到替代监禁的作用；另一方面，通过现有制度的改造，有利于消除司法人员对于新制度的陌生感，也会最大限度地降低新制度与原有制度互相排异的可能性。需要强调的是，初期将电子监禁引入假释制度中，宜局限于轻微犯罪监禁刑的假释，如运行顺畅后，可考虑扩展至严重犯罪。而对于将社区电子监禁作为一个独立的刑种，以及有学者在此基础上主张周末监禁、间歇性监禁的方式，与我国目前的刑事制裁体系现状相比，调整的步子稍微有些过大，可以在将来电子监禁和社区矫正等制度均相对成熟，社会公众和司法人员的观念均有所转变后，根据我国司法运行的实际情况，逐步考虑增设。

3. 罚金刑的完善

罚金刑是一个毁誉参半的刑罚方法。与短期自由刑相比，罚金刑优势明显，其不存在交叉感染、不切断受刑人与社会的联系、错判也较容易恢复、适合贪利犯罪、适用起来比较灵活，符合刑罚轻缓化、开放式的发展趋势。但同时罚金刑的弊端也十分突出，罚金教育和矫正的功能薄弱，不具有恢复性功能，在经济能力不同的犯罪分子之间威慑功能不同，亲朋帮助缴纳罚金也容易导致违反责任自负原则。正是因为存在这些弊端，各国发现罚金并不是一个合适的代替自由刑中心地位的刑罚，国外罚金刑在中间制裁发展之后呈现下降趋势。而结合我国罚金刑的适用现状，可以发现存在以下问题：

一是罚金刑科处方式不合理。在我国罚金刑属于附加刑，很少独立适用，在进行立法配置时绝大多数罚金刑罪名为并科适用，而非选科适用。1997 年《刑法》中规定必并科罚金的罪名有 128 个，占全部适用罚金刑罪名总数的 77.1%，①这导致了绝大多数的罚金刑是要与自由刑“并科”适用的，等于在自由刑之上再加上财产的剥夺，实践中容易导致刑罚超出责任刑或者偏重的情况，严重制约了罚金刑功能的发挥。而从国际社会来看，罚金刑的适用体现的是刑罚轻缓化的理念，甚至曾一度将罚金刑作为监禁替代来看待，因此多为独立适用。我国近几次刑法修正虽然加大了罚金刑的配置力度，但是在并科的情况下，相当于加重了原有罪名的刑罚投入。如贪贿犯罪，在原有自由刑不变的基础上并科了罚金刑，从立法层面上看，是为了加大刑罚的投入力度，严厉打击贪污贿赂犯罪；从司法层面上，导致罪刑不均衡和刑罚过剩的现象，总体上是与刑事轻缓化的趋势相背离的，也是与罚金刑的特征和价值相抵触的。

---

① 参见邓文莉：《刑罚配置论纲》，中国人民公安大学出版社 2009 年版，第 256 页。

二是罚金空判现象严重。有学者统计2000年至2010年全国11个地区基层法院和中级法院的罚金执行数据显示，平均有超过71.5%的罚金判决不能执行，只有28.5%的罚金判决能够得到执行。[①] 罚金空判现象的存在事实上也是罚金刑冗余的一个侧面证明，特别是在中国的法律文化中，一直认为“花钱买刑”是有钱人逃避刑罚的手段之一，普通公众对“坐牢”和“罚钱”两者的性质区分得泾渭分明，刑罚就是要“坐牢”的观念根深蒂固，对罚金也是刑罚的观念尚未普遍树立。在罚金刑只能与自由刑并罚的情况下，必然会让犯罪人认为既然都坐牢了，罚金就不用交的误解，这也使得很多罚金刑仅仅停留在判决宣告上，犯罪人缴纳罚金的积极性严重降低，而大量的罚金刑没有执行，却并没有使我国的刑事制裁的运行和效果产生太大影响，因此，罚金刑成为一个可有可无的自由刑的附属品，罚金的并科适用多数时候仅具有宣示意义，削弱了刑罚适用的效果。

通过以上分析可以看出，本来应该用于体现刑罚轻缓化的罚金刑，在我国实际被用来加大刑罚力度的投入，导致罚金刑在与自由刑并科的过程中，其实际功能得不到有效发挥，需要转变罚金刑配置和适用观念，将其改造成主要适用于轻微犯罪的一种轻缓的刑罚。

一是将罚金刑由必并科制普遍改为复合罚金制或选科制。考虑到罚金刑的弊端，且罚金刑对于犯罪人的个人威慑和惩罚力度也弱于自由刑，甚至对社会的威慑也轻于自由刑，加之罚金刑与自由刑并科适用也易导致刑罚过剩的情况，很多时候罚金刑并科适用的必要性是存疑的。笔者建议将罚金刑的必并制改为复合罚金和选科

---

① 参见熊谋林等：《困境与展望：罚金刑应用的中国化研究》，载《社会科学研究》2013年第3期。

罚金,复合罚金即“可以选择是否并处罚金或单处罚金”,选科罚金即“可以选择单处罚金”,为司法适用的灵活决择打下基础。有学者批评罚金不采取必并制会导致财产刑“处不处”不确定,无法保障国民的预测可能性,与罪刑法定原则的精神相抵触的观点,[①]笔者不能认同。给法官留有一定程度的自由裁量权与罪刑法定的明确性原则并不相违背,在一些量刑档次中,法官可以根据事实和证据裁量选择适用死刑还是无期徒刑,死刑选择立即执行还是死缓,既然选择适用自由刑还是生命刑的裁量权都能交给法官,是否选择适用罚金刑的自由裁量权赋予法官又何来违反国民预测可能性一说。鉴于罚金刑并科适用存在过于僵化的问题,应该允许法官根据犯罪情节、悔罪表现等情况,选择是否适用罚金刑,以减少目前实务中存在的大量罚金刑“空判”的情况,有的放矢的适用刑罚,达到更好的适用效果。如此一来,特别是在轻微刑事犯罪案件中,选择单处罚金的可能性将大幅度增加,体现罚金主要用于处罚轻罪的功能。

二是建立日额罚金制度。我国现行刑法中,罚金刑的立法类型是总额罚金制,这种立法模式难以避免罚金刑在存在贫富差距的犯罪人之间的不平等、缺乏教育矫正功能、有可能违反罪责自负等弊端。西方国家针对传统罚金的这些问题,为了提升罚金刑的量刑公平和透明度,创设了日额罚金制度,即按照判决所确定应缴纳罚金的天数和每天应当交付罚金的数额,逐日交付罚金的制度。[②] 该制度最早于1921年创设于北欧的芬兰,1983年法国也增加了日罚金刑,随后在德国、瑞典、葡萄牙等国家均得到广泛应用。[③] 日额罚金

① 参见王飞跃:《我国财产刑与刑法基本原则的背离及其完善》,载《华东政法学院学报》2003年第5期。

② 参见马登民、徐安住:《财产刑研究》,中国检察出版社2004年版,第122页。

③ 参见[法]卡斯东·斯特法尼等:《法国刑法总论精义》,罗结珍译,中国政法大学出版社1998年版,第492页。

制的特色是,罚金量刑被划分为两个互相独立的步骤:法官第一步决定日额之"日数",此时就犯罪主客观情节和一般量刑准则决定计算罚金总额的日数,完全不考察受判决人的经济状况;接着第二步决定"日额金",此时调查受判决人的经济状况,决定每日应予剥夺的财产数额。二者相乘的结果,即是受判决人应予缴纳的罚金总数。若是无法期待受判决人立即缴纳罚金总数,法院则应裁量是否给予宽限。依据日额罚金的量刑结构,罚金量刑变得更加透明和公平,同时提升罚金刑的实效性。一方面,法官可以通过所宣告的日额的"日数"表达对于犯罪的报应性评价,彰显宣告罚金和宣告自由刑之犯罪行为的可比较性。另一方面,法官可以通过独立宣告的"日额金",使受判决人的经济状况成为决定罚金总额的关键因素,更大程度上实现罚金的"负担平等原则",同时减少罚金总额超出受判决人经济能力的机会,提升真正执行罚金的比例。① 笔者建议在我国也引入日额罚金制度,可以先配置于轻微刑事犯罪,与自由刑选科适用,这样判处的罚金需要独自承担刑罚功能,采取日额罚金的方式更能够保障刑罚功能的有效发挥,既能够在犯罪人之间相对平等地起到惩罚作用,也能够通过多次日常的日罚金的缴纳,起到更好地教育犯罪人作用。

4. 资格刑的完善

我国目前属于资格刑的刑种只有剥夺政治权利,前文已经有所分析,剥夺政治权利由于其宣示作用更强,惩罚性较弱,作为附加刑大多数时候都是与自由刑等主刑并科,单独科处能够达到的威慑和预防作用十分有限,其独立适用的价值甚至要远低于同为附加刑的罚金刑,必然不可能成为一个独立应对较轻微犯罪的普遍选项。由

① 参见薛智仁:《罚金刑体系之改革刍议》,载《台湾法学论丛》2018 年第 2 期。

此也可以看出,我国现行《刑法》中对资格刑的独立地位并不关注,在属性上,资格刑是附加刑的一种,在立法观念上,资格刑也仅仅是以自由刑的补充而已。但事实上,随着刑事制裁的演进和发展,由于资格刑具有开放性、不切断受刑人与社会的联系、预防再犯效果明显等优势,对刑罚对象是一种间接控制也符合刑罚轻缓化的发展方向,资格刑在各国的刑事制裁体系中都在扮演着越来越重要的角色。在这个过程中,资格刑逐渐从一种边缘化的、补充性的刑罚,发展成为一种替代自由刑、特别是替代短期自由刑的重要制裁措施,其独立地位愈加凸显。有的学者甚至作出如下论断:作为一种替代短期自由刑措施,作为一种开放性的刑罚方法,扩大资格刑的适用范围便成为人们的重要选择,而随着人类文明程度的提高,也许在遥远的某一个时间,资格刑会成为唯一的刑罚。[①] 因此,我国资格刑的完善,首要要做的是转变对于资格刑的立法观念,重新审视其功能和作用,通过完善其种类和相关机制,使其具有一定的独立实现刑事责任的能力,并成为替代和限缩自由刑的制裁措施。以此为目标,笔者认为要将资格刑改造成一种针对轻微犯罪具有普遍适用性的刑罚,就必然要将资格刑由目前关注政治权利转变到关注公民的普通权利。现阶段,可以考虑增设以下两种资格刑:

第一,增设公民福利资格刑,是指在一定期间内剥夺公民基本的获得社会福利的权利,比如医疗保险、最低生活补助、养老保险、军人福利等。一方面,这种制裁措施具有明显的惩罚性和排斥性。现代社会,福利制度实际上是公民组成的社会共同体为了保障成员的基本生活条件而给予的物质利益。“共同供给是重要的,因为它使我们认识到成员资格的价值。如果我们不为彼此提供安全和福

① 参见陈兴良:《刑法的价值构造》,中国人民大学出版社1998年版,第509页。

利，如果我们不承认成员和陌生人之间的区别，我们就没有理由建构和维系政治共同体。”①另一方面，这种措施的排斥性要明显弱于自由刑。目前被判处实际收监的自由刑的罪犯，被完全隔离于公民的日常社会之外，在丧失基本的自由权利的同时，也几乎并不享有上述列举的基本公民福利。也就是说，目前自由刑对公民权利的排斥内容中也已经包含了对基本福利权的排斥，而公民福利资格刑正是将这种对基本福利权的排斥抽离出来，单独规定为一种更加轻微的刑种，既能起到一定的惩罚、威慑和预防功能，又不切断受刑人与原有生活环境的联系，有助于罪犯重返社会，用以丰富应对轻微刑事犯罪的制裁手段。此处需要指出，剥夺公民基本福利权的制裁手段亦具有一定的严厉性，建议一定要附加明确的期限，并且主要用以替代和限缩短期自由刑而独立适用。

第二，增设单位资格刑，是指针对犯罪单位科处的剥夺其在经济活动中的部分资格和权利的刑种。针对单位的刑罚设置我国目前几乎仅有罚金刑，刑种单一导致惩罚力度不足，甚至出现了对于单位的违法行为，行政制裁要强于刑事制裁的惩罚力度“倒挂”现象。虽然非刑罚处罚方法中，包含有行政处罚的选项，如若将非刑罚处罚方法的适用范围扩大后，可以一定程度上弥补对于单位刑事制裁手段的匮乏。但这毕竟只是权宜之计，对于犯罪主体的惩处，不能长期主要依赖于通过非刑罚处罚方法这个“传送门”引用行政制裁。因此，在刑事制裁体系内部完善针对单位的资格刑种类十分必要。我国有学者总结，目前世界上对单位犯罪的资格刑主要有以下几类：(1)对营业资格的取消；(2)对营业活动的限制；(3)对单位

① ［美］迈克尔·沃尔泽：《正义诸领域：为多元主义与平等一辩》，储松燕译，译林出版社2002年版，第79页。

罪行的公布。[①] 基于此,有学者主张我国的单位资格刑应包括限制从事业务活动、停业整顿、强制解散、公布犯罪事实与裁判决定。[②] 也有学者主张增设停业整顿、限制从业和强制撤销三种方式。[③] 笔者认为,限制单位犯罪主体的从业资格,完全可以通过扩大目前的职业禁止的主体范围来解决,似乎并不需要单独增设限制单位从业的制裁。因此建议单位的资格刑包括暂时停业整顿、强制撤销和公布裁判三种制裁措施。

5. 前科消灭制度的建立

前科消灭制度,是指对于有过犯罪记录的人,经过法定程序宣告他的犯罪记录在法律层面上不再受到评价,不会再形成前科评价结论,消除定罪量刑的后遗效果,恢复犯罪人正常法律地位的一种制度。[④] 前科消灭的表现形式有前科封存、犯罪记录限制公开和犯罪记录归零等。从刑事法律领域来看,前科有可能构成累犯、再犯,对于犯罪人具有更加不利的法律后果;从民事、行政领域来看,前科对犯罪人就业、参军、上学,甚至是对于犯罪人的子女就业上学均有不利的影响。这导致具有前科的犯罪人在服刑完毕之后,仍然长期顶着犯罪人的标签被社会排斥,根本上不利于犯罪人的复归,如果犯罪人口较多的情况下,会使这个犯罪标签群体增大,给社会长治久安也造成不稳定的因素。近年来,随着我国轻罪犯罪化的进程,社会上闲散的具有“犯罪前科”的人口数量不断增加。深圳滴滴司机杀害空姐案发生之后,深圳警方曾对深圳市的滴滴司机进行了

---

① 参见赵秉志主编:《单位犯罪比较研究》,法律出版社 2004 年版,第 177 页。

② 参见曾粤兴、周兆进:《环境犯罪单位资格刑立法探析》,载《科技与法律》2015 年第 2 期。

③ 参见黄烨:《论经济犯罪资格刑的设置》,载《法学杂志》2011 年第 9 期。

④ 参见于志刚:《前科消灭制度司法探索模式的批判性反思》,载《法学评论》2013 年第 3 期。

"前科抽查",结果在被抽查的5000名滴滴司机中,居然有1661名有犯罪前科。[①] 有前科的人员集中于滴滴司机行业并不是偶然,正是因为社会上对前科的就业排斥,导致有前科人员只能选择从事网约车这样对资格的审查和监管相对宽松的行业来谋生,这也引发了对犯罪人口应如何消化、管理的思考。我国近年来轻微犯罪入刑增加了人们成为罪犯的可能,也增加了人们因犯罪记录查询而带来的不利影响,这无形中增加了犯罪附随效果可能产生的不利影响,与以犯罪治理为目标的犯罪对策观存在出入,进而有违刑法惩治犯罪的立法初衷。前科消灭制度可以有效避免这种"标签效应"的产生,促进犯罪人重新融入社会,恢复犯罪人的公民权。因此,在国外,各国立法中普遍以复权、犯罪记录封存、犯罪记录消灭等各种形式规定了前科消灭制度,成为"一项特别关注被判刑人回归社会并在此方面起重要作用的刑事制度"[②]。而反观我国,只在未成年人犯罪的司法程序当中规定了犯罪记录封存制度,而对于普通成年犯罪人来说,尚未建立前科消灭制度。随着我国轻罪犯罪人口的增加,这一制度的建立已经迫在眉睫。被判处三年以下有期徒刑的轻罪犯人数在我国的实践中已经占据绝对比例,笔者建议,根据我国实际,建立对于三年以下有期徒刑直至单处附加刑的轻罪犯的分级前科消灭制度。

首先,建立分级的前科消灭的类型。建议针对轻罪犯创设犯罪记录消灭和犯罪记录限制查询两种前科消灭类型。犯罪记录消灭是指,针对经过考察再犯危险性完全消除的轻罪犯彻底消除其犯罪

① 参见谢丽雯、朱晓蕾:《惊了! 网约车司机中"藏"着1661名重大刑事犯罪前科人员》,载《晶报》2016年3月30日,第A04版。

② [法]卡斯东·斯特法尼等:《法国刑法总论精义》,罗结珍译,中国政法大学出版社1998年版,第685页。

记录，任何组织和个人，包括司法机关均不可能再查询到犯罪人的前科记录。犯罪记录限制查询是指对于经过考察再犯危险性极小的犯罪人采取的针对查询其犯罪记录的主体予以限制的制度，一般应不允许司法机关以外的机关和社会组织、团体、个人查询其犯罪记录，但如果其再犯罪，司法机关可引用其原有的犯罪记录作为认定累犯、再犯，作为从重适用制裁的依据。

其次，严格审查前科消灭的条件。一是实质条件。前科消灭的实质考察条件应是犯罪人的危险性，考察的因素包括但不限于犯罪人犯罪后的表现、服刑期间的表现、犯罪动机、生活方式、一贯品行、家庭情况、生活来源情况、是否受到过行政纪律处分等，也可对其进行专业的危险性调查评估，以辅助认定其是否具有再犯危险性。对于有再度违法犯罪，或有过累犯、再犯经历的当然应排除适用前科消灭制度。二是考验期条件。应对服刑期满的轻罪犯设置一定的考验期，考验期可根据其制裁的强度设置为6个月至3年，以考验犯罪人在考验期内的行为是否符合前科消灭的条件。

最后，设置前科消灭的具体程序。前科消灭有依申请消灭和自动消灭两种方式。笔者建议在前科消灭制度建立之初，我国采取依申请消灭的方式，可由考验期满的犯罪人向原判决生效的法院、或者其户籍地、长期居住地的法院申请对其犯罪记录消灭或限制查询。选择原判决法院是因为原判决法院易于掌握其前科具体情况，其户籍地、长期居住地法院易于掌握其考验期内的行为表现，因此均可享有管辖权，可根据犯罪人的实际情况由其选择。法院在审查其提交的证明其行为表现的相关材料后，也可委托专门的社会组织对其行为表现进行社会调查或者危险性评估，之后综合考虑判定是否适用前科消灭，适用何种前科消灭类型。

结 语

近代那些伟大的法典没有一部可以脱离同时代的法学而产生。① 刑事制裁作为社会管控的最后手段,必须也要随着时代的发展不断调整。中国社会面临的形势是,由于经济社会快速发展对刑事法网严密的客观需要,以及社会风险加剧人们安全诉求,刑法的犯罪圈已经不可避免的向犯罪化趋势发展,并且会在一定时期不断的发展下去。这种犯罪化的扩张,并没有过多的考虑刑事制裁偏重的现状,而是社会形势、民众诉求等占据了更多的理由。在改革开放前半段,基本上我国的犯罪化以侵财犯罪和经济犯罪为主流以适应时代的需要。而近年来,随着信息网络技术的普及和国内外安全形势的变化,犯罪化向

① 参见[德]卡尔·拉伦茨:《论作为科学的法学的不可或缺性——1966年4月20日在柏林法学会的演讲》,赵阳译,载《比较法研究》2005年第3期。

着增加网络信息新型犯罪、增加环境犯罪、增加恐怖活动犯罪等方向发展，总体上体现轻罪、法定犯、危险犯的占比增多。

而我国近年来通过刑法修正案也对刑罚结构进行了一定的调整，但调整的总体思路和方向是“减少死刑、加重监禁刑、增加罚金刑”。总体来看，经过近几次调整，基本上导致我国的刑罚结构不轻反重。仔细审之，我国的刑事制裁目的和刑事制裁体系之间存在一些“脱节”现象。一方面，理论界对制裁目的的现代化、多元化、层次化的呼声很高、期望很高；另一方面，刑事制裁体系却始终停留在古典刑法学派之下的传统结构中。从我国刑事制裁体系的横向维度来考察，在刑罚单极化的模式之下，保安处分性质的措施、刑事没收、刑事损害赔偿等刑事制裁措施处于“隐性”的状态，构成了我国刑事制裁体系结构的隐性多轨制，不可避免地带来了隐性的措施与刑罚体系间既依存又矛盾的关系，带来因缺乏独立的品格而使得部分制裁措施缺乏司法属性，性质相异的措施“嵌入”刑罚体系后造成的结构混乱等问题。从我国刑事制裁体系的纵向维度来考察，在不存在犯罪分层的前提下，我国刑事制裁内部隐性地存在轻重分层，但由于分层并未明确，应起到关键界分作用的监禁分界线下沉入行政制裁之中，“监禁—监禁替代”分界线的功能也受限，相关的措施设置和制度制定缺乏针对性，整体的刑事政策也缺乏针对性，未改变我国刑事制裁体系整体偏重的格局，亟须通过结构性调整重新构建适合现代刑事制裁理念和目的的刑事制裁体系。

宏观层面上，我国应根据国情和发展实际，坚持符合发展阶段的价值衡平原则，改革应兼顾法治国要求的人权保障、福利国要求的矫正和复归以及安全保障国要求的犯罪风险管理与控制的多种价值。坚持多元制裁理念的融合原则，将传统的报应性和矫正性制裁理念，和新兴的恢复性制裁理念以及风险管控的制裁理念有机融合,指导刑事制裁体系结构的调整。在具体层面上,刑事制裁体系的横向结构应建立以“刑罚—保安处分”双极驱动为核心,刑事没收、刑事损害赔偿、非刑罚处罚方法等多种制裁措施补充的刑事制裁体系多轨制。刑事制裁体系的纵向结构,应明确将剥夺自由的制裁下限作为划分刑事制裁和行政制裁的分界线,以此充分发挥剥夺自由制裁的界分功能。以“监禁—监禁替代”分界线作为划分刑事制裁轻重的分界线,分别对于轻重分界线上下的刑事制裁体系采取不同的调整策略。分界线以上,构建以自由刑为中心,严格限制死刑,完善重刑非监禁制度为两翼的刑事制裁格局;分界线以下,构建以监禁替代为主,监禁为辅,其他非监禁措施为补充的新格局。

参考文献

一、中文文献

（一）专著类

1. 陈晓明：《修复性司法的理论与实践》，法律出版社 2006 年版。

2. 陈兴良：《刑法的人性基础》，中国方正出版社 1996 年版。

3. 陈兴良：《刑法的启蒙》，法律出版社 1998 年版。

4. 陈旭文：《罪行轻重论》，中国检察出版社 2009 年版。

5. 储槐植：《美国刑法》（第 3 版），北京大学出版社 2005 年版。

6. 储槐植：《刑事一体化论要》，北京大学出版社 2007 年版。

7. 杜雪晶：《轻罪刑事政策的中国图景》，中国法制出版社 2013 年版。

8. 敦宁:《刑事制裁体系变革论》,法律出版社 2018 年版。

9. 冯亚东:《理性主义与刑法模式》,中国政法大学出版社 1999 年版。

10. 韩忠谟:《刑法原理》,北京大学出版社 2009 年版。

11. 郝艳兵:《风险刑法——以危险犯为中心的展开》,中国政法大学出版社 2012 年版。

12. 何帆:《刑事没收研究——国际法与比较法的视角》,法律出版社 2007 年版。

13. 焦旭鹏:《风险刑法的基本立场》,法律出版社 2014 年版。

14. 赖早兴:《刑罚力度问题研究——中国刑罚力度趋轻化之探讨》,法律出版社 2014 年版。

15. 劳东燕:《风险社会中的刑法:社会转型与刑法理论的变迁》,北京大学出版社 2015 年版。

16. 李佳玟:《在地的刑罚 · 全球的秩序》,台北,元照出版有限公司 2009 年版。

17. 梁根林:《刑事制裁:方式与选择》,法律出版社 2006 年版。

18. 林钰雄:《新刑法总则》,中国人民大学出版社 2009 年版。

19. 刘蕊:《刑法中的赔偿制度研究》,中国政法大学出版社 2018 年版。

20. 龙腾云:《刑罚进化研究》,法律出版社 2014 年版。

21. 卢建平主编:《刑事政策学》,中国人民大学出版社 2007 年版。

22. 马聪:《刑罚一般预防目的的信条学意义研究》,中国政法大学出版社 2016 年版。

23. 马克昌:《比较刑法原理——外国刑法学总论》,武汉大学出版社 2002 年版。

24. 马克昌:《刑罚通论》,武汉大学出版社2002年第2版。

25. 马克昌主编:《近代西方刑法学说史》,中国人民公安大学出版社2008年版。

26. 邱帅萍:《刑罚目的论——基于近现代思想史的考察》,知识产权出版社2016年版。

27. 曲新久:《刑法的精神与范畴》,中国政法大学出版社2003年版。

28. 沈海平:《寻求有效率的惩罚——对犯罪刑罚问题的经济分析》,中国人民公安大学出版社2009年版。

29. 孙万怀:《刑事法治的人道主义路径》,北京大学出版社2006年版。

30. 王耀忠:《非监禁刑研究》,法律出版社2016年版。

31. 王志亮:《刑罚学研究》,中国法制出版社2012年版。

32. 文姬:《人身危险性评估方法研究》,中国政法大学出版社2014年版。

33. 翟中东:《矫正的变迁》,中国人民公安大学出版社2013年版。

34. 翟中东:《刑罚个别化研究》,中国人民公安大学出版社2001年版。

35. 翟中东:《刑罚问题的社会学思考——方法及运用》,法律出版社2010年版。

36. 张东平:《监禁行刑与社区矫正的互动衔接研究》,中国法制出版社2017年版。

37. 张明楷编著:《外国刑法纲要》,清华大学出版社2007年版。

38. 张青波:《理性实践法律——当代德国法之适用理论》,法律出版社2012年版。

39. 张绍彦:《刑罚实践的发展与完善》,社会科学文献出版社2013年版。

40. 张旭主编:《英美刑法论要》,清华大学出版社2006年版。

41. 周国强:《社区矫正制度研究》,中国检察出版社2006年版。

42. 周铭川:《风险刑法理论研究》,上海人民出版社2017年版。

(二)论文集

1. 戴玉忠、刘明祥主编:《刑罚改革问题研究》,中国人民公安大学出版社2013年版。

2. 杨诚、王平主编:《罪犯风险评估与管理:加拿大刑事司法的视角》,知识产权出版社2009年版。

3. 吴鹏森、章友德主编:《城市化、犯罪与社会管理》,社会科学文献出版社2013年版。

4. 赵秉志主编:《刑罚体系结构的改革与完善》,北京师范大学出版社2012年版。

(三)连续出版物中的析出文献

1. 曹兴华:《论美国矫治刑罚目的观复兴的四重面向》,载《山东社会科学》2017年第11期。

2. 陈金林:《刑罚的正当化危机与积极的一般预防》,载《法学评论》2014年第4期。

3. 陈晓明:《风险社会之刑法应对》,载《法学研究》2009年第6期。

4. 陈兴良:《犯罪范围的扩张与刑罚结构的调整——〈刑法修正案(九)〉述评》,载《法律科学(西北政法大学学报)》2016年第4期。

5. 陈重言:《第三人利得没收之立法必要及其基础轮廓》,载《月旦法学杂志》2015年第238期。

6. 储槐植:《论刑法学若干重大问题》,载《北京大学学报(哲学社会科学版)》1993 年第 3 期。

7. 储槐植、何群:《刑法谦抑性实践理性辨析》,载《苏州大学学报(哲学社会科学版)》2016 年第 3 期。

8. [德]乌尔斯·金德霍伊泽尔:《安全刑法:风险社会的刑法危险》,刘国良译,载《马克思主义与现实》2005 年第 3 期。

9. 冯亚东:《罪刑关系的反思与重构——兼谈罚金刑在中国现阶段之适用》,载《中国社会科学》2006 年第 5 期。

10. 江溯:《社会学视野下的刑罚:刑罚社会学研究》,载《刑事法评论》2008 年第 2 期。

11. 焦旭鹏:《现代刑法的风险转向——兼评中国当下的刑法观》,载《西南民族大学学报(人文社会科学版)》2018 年第 12 期。

12. 劳东燕:《风险社会与功能主义的刑法立法观》,载《法学评论》2017 年第 6 期。

13. 李川:《从特殊预防到风险管控:社区矫正之理论嬗变与进路选择》,载《法律科学(西北政法大学学报)》2012 年第 3 期。

14. 李川:《修复、矫治与分控:社区矫正机能三重性辩证及其展开》,载《中国法学》2015 年第 5 期。

15. 李圣杰:《犯罪物没收》,载《月旦法学杂志》2016 年总第 251 期。

16. 林钰雄:《第三人利得没收》,载《月旦法学教室》2019 年第 199 期。

17. 刘崇亮:《再犯罪风险评估与中国监禁刑改革的新路径》,载《现代法学》2018 年第 6 期。

18. 刘仁文、焦旭鹏:《风险刑法的社会基础》,载《政法论坛》2014 年第 3 期。

19. 刘涛:《刑罚研究中的社会理论:历史演进与运用前景》,载

《法制与社会发展》2018年第5期。

20. 时延安:《犯罪化与惩罚体系的完善》,载《中国社会科学》2018年第10期。

21. 时延安:《隐性双轨制:刑法中保安处分的教义学阐释》,载《法学研究》2013年第3期。

22. 史立梅、周洋:《刑事司法中的风险调查与评估——以审前释放为视角》,载《刑法论丛》2017年第4卷。

23. 孙道萃:《积极一般预防主义的理论逻辑与中国话语》,载《河南财经政法大学学报》2016年第2期。

24. 孙平:《法国社区矫正制度概论——监禁刑的替代措施》,载《法治研究》2014年第11期。

25. 王飞跃:《我国财产刑与刑法基本原则的背离及其完善》,载《华东政法学院学报》2003年第5期。

26. 熊谋林等:《困境与展望:罚金刑应用的中国化研究》,载《社会科学研究》2013年第3期。

27. 徐伟:《论积极一般预防的理论构造及其正当性质疑》,载《中国刑事法杂志》2017年第4期。

28. 许恒达:《刑罚理论的政治意涵——论"刑事政策"的诞生》,载《月旦法学杂志》2006年第10期。

29. 许华孚:《傅科对于当代犯罪控制的启发》,载《犯罪与刑事司法研究》2004年第3期。

30. 许华孚:《监狱与社会排除:一个批判性的分析》,载《犯罪与刑事司法研究》2005年第5期。

31. 许华孚:《录影监视系统在犯罪控制运用的省思》,载《犯罪与刑事司法研究》2005年第5期。

32. 许华孚:《英美刑罚发展与台湾经验之探究:一个批判性的

分析》,载《犯罪与刑事司法研究》2004 年第 2 期。

33. 于志刚:《我国刑法中有组织犯罪的制裁体系及其完善》,载《中州学刊》2010 年第 5 期。

34. 于志刚:《前科消灭制度司法探索模式的批判性反思》,载《法学评论》2013 年第 3 期。

35. 袁彬:《刑法制裁措施多元化的功能审视与结构完善》,载《法学评论》2018 年第 4 期。

36. 翟中东:《社区性刑罚的立法与短期监禁刑问题的解决》,载《法学家》2018 年第 2 期。

37. 翟中东:《我国刑罚制度改革建议“被冷落”现象之反思——以实践社会学为分析工具》,载《法商研究》2011 年第 2 期。

38. 翟中东:《刑罚个别化的蕴涵:从发展角度所作的考察——兼与邱兴隆教授商榷》,载《中国法学》2001 年第 2 期。

39. 张明楷:《“风险社会”若干刑法理论问题反思》,载《法商研究》2011 年第 5 期。

40. 张明楷:《网络时代的刑法理念——以刑法的谦抑性为中心》,载《人民检察》2014 年第 9 期。

41. 张明楷:《犯罪定义与犯罪化》,载《法学研究》2008 年第 3 期。

42. 张绍谦:《适应变化树立新型刑罚观》,载《法学》1993 年第 6 期。

43. 张小虎:《论人身危险性的理论蕴含与罪刑地位》,载《南京社会科学》2017 年第 2 期。

44. 张旭:《犯罪学的西方理论与中国现实》,载《吉林大学社会科学学报》2008 年第 6 期。

45. 张亚平:《我国减刑、假释关系之反思与重构》,载《法律科学

(西北政法大学学报)》2016 年第 4 期。

46. 张亚平:《减刑、假释的目的反思与制度变革》,载《现代法学》2015 年第 6 期。

47. 周光权:《行为无价值论与积极一般预防》,载《南京师大学报(社会科学版)》2015 年第 1 期。

48. 周愫娴:《刑罚是知识结构与文化的镜子:台湾与英国严刑重罚趋势之比较研究》,载《台大法学法学论丛》2013 年第 2 期。

49. 周愫娴:《以风险评估为基础之新刑罚学:新远道与旧乡愁》,载《月旦法学教室》2013 年第 2 期。

(四)译著

1. [比利时]洛德·沃尔格雷夫编:《法与恢复性司法》,郝方昉等译,中国人民公安大学出版社 2011 年版。

2. [德]埃里克·希尔根多夫:《德国刑法学:从传统到现代》,江溯等译,北京大学出版社 2015 年版。

3. [德]冯·李斯特:《论犯罪、刑罚与刑事政策》,徐久生译,北京大学出版社 2016 年版。

4. [德]汉斯·海因里希·耶赛克、托马斯·魏根特:《德国刑法教科书》,徐久生译,中国法制出版社 2001 年版。

5. [德]克劳斯·罗克辛:《德国刑法学总论:刑法原理的基础构造》(第 1 卷),王世洲译,法律出版社 2005 年版。

6. [德]克劳斯·罗克辛:《刑事政策与刑法体系》(第 2 版),蔡桂生译,中国人民大学出版社 2011 年版。

7. [德]米夏埃尔·帕夫利克:《人格体·主体·公民:刑罚的合法性研究》,谭淦译,中国人民大学出版社 2011 年版。

8. [德]乌尔里希·贝克、[英]安东尼·吉登斯、[英]斯科特·拉什:《自反性现代化:现代社会秩序中的政治、传统与美学》,赵文书译,商务印书馆 2001 年版。

9. [德]乌尔里希·贝克:《风险社会:新的现代性之路》,张文杰、何博闻译,译林出版社 2018 年版。

10. [德]乌尔里希·齐白:《全球风险社会与信息社会中的刑法:二十一世纪刑法模式的转换》,周遵友、江溯等译,中国法制出版社 2012 年版。

11. [法]E. 迪尔凯姆:《社会学方法的准则》,狄玉明译,商务印书馆 1995 年版。

12. [法]埃米尔·涂尔干:《社会分工论》,渠东译,生活·读书·新知三联书店 2000 年版。

13. [法]贝克纳·布洛克:《法国刑事诉讼法》,罗结珍译,中国政法大学出版社 2009 年版。

14. [法]卡斯东·斯特法尼等:《法国刑法总论精义》,罗结珍译,中国政法大学出版社 1998 年版。

15. [法]马克·安赛尔:《新刑法理论》,卢建平译,天地图书公司 1990 年版。

16. [法]米歇尔·福柯:《规训与惩罚》,刘北成、杨远婴译,生活·读书·新知三联书店 2012 年版。

17. [韩]李在祥:《韩国刑法总论》,[韩]韩相敦译,中国人民大学出版社 2005 年版。

18. [美]道格拉·凯尔纳、斯蒂文·贝斯特:《后现代理论——批判性的质疑》,张志斌译,中央编译出版社 2011 年版。

19. [美]哈伯特·L. 帕克:《刑事制裁的界限》,梁根林等译,法律出版社 2008 年版。

20. [挪威]克里斯蒂:《犯罪控制工业化》,胡菀如译,北京大学出版社 2014 年版。

21.[日]森下忠:《犯罪者处遇》,白绿铉、吴平、车红花译,中国纺织出版社1994年版。

22.[日]佐伯仁志:《制裁论》,丁胜明译,北京大学出版社2018年版。

23.[英]戈登·休斯:《解读犯罪预防——社会控制、风险与后现代》,刘晓梅、刘志松译,中国人民公安大学出版社2009年版。

24.[英]海泽尔·肯绍尔:《解读刑事司法中的风险》,李明琪等译,中国人民公安大学出版社2009年版。

25.[英]尼古拉·蕾西:《囚徒困境:当代民主国家的政治经济与刑事处罚》,黄晓亮译,中国政法大学出版社2014年版。

26.[英]皮特·雷诺、莫里斯·范斯顿:《解读社区刑罚——缓刑、政策和社会变化》,刘强、王贵芳译,中国人民公安大学出版社2009年版。

27.[英]齐格蒙·鲍曼:《后现代性及其缺憾》,郇建立、李静韬译,学林出版社2002年版。

二、外文文献

(一)著作类

1. David Garland, *The Culture of Control: Crime and Social Order in Contemporary Society*, The University of Chicago press, 2001.

2. David Garland, *Punishment and Modern society*. Oxford University Press, 2011.

3. Garland D., Sparks R., *Criminology and Social Theory*. Oxford University Press, 2000.

4. Giudicelli-Delage, Geneviève, et Christine Lazerges, *La dangerosité saisie par le droit pénal*, Paris, Presses Universitaires de France, 2011.

5. Jonathan Simon, *Governing Through Crime: How the War on*

Crime Transformed American Democracy and Created a Culture of Fear, Oxford University Press,2007.

6. Ottenhof Reynald, *L' individualisation de la peine*, *De Saleilles à aujourd' hui*, ERES,2001.

7. Peretti-Watel, Patrick, *La société du risqué*, La Découverte,2010.

(二)外文期刊或文集中析出的文献

1. Baker Estella, *Governing through Crime-The Case of the European Union*, *European*, Journal of Criminology, Vol. 7:3,2010, p. 187 – 213.

2. Barnett R., *Restitution: A New Paradigm of Criminal Justice*, Ethics, Vol. 87:4,1977, p. 279 – 301.

3. Collins Erin, *Punishing Risk*, Georgetown Law Journal, Vol. 107:1,2018, p. 57 – 108 .

4. Dan Kaminski, « Pénalité, management, innovation », *Revue de droit pénal et de criminology*, Vol. 9 – 10,2008, p. 867 – 886.

5. David Garland, *The Punitive Society: Penology, Criminology and the History of the Present*, The Edinburgh L, Vol. 1,1997, p. 180 – 199.

6. Devresse Marie-Sophie, « Être placé sous surveillance électronique. Une forme originale de peine situationnelle? », *Déviance et Société*, Vol. 37, No. 3,2013, p. 375 – 388.

7. Edward J. Latessa, Brian Lovins, *The Role of Offender Risk Assessment: A Policy Maker Guide*, Victims & Offenders,2010, p. 203 – 219.

8. Feeley M., Simon J., *Actuarial Justice: the Emerging New Criminal Law*, in David Nelken ed., The futures of Criminology, Sage, 1994, p. 173 – 201.

9. Feeley M. and Simon J., *The Form and Limits of the New Penology, in Thomas G. Blomberg ed., Punishment and Social Control, Aldine De Gruyter*, 2003, p. 75 – 120.

10. Feeley M., Simon J., *The new penology: notes on the emerging strategy of corrections and its implications*, Criminology Vol. 30:4, 1992, p. 449 – 474.

11. Garland D., Sparks R., *Criminology and social theory and the challenge of our times*, British Journal of Crimimology, Vol. 40, 2000, p. 189 – 204.

12. Gautron, Virginie, Pauline Raphalen, « Les stages: une nouvelle forme de pé nalité ? », *Déviance et Société*, Vol. 37, No. 1, 2013, p. 27 – 50.

13. Glotova Elizaveta, « Le rappel à la loi pour mineurs: une expérience personnelle », *Journal du droit des jeunes*, Vol. 351 – 352, No. 1, 2016, p. 62 – 66.

14. Harcourt Bernard E., « Surveiller et punir à l'âge actuariel. Généalogie et critique », *Déviance et Société*, Vol. 35, No. 1, 2011, p. 5 – 33.

15. Jonathan Simon, *Reversal of Fortune: The Resurgence of Individual Risk Assessment in Criminal Justice*, Annual Review of Law and Social Science, 2005, p. 397 – 421.

16. Kaminski Dan, Sonia Snacken, Michel van de Kerchove, « Mutations dans le champ des peines et de leur exé cution », *Déviance et Société*, Vol. 31, No. 4, 2007, p. 487 – 504.

17. Lappi-Seppala T., *Community sanctions as substitutes to imprisonment in the nordic countries*, Law and Contemporary Problems,

Vol. 82:1,2019,p. 17 – 50.

18. Mary Philippe,« Pénalité et gestion des risques: vers une justice actuarielle en Europe? », *Déviance et Société*, Vol. 25, No. 1, 2001, p. 33 – 51.

19. Paul Novel,« Individualisation de la Peine, a Propos du Livre de M. R. Saleilles », *Critique Legis. & Juris*(n. s.),27 Rev, p. 551.

20. Poncela Pierrette, Robert Roth, « Quelles sanctions pour quelle Europe ? », *Archives de politique criminelle*, Vol. 27, No. 1, 2005, p. 105 – 124.

21. Robert Philippe, « Généalogies et recompositions pénales contemporaines », *Les Cahiers de la Justice*, Vol. 4, No. 4, 2010, p. 13 – 32.

22. Tostain Manuel, « L'influence des motivations à punir sur les jugements de responsabilité et l'attribution de sanction aux auteurs d'infractions pénales », *Les Cahiers Internationaux de Psychologie Sociale*, Vol. 75 – 76, No. 3, 2007, p. 35 – 49.

23. Williams J., *International comparisons alternatives to custody*, Medicine, Science and the Law, Vol. 23:3, 1983, p. 189 – 192.

(三)法律词典

Lexique des termes juridiques 2014 – 2015, dalloz.

后　记

本书是在我博士毕业论文的基础上，进一步充实资料、细化相关论述，修改完善而成。特别是在本书修改过程中，又出台了涉及社区矫正新的法律法规，书中提出对轻微犯罪入刑、实务中轻微犯罪案件比例增高的现状，业已在实务领域越发受到关注，2020 年 10 月 15 日，最高人民检察院检察长张军在第十三届全国人民代表大会常务委员会第二十二次会议上作的《关于人民检察院适用认罪认罚从宽制度情况的报告》中，明确指出了“刑事犯罪结构发生重大变化”的现实，在此背景下提出“少捕慎诉慎押”的司法理念，非羁押智能监管措施等也在试水中不断推开。可见当前犯罪结构“向轻”变化的当下，审前“少羁押”的必要性已经备受重视，但犯罪结构变化与刑事制裁的不适应性以及监禁替代的完善，相对依然较少受到关注。这也让本书在修改时试图更加清晰且深入地探讨当前形势下刑事制裁体系结构优化调整之必要性及路径,但囿于能力有限亦只能勉力为之。加之社会发展之快速、情势变化之瞬息,本书成稿之时即不可避免要走向滞后,但求本书的论述能闪现一二真知灼见,为促进刑事制裁体系结构的改革略进微言。

本书既然脱胎于博士论文,出版之际亦想对我攻读博士过程中,给予过帮助的老师、家人、朋友表达谢意。首先,要感谢的就是恩师张旭教授。与恩师结缘已逾十六载,初入师门时我正值青春年华,恩师颇具耐心,谆谆善诱,带我进入了刑法学的殿堂。现在想来,我对刑法学的浓厚兴趣,就是在那时生根发芽的。而待我走入社会的十年后,人近中年,内心彷徨,终于下定决心重燃读博的信念时,又回到宽和的恩师身边。恩师对我的鼓励、提点、关心和帮助,犹如一座灯塔,驱散了我内心的彷徨,坚定了我前进的方向。博士论文写作期间,论文框架多次修改,恩师不厌其烦给予指导,总让学生感怀在心。在指导论文之外,恩师特别善于引导发现问题的学术思路,有时三言两语学生受益匪浅,现在想来博士论文和几篇小论文的选题和构思背后,均不同程度受到恩师的点拨和启发,如春风化雨、润物无声。十六载踯躅走来,恩师之于我,已经不仅仅是授业导师,更是人生中重要的引路人,师恩贵重,无以为报,唯愿恩师常有平安相伴、常有快乐相随!

其次,要感谢我的母校。我很庆幸从本科到博士,都能够在学风严谨的吉林大学法学院学习。多年以来,法学院的老师们,特别是刑法学科的各位老师授课的身影和场景总能在我脑海浮现,从李洁教授在讲台上强调"常识、常情、常理",到徐岱教授给我们2001级本科生刑法学的第一课,再到李韧夫教授讲授刑侦课时在讲台上亲身演示"卧倒"……还有王充教授、李立丰教授、李海滢教授、郑军男教授、陈劲阳副教授、李綦通副教授、王勇副教授各有角度、见解独到的授课，无一不让人印象深刻、发人深省，学生也将会一直感念各位老师的辛勤付出。

最后，还要感谢家人对我的无私支持。感谢我的父母，虽然对早已过而立之年的倔强女儿辞职读博百般无奈，他们却依然用实际行动支持我、帮助我、鼓励我去完成学业。感谢我的先生张鑫，每每在我人生抉择的关头，总是能够积极地支持我的选择，使我不论遇到多大的困难，都充满底气。

感谢多年来在我求学和工作之路上给予过帮助的所有人，纸短情长，心中感激难以尽表。从北国春城到苏州河畔，新的挑战新的征程，我深知学术之路漫长，而我只是一个在路上的学徒，未来我会继续坚持初心、不畏挑战，不断怀揣梦想，砥砺前行！

2021 年 5 月于华东政法大学